幼兒母語教學

理論與實務

◆黃文樹 編

主編序

　　幼兒母語教育在近年來逐漸受到大家的重視，除了中央與地方政府在教育政策與實施上賦予一定位置外，學校教育人員及諸多關心鄉土語言文化的社團和有識之士等，也不約而同地致力於這塊園地的耕耘，這當然是值得欣慰的一件好事。惟有關幼兒母語教育的理論與實務，仍存在罅漏和問題，亟待進一步研討，謀求理論深化與問題改善。本書成書之衷，即在此也。

　　本書乃攸關幼兒母語教育的理論與實務研究的論文彙集，即今年（2008）二月底教育部指導、樹德科技大學師資培育中心主辦「幼兒母語文學學術研討與教學觀摩會」所有發表之論文與教學設計，經各作者修正、補充後定稿之彙編。全書共收十五篇：一篇導讀、十二篇論文、二篇教案。作者群共有十四位，涵蓋中南部、東部各知名大學院校中對於幼兒文學與母語教育的歷史、理論、政策、教材與教法等方面素有研究的學者，以及具有碩士學位以上，且在這課題富瞻實務經驗的教育行政機關、中小學和幼稚園的主管、教師等。每一篇論著，都是各作者近三個月內的最新力作，成果豐碩而珍貴，不僅有理論研討價值，而且有實際應用價值。當然，任何一個文作，不可能十全十美，本書必定還有瑕疵，尚望讀者批評賜教。

黃文樹　謹識於
樹德科技大學師資培育中心
2008.03.12

目　次

導讀：幼兒母語教學理論與實務
——幼兒母語文學學術研討與教學觀摩會論文集側寫

黃文樹

（樹德科技大學師資培育中心教授）

一、前言

在教育部指導與經費支持下，樹德科技大學師資培育中心於2008年2月25日至27日共三天假學校圖資大樓國際會議廳舉辦「幼兒母語文學學術研討與教學觀摩會」。本次活動之目的主要有四：一是鼓勵本校修習幼稚園教師教育學程的師培生，在職前教育中認識與瞭解幼兒母語文學教育的相關理論與實務知能，以備未來任教服務之需；二是增進幼稚園現職教師在幼兒母語文學教育之專業知能，以提升這方面之教學成效；三是透過幼稚園母語教學經驗分享以及教學演示與觀摩，增益參與人員在幼兒母語文學教學之實務交流；四是編輯、出版本研討活動之主題論文集（包括教學演示之教案），擴展幼兒母語文學教育理論與實務知能及其經驗分享。

此次研討會共有十二篇主題論文、二篇教學活動設計。研討內容之規劃原則凡二：一是在時間上，探討之主題除追溯過去臺灣語文教

育史的演進軌跡之外，將重心擺在近年來實施幼兒母語（鄉土語言）教育之分析與檢討，甚至由之推衍出未來可行的發展趨向；二是在空間上，兼顧了鉅觀與微觀，亦即非但注意從大社會的角度與政策面盱衡幼兒母語教育的現況與問題，而且關切學校、班級中的母語教學實務細節，諸如教學目標之擬定、課程與教材內容的選取與應用、教學方法與技巧的選擇與實施、教案的設計與演示，乃至教學評鑑等具體而微的課題，都包括在本次研討活動範圍之內。可以說，探討的內涵實同時具備了幼兒母語教育的理論與實務，既富理論性意涵，又瞻實用性價值，大而有當，誠一佳構也。茲分別依序簡介、摘述各篇重點於後。

二、各篇旨趣

首篇是由筆者提出的〈臺灣語文教育史的演進——以母語教學為主軸之考察〉。該文旨在尋繹、歸結、勾勒臺灣語文教育發展史的演進軌跡和脈絡，而以母語教學為中心切入探討之。筆者運用、徵引了主要史料、文獻，包括《臺灣史》、《臺灣原住史：語言篇》、《熱蘭遮城日誌》、《臺灣省通志文教志》、《臺灣教育沿革志》等等材料，加以一番解讀、剪裁、組織、排比等工夫，歸納出下列輪廓：（1）史前時期，即四百年前之前那漫長、遲滯發展的以千年計之悠久歷史，這一時期原住民各種族於日常生活中實踐母語的「教」和「學」，母語很自然地傳習。（2）荷據時期（1624-1661 年），此期由荷蘭人輸入拉丁語文及荷蘭語文，同時由荷蘭東印度公司派來的傳教士在臺灣西南部平原因教化需要而創用了拉丁化的「新港語文」作為媒介，此乃臺灣語文教育史上首次出現並實際使用的語文工具。（3）明鄭時期（1662-1683 年），這是中國語文（漢語文）在臺灣立足、奠基的時代；相對地，拉丁語文則迅速中斷，平埔族語言也逐漸弱勢化。（4）清政時期（1684-1894 年），中國語文得到進一步發展，但也導致平埔族語

的式微，漸趨消失。(5) 日治時期（1895-1945 年），這期臺灣正式首次出現由統治者規定的「國語」（日語）；日本統治者將實施國語，教導臺灣人學習日語及日本文化訂立為最重要的教育政策，日本語文逐步取代中國語文在臺灣的地位；日治後期，已超過半數的臺灣人能使用日本語文，可見其成效之大，但也因此造成中國語文和母語的萎縮。(6) 戰後時期（1946-1998 年），二次大戰結束，日本投降，中國國民黨政府很快接收臺灣，臺灣回到「祖國」懷抱，日本語文被迫在短時間內退場，中國語文全面恢復，並在國策下全力推動，中國語文教育之貫徹施行，變本加厲，「國語獨尊，壓抑方言」，母語遭受空前不公平的歧視，處境堪憐。(7) 世紀交替時期（1999 年迄今），政治解嚴之後，臺灣社會邁向民主化、開放化的方向前進，語文教育呈現多元化、自主化的進步新局，母語及其教學得到應有的尊重。

　　第二篇係由高雄縣政府教育處副處長李黛華發表的〈臺灣兒童母語教育政策之回顧與檢討〉。該文指出，九十學年度（即 2001 年 9 月）起，開始實施的「九年一貫課程」，自國小一年級至六年級開設閩南語、客家語及原住民語三種鄉土語言課程，將母語教學列入正式課程。在現行課程中，鄉土語言在一至六年級（國民小學）是屬於「必選修」，而七至九年級（國民中學）則為「選修」；另外，「課程綱要」也保留相對的彈性規範。因此，當前我國的語言教育政策實尚有成長的空間。李氏認為，鄉土語言的教學象徵了臺灣教育主體性的建構。為了佐證此一觀點，她簡要列舉芬蘭、瑞典、紐西蘭等三個國家的「他山之石」，以為「攻錯」。

　　母語教學既已成為教育政策，如何推展，使之落實，無疑更為緊要。依李氏的見解，家庭、學校、社會政府各方面務必同時配合進行，方可收效。她強調，家庭是每一個人最能直接使用母語的場域，也是孩童語言社會化的主要地方。因此，母語的傳承，必須以家庭為本，每個人在家庭的「搖籃」中，自然習得、使用母語。等到在家中養成說母語習慣，日久而成自然，則熟能生巧，獲致具有本土個性、創造性的文化藝術活動，便不是奢望的了。在學校教育方面，除了教材編

纂的問題需要改善之外，李氏特別提到師資的強化事宜，指明師資培訓及母語教師資格證照制度如何使之益加嚴謹等是當前重點。在社會方面，動員社會各種人力、物力、財力資源，來參與發展母語教育，是其思維方向。在政府部門方面，作者倡議在中央設立「河洛文化部」、在地方設立「河洛文化局」的主張，同時由政府提供經費成立或支持有關的母語文化藝術社團，積極培育這方面人才，活絡這方面的活動。李氏相信，大家若能通力合作，母語教育必有更恢弘的發展。

第三篇是樹德科技大學師資培育中心蔡銘津教授的〈幼兒文學與教學〉。該文以「幼兒文學的三大功能」破題，第一是透過幼兒文學作品，兒童可以學習並了解其周遭世界；第二是閱讀幼兒文學，兒童由之視自己是有能力的人，從而建構積極的自我評價；第三是幼兒文學協助、促進兒童、共同閱讀者，以及書中的人物三者之間密切連繫在一起。

接著，蔡氏列述了七種幼兒文學表現形式：其一是手指遊戲與歌謠，其二是寓言；其三是民間故事；其四是童話；其五是戲劇；其六是兒童小說；其七是兒童詩歌。至於品質好的兒童文學則有下面四項衡量標準：首先是角色塑造方面，故事的主要角色可以是動物、人、物體，或是想像的東西，但角色的數量不宜超出講述故事的需要。同時故事主人翁必須是可信的，予人真實感，其言行舉止均符合所設定的角色或個性。此外，角色可以成長改變，但人格特質應有其一貫性。其次是故事背景方面，除了故事所發生的地點和時間外，還可以包括人物生活的方式和環境的文化特性。第三在情節方面，故事中事件發生的順序、結果，必須有審慎的安排，以達到特定的目標。情節的重心是衝突需能引人入勝，同時情節應是明確而有說服力的，它務須流暢中孕含智慧和創造性。第四在主題方面，即作者在故事中所隱藏的抽象觀念，它通常說明一個道理，或者說服讀者某些觀念。

在實務上，教師或父母如何拿書講故事給孩童聽，無疑是重要的。蔡文指出，說故事前應有事前準備，如認識幼兒了解其需要，視情境而講相應的故事；又如故事本的印刷與插圖亦須清晰，富有美

感。另外，亦可準備輔佐用品，例如圖片、模型、實物等增加氣氛。而在說故事過程中，說故事者應緊緊的拿著書，並置於與兒童視線平行的高度。在閱讀每一頁時，為了使所有的孩童都能看到文字和圖畫，應將書適度的由一方移到另一方，因為孩童看不到圖畫，他們會感到煩惱或沮喪，極可能會喪失對故事本身的興趣。至於各年齡層幼兒適用的圖書類型及其選擇標準，蔡文也多所著墨，值得參考。

　　第四篇是臺南妙心寺住持釋傳道法師提出的〈臺灣母語之美〉。釋傳道在「緒說」中指明臺語既多元又典雅，可說是融冶中國各省方言於一爐的瑰寶，保留古語音最多的活化石，是解開古經籍音義迷障的寶匙，決非僅僅一地方言可比擬。他舉出許多臺灣俚諺俗語、押韻七字兒四連句、俏皮幽默的歇後語等，呈現出臺語之美。像是比較浪漫的譬喻有：「關門茨內坐，雨潑對天窗來」，喻無妄之災，禍從天降；「緊紡無好紗，緊字無好大家」，喻欲速則不達，事緩則圓；「敢做瓠瓟，不驚湯燙」，喻做事敢擔當；「海水無啉不知鹹」，喻年少輕狂，缺乏經驗，必親歷其境，方知其況味。等等不勝枚舉，美不勝收。

　　第五篇是由中山醫學大學臺灣語文學系梁淑慧講師撰寫的〈從「幼兒臺語班」的成果看母語幼稚園的可能性〉。該文是作者融合相關理論與多年之實務經驗的結晶。梁氏首先回顧自己於 2001 年 9 月至翌年元月在社區開辦「幼兒臺語班」的實際教學經驗。當時所使用的臺語羅馬字是指「白話字」，即俗稱的教會羅馬字，教學目的一在提升幼兒臺語基本溝通能力，二在認識臺語羅馬字。其上課流程約略如後：先是 1 分鐘左右的準備階段，次是 5 至 7 分鐘的生活對話教學，參是 13 至 15 分鐘的主題教學，肆是 10 至 13 分鐘的羅馬字教學，伍是 10 至 13 分鐘的遊戲評量，陸是 10 至 13 分鐘的個別指導，最後是放學的準備和課後娛樂。因實施成效良好，故梁氏據以提出成立母語幼稚園之建議。

　　第六篇是高雄市立裕誠幼稚園李郁青園長的〈高雄市幼稚園鄉土語言教學評鑑及檢討〉。李氏長期主持裕誠幼稚園園務，該校在推行鄉土語言教學工作上，傳有口碑，歷年評鑑成績均為特優，足證其耕

耘之深、成果之豐。也因為李氏既有園務行政歷練又在鄉土語言教學上推動有功，故受聘為高雄市政府教育局的評鑑委員兼組長，故該文乃其實際參與評鑑工作的簡要報告與心得，顯示出鄉土語言教育評鑑的精神、原則、項目，以及近三年來評鑑結果及其建議，內容完整，提供了這課題充分的資訊。文末，李氏進一步針對整體評鑑內涵，提出深入淺出的檢討，包括統一鄉土語言拼音標準及其教育顧慮、鄉土語言教師教學能力、行政規劃、多元文化教育的正見與迷失，以及教學技術等問題，都有極其敏銳的觀察。

第七篇是國立臺南大學國語文學系張惠貞副教授的〈幼兒母語教材教法之討論〉。張氏在語文教材教法素有研究，該議題也是其在師資培育機構長年開授的課程，故所提教學原則與教材編選之內容，特別是囡仔歌的教材運用，能掌握要點，得心應手地暢論。遊戲歌與趣味歌的教學法解析，乃是張文的重點，前者又細分為點數類、抓迷藏類、擲沙包類、拍掌類及親子互動類五種。作者不但列舉各式各類適合孩童學習的兒歌，尚且一一提出教學法解析，很有實用價值，幼教現場同仁不妨參酌應用。

第八篇〈全母語幼稚園與語言復振〉，則是國立臺東大學華語文學系張學謙副教授的力作。引言之後，該文即針對臺灣語言的流失與語言教育政策進行檢討。他認為，臺灣母語流失之嚴重，原住民語言正住在「加護病房」，福老話和客家語則分別在「掛號」和被送到「急診室」，再不搶救，它們的存活就成問題。而學校雖有母語教學的時數，但卻少得可憐，以目前的作法欲其挽救母語，是不可能達成目標的。為此，張氏急呼應改採「浸淫式教育」，提供幼兒完全的母語環境，才可能實現理想。文中，他介紹了數種雙語教育的模式，而其中加拿大浸淫式教育作法最具成效，故往往成為仿效的對象。當然，侵淫式教育又有四種方式，各有特徵。張氏肯定浸淫式教育與族語復振的正面積極關連，紐西蘭和夏威夷的「語言巢」即其二大典範，值得我們借鏡。

　　第九篇〈母語融入幼稚園學習領域之探討〉，乃是高雄市樂仁幼稚園林麗黎老師的碩士論文的精華版。論文中，所謂「母語融入學習領域」即「運用鄉土語言實施統整教學」。林氏主要以臺語為研究目標探討其在幼稚園教學實踐情形，她採取實地觀察與訪談的研究方法，搜集研究資料，包括文件、照片等，經過整理與分析，得出當前幼稚園實施母語融入教學領域之概況。文中，林氏分別就鄉土語言的教學活動、教學環境、家長與社區結合、特殊優良作法等方面，歸納辦理績優的幼稚園之共通點。此外，作者也深入探討該等績優學校的成功因素，發現行政決策正確、行政人員支援教學、教師善用教學策略，以及資源之有效運用等都是其中舉舉大者。

　　第十篇〈幼稚園母語教材的選取與教學──以兩所幼稚園為例〉，則出於高雄市民權國小教師蔡雅泰博士之筆。他以高雄市兩所市立國民小學附設幼稚園為研究對象，進行教師訪談與教材搜集工作。訪談問題是半結構式的，其內容主要為母語教材的選擇歷程、母語課程的實施情形，以及母語教學評鑑的影響等。訪談內容的分析，乃該文之一重頭戲，從中可以窺見現場教師施行母語教學活動之歷程與實況，同時也可略知教學實踐上的困境。此外，學校教師對訪視評鑑工作的態度，以及他們對評鑑標準的質疑，同樣可以在蔡文中拾得一二。

　　第十一篇〈教學活動設計原理及幼兒母語融入教學活動示例〉，係筆者與高雄市立裕誠幼稚園教保組楊麗仙主任合寫完成的。該文前半部分，依序說明幼稚園課程之發展、幼稚園活動安排與教材選用、幼稚園教學的因素與原則等項目；後半部分，則是母語融入教學活動示例。此示例的課程網主題是「西風的話」，我們依序舉示了下面八個單元活動：1.遇見秋天，2.深秋的落葉，3.秋天的蔬果大會，4.中秋節的饗宴，5.九九話重陽，6.風吹風吹，7.大風颱，8.秋天好好玩。每一項活動之設計內容，皆包括活動目標、教學資源、引起動機、活動過程、注意事項，以及必要的附件，甚至附上延伸活動及教學評量。內容相當完整，應有很大參考價值。

　　第十二篇〈閱讀、說、演──探討幼兒園兒童劇場學習母語的可行性〉，是樹德科技大學幼保系黃美滿講師的新作。黃氏擅長幼童戲劇，故本文內容可說是淋漓盡致，頗能彰顯以兒童劇場學習母語的途徑。實際上，黃氏早在 1983 年創立「成長兒童學園」之始，即有安排兒童劇場作為教學利器的構想與作法。黃文指出，兒童發展與戲劇的關係非同小可，兒童劇場在幼兒教育中有其無可取代的地位。作者認為，要落實幼兒園兒童劇場以學習母語，除了教師自身能力、教材選編等一般性問題需克服外，尚需考慮行政領導與支持、了解並善用兒童劇場的教育功能──即同仁之間的共識，以及社會資源的引入與奧援等。若能溝通觀念，通力合作，以兒童劇場實施母語教育是可行而有意義。

　　最後二篇，則是分別由高雄市立前金幼稚園鍾鳳嬌園長和潘雅惠主任主筆的教案。這二篇教案的名稱，一是豆油宗親大會，二是消失的香香國。教案呈現的方式如下：先提示主題設計理念，接著畫出主題網，然後是場地的佈置與教具的準備，其後再說明完整的教學活動設計。教學活動設計格式極為完備，項目有：主題名稱、活動名稱、活動類別、適用年齡、相關領域、活動時間、教學目標、教學評量、教學資源、遊戲規則、準備活動、發展活動、綜合活動、延伸活動等等之說明，並提供相關附件供參。有了這二篇範例教案參考，幼教界伙伴在實施幼兒母語教學活動上，當不致於茫無頭緒，而有路可循。

三、結語

　　教學是一種科學，也是一項藝術。前者，意味教學工作有一定的原理原則，有其系統性、邏輯性的順序和步驟；後者，則隱喻教學活動，不宜固步自封、墨守成規，而應能夠靈活運用教材教法，因材、因時、因地施教，力求創新。吾人在實踐幼兒母語教學之際，如何善

用本論文集所提供的理論、觀點、模式、教材、教法、教案等，截長補短，推陳出新，兼備科學與藝術於一身，誠所望也。

臺灣語文教育史的演進

——以母語教學為主軸之考察

黃文樹

（樹德科技大學師資培育中心教授）

摘　要

　　語文教育向為教育活動的重頭戲。本文旨在尋繹、勾勒臺灣語文教育發展史的演進軌跡，而以母語教學為中心探討之。其輪廓如下：（1）史前時期：原住民母語於生活中自然傳習；（2）荷據時期（1624-1661 年）：拉丁文拼音、荷蘭語的加入及「新港語文」的創用；（3）明鄭時期（1662-1683 年）：中國語文的奠基、拉丁語文的中斷及平埔族語的弱勢化；（4）清政時期（1684-1894 年）：中國語文的發展及平埔族語的式微；（5）日治時期（1895-1945 年）：日本語文的灌輸、中國語文與母語的萎縮；（6）戰後時期（1946-1998 年）：日本語文的退場、中國語文的貫徹和母語的受歧視；（7）世紀交替時期（1999 年迄今）：多元語文的開放及母語的被尊重。

關鍵字：語文教育、新港語、母語、母語教學、日語、國語

一、前言

衡諸古今中外教育史，語文教育始終是教育的重要環節。無論是中國先秦諸子百家的社會游講、古代學校庠序的四書五經教育、歷朝杏壇人物的授徒志業，或是古希臘三哲的教化活動、西方傳統的七藝內容，乃至近現代新式學校教育的課程，莫不賦予語文教育以優先地位。

基本上，語言、文字是因人類社會需要而產生的；語文和文化之間的關係是一體兩面的，語文往往決定了「風俗和信仰」的面貌。某種語文的普及即象徵著該語文所牽引之文化力量的強大。因此近現代國家為了塑造國民愛國意識，培養民族文化特性，往往在各級學校教育中大力實施「國語文教學」，以期獲致國家教育之目的（黃文樹，民 92：32）。可是也經常因其推行過切而與母語——鄉土語言發生緊張關係，母語在政府貫徹「國家」統一語文之教育政策下，被壓抑、排斥、歧視的現象，乃為之形成。

本文係在筆者五年前發表的〈臺灣初等教育的語文教學政策（1624-2003 年）〉一文上，加以大幅修改、補充，並提出較周延之觀察而成，在量與質上均超越舊作。本文旨在梳理臺灣語文教育史的演進，而以母語教學為主軸進行考察，盼以彰顯母語及其教學在臺灣教育發展史之衍變軌跡與意涵。

二、史前時期：原住民母語於生活中自然傳習

一般史學概稱在地球上出現人類活動之後、文字發明以前的時代為「史前時代」。臺灣是個海島，位於東亞大陸的外圍、南島語族的最北端，地理形勢使得史前時期的臺灣大體維持孤立、遲滯的發展。

臺灣南島民族過去的歷史絕大部分都沒有文字記錄，直到四百年前左右才開始有一些文字的記錄，尤其在荷蘭時代（1624-1662 年）

臺灣部分平埔族才有較詳細和可靠的記載。中國人最早和比較可靠的記錄是明朝陳第（1541-1617）在 1603 年撰寫的《東番記》。因此凡是超過四百年的歷史大都可說是「史前史」（李壬癸，民 88：29）。

　　根據考古研究，三、四百萬年前地球上就已經有人類活動的痕跡，但臺灣一直要到比較晚，大約在四萬至五萬年前，才出現人類的蹤跡。位於臺東縣長濱鄉八仙洞的洞穴群之「長濱文化」及在臺南縣左鎮鄉發現人類頭骨殘片之「左鎮文化」，推定是屬於「舊石器時代」五萬年前至六千年前臺灣最早的人類活動遺址；他們過著狩獵、捕魚、採集等生活。相關證據推斷長濱文化和中國南部的石器文化有密切的連繫，並不是在臺灣獨立萌生的文化（廖宜方，民 93：36-37）。但另有學者認為，長濱文化與「左鎮人」可能屬於南亞民族（Austro-Asiatic）（李壬癸，民 88：5）。

　　時序向前，臺灣進入六千年前至二千年前的「新石器時代」，臺北縣八里鄉的「大坌坑文化」、臺北盆地的「圓山文化」和「芝山岩文化」、西南部平原的「繩紋紅陶文化」、臺東地區的「卑南文化」和「麒麟文化」等都是這一時期的代表性文化。其生活方式，除延續前期之外，農耕也逐漸成為生產活動之一。

　　自二千年前到四百年前，臺灣推進到「鐵器時代」。從淡水河口綿延到花蓮北部的海岸地帶之「十三行文化」，即其主要代表。該期文化開始使用鐵器、出現煉鐵技術。而該期各遺址的喪葬方式有很大的歧異，顯示臺灣文化發展的多樣性。

　　另據考古人類歷史學之考察，臺灣高山族和平埔族都屬於南島民族（Austronesian），他們最早遷移到臺灣居住的大約在六千年前，有少數族群可能較晚才分批遷徙而來。有關南島民族的起源，可概分為二種學說：一是來自亞洲大陸東南部或臺灣本地；二是來自南洋群島。南島民族遍布於太平洋和印度洋中的島嶼以及東南亞的中南半島和馬來半島，北起臺灣，南至紐西蘭，東至復活島，西至馬達加斯加島，中間包括菲律賓、馬來西亞、印尼、新幾內亞等地，總人口約二億。南島民族的語言相當紛歧，語言總數近一千種（同上）。臺灣的

南島民族，其語言文化保存許多其他地區所沒有的特徵；文獻顯示臺灣至少是最古老的南島民族的居住地之一，甚至極可能就是古南島民族的發源地（同上：10-11）。

史前時期的臺灣原住民所使用的都是南島語言。語言人類學調查發現，臺灣的南島民族大約有二十種不同的族群（ethnic groups）。其主要族群，依語言畫分可有下列諸族群（同上）：

其一，泰雅語族群。臺灣北半部，從臺北縣烏來鄉一直到南投縣仁愛鄉各縣境內都有泰雅語群的人居住。該語群又可分為泰雅語（Atayal）和賽德克語（Seediq）兩支方言。

其二，布農語族群。分布於臺灣南半部中央山脈一帶，從南投縣仁愛鄉、信義鄉起，南到高雄縣桃源鄉，東到花蓮縣、臺東縣許多鄉村都有。該語群又可分五種方言（詳見李壬癸《臺灣原住民史：語言篇》頁 49-50）。

其三，鄒語族群。有北鄒、南鄒之分：北起南投縣信義鄉，經嘉義縣阿里山鄉，南至高雄縣三民鄉和桃源鄉。北鄒原有四個方言，自北而南為久美、Iimucu、特富野、達邦。南鄒有三民鄉的卡那卡那富（Kanakanavu）和桃源鄉的沙阿魯阿（Saaroa）二個方言。

其四，魯凱語族群。分布於屏東縣霧臺鄉、高雄縣茂林鄉、臺東縣卑南鄉。該語群共有六個方言（詳見前書頁 54）。

其五，排灣語族群。分布於屏東縣的三地、瑪家、泰武、來義、春日、獅子、牡丹和臺東縣的金峰、太麻里、達仁、大武等十一個鄉的山地地區。該語群又有西北和東南二支方言。

其六，阿美語族群。此族是目前臺灣原住民人口最多的一族群（約十六萬人），地理分佈也最為狹長，在花東縱谷平原上從北到南都有其聚落。該群方言調查資料仍然不足，各學者分類法從五至六支皆有。

其七，雅美語族群。分布在蘭嶼。雅美語和巴丹群島的語言相當接近。

其八，平埔語族群。共有十族之多：主要有東北部蘭陽平原的噶瑪蘭族；北部的凱達格蘭族；西部平原由北而南有道卡斯、巴布拉、

表一　臺灣原住民常用基本詞彙比較簡表

語別項目	雅美語	排灣語	布農語	魯凱語	賽德克語	鄒語	卑南語	噶瑪蘭語	巴則海語
一	asa	ta	tasa	itha	kingan	coni	sa	siq	ida
頭髮	uvuk	kuval	hulbu	isiw	sununux	fusu	arebu	buqes	bekes
女人	mavakes	vavayan	maluspingaz	ababayane	muqedin	mamespingi	babayan	tazungan	mamais
小孩	kanakan	kdikdi	uvaz	lalake	laqi	oko	walak	sunis	rakihan
山	takei	gade	ludun	legelege	lmiqu	fuengu	denan	na'ung	binayu
狗	inu	vatu	asu	taupungu	huling	avu	suan	wasu	wazu
太陽	azaw	qadau	vali	vai	hido	hie	kadaw	sezang	rizax
手	lima	lima	ima	lima	baga	emucu	lima	rima	rima
水	ranum	zaliyum	danum	acilay	qsia	chumu	enay	ranum	dalum
父親	niypwan	kama	tama	tatama	tama	amo	namali	tama	aba
吃	kuman	kuman	maun	wakane	mekan	bonu	mekan	geman	meken
我	yaken	tiyaen	saikin	kunaku	yaku	ao	ku	aiku	yaku
你	imu	tisun	sun	kusu	isu	sun	yu	aisu	isiw

（本表根據下列資料整理、編製而成：張郇慧，民89：131-134；華愛，民91：42-78；齊莉莎，民89a：109-119；齊莉莎，民89b：141-146；張永利，民89a：161-170；齊莉莎，民89c：143-153；黃美金，民89：209-221；張永利，民89b：189-201；林英津，民89：145-159。）

巴則海、貓霧捒、洪雅等五族；南部平原的西拉雅族；日月潭的邵族；東部沿海一帶的加禮宛族。各族語言略見差異。

上述之外，賽夏語族群與卑南語族群也是臺灣南島民族的重要族群。賽夏族本來的地盤極大，涵蓋現今泰雅族在西北部區域，可是在泰雅族入侵之後已大幅縮小其範圍了；該族主要分布在新竹縣五峰鄉和苗栗縣南庄鄉、獅潭鄉。論者考察發現，賽夏語和前面西部平埔族語似乎有些關聯，可能同出一源（李壬癸，民 88：41、60）。至於卑南族，則分布於臺東縣境內山麓或平原一帶，又可分二個方言群：一是南王方言，另一是卑南鄉各村的方言（同上：77）。

茲將臺灣原住民常用基本詞彙略舉數種，以表列方式對照比較之，如表一「臺灣原住民常用基本詞彙比較簡表」，該表顯示了各族群語言之差異極大。

由上可見，有文字記錄之前的臺灣居住著許多不同的族群，他們的語言差異紛陳，各自使用著本族語，一代傳衍一代，形成多重語言各有發展領域、不分高低強弱的局面。

在悠長的史前時期，臺灣住民不論是最早期的長濱文化和左鎮人，或是新石器時代的大坌坑文化、圓山文化、繩紋紅陶文化、卑南文化等，或是南島語族各族群，從相關的考古學、人類學、歷史學、語言學等研究發現中，都充分證明他們在長期生產勞動和生活過程中，創造了不少的工具來推進生產力的發展和社會生活的進化。在這一歷史時期的臺灣住民，為了繼續保持族群的生活與生存，擴展族群獲得生活資源，必須把生產勞動過程中，世世代代累積起的如何製造工具、如何使用工具、如何溝通信息、如何保護自己的知識與經驗，傳授給新生一代，於是產生了教育的萌芽。而此期先民都未有文字符號工具，故一切教育傳承工作乃藉族群共同語言——母語為媒介，母語的「教」與「學」隨之自然地實施。換言之，臺灣史前時期的語文教育概況，是原住民的母語在日常生活中自然傳習。

三、荷據時期（1624-1661 年）：拉丁文拼音、荷蘭語的加入及「新港語文」的創用

　　1624 年（明天啟 4 年）至 1661 年（明永曆 15 年），前後共 38 年，荷蘭人曾經在臺灣扮演過「統治者」的角色，初期的政治中心就是「熱蘭遮城」（Zeelandia，其遺址即今臺南市安平古堡），後來又在內陸（今臺南市中心）建立行政中樞，命名為「普洛文蒂亞城」（Provintia，又譯普羅文遮城，今赤崁樓）。

　　依臺灣省文獻委員會所編《臺灣史》，至 1650 年（明永曆 4 年），荷蘭人在臺的發展已頗具規模，全島「番社」（原住民村社）降伏者，計有二百九十三社；然據荷蘭「番社」戶口表所載，該年降伏之「番社」更多達三百十五社。至於荷據時期之原住民人口，舊說也不一，有謂「十萬人以上」，有謂「十五萬至二十萬之間」。此外，荷據初期，曾大量招徠漢人，而漢人亦嘗千舟百船，渡海來臺。此外，南明抗清軍事，節節失利，東南動亂不堪，加以清廷又施行海禁，民生困苦，閩粵一帶漢人相率走險臺灣者益多。當年（1650 年）全臺漢人約有「十萬人左右」（臺灣省文獻委員會，民 79：83-84）。

　　根據《熱蘭遮城日誌》之記載，那時，荷蘭傳教師熱心傳教，由荷蘭東印度公司禮聘前往亞洲各地該公司的據地傳教，派來臺灣的牧師相當優秀，在短期內就已經學會「原住民」——平埔族的西拉雅族（Siraya），熱心向包括大員（今臺南市安平一帶）、新港社（今臺南縣新市鄉）、蕭壟社（今臺南縣佳里鎮）、麻豆社（今臺南縣麻豆鎮）等主要統治地區的原住民（西拉雅族）傳教（江樹生，民 89：5）。

　　1627 年(明天啟 7 年)，荷蘭首派牧師康第紐斯（Georgius Gandidius，1597-1647，又譯甘治世）至新港社，學習「新港語」——即西拉雅語，並以拉丁文（羅馬字）拼讀其音（新港語），及翻譯《祈禱文》、《基督要理》等書，開始向原住民傳教（臺灣省文獻委員會，民 79：85）。接踵者祐紐斯（Robert Jonius，1609-1655），繼續以本土化的方針為臺南平埔族編寫《教理問答》等教材，取得相當大的教牧成績（許雪

姬，民 93：665）。傳教師更在新港社設立學校，首創臺灣的「書寫文字」——即拉丁化的「新港語文」，教導原住民成人與兒童學習拉丁文，閱讀基督教書籍（江樹生，民 89：5）。這應是臺灣語文教育史最早的一件大事。

衡諸史實，荷蘭時期是臺灣史上首次出現「政府」形式的時代。根據《熱蘭遮城日誌》的記載，荷蘭人在臺灣西南沿岸碼頭，向中國人徵收船貨的出口稅，並發布相關的規定、告示。另外，荷蘭人在統治區內設兵駐守，執行保安工作；同時，荷蘭人在內陸村社，設置「地方議會」，定期（一年一度）分區集會，接受他們的規定和命令；而且荷蘭人每年在各村社還選任長老，取代原有酋長的權勢來管轄地方。這些說明了荷蘭東印度公司確實在臺灣開創了「外來政權」統治的歷史（同上）。

大體而言，荷蘭人於各征服地區所設學校招收之學生，年齡約在十至十二、三歲之間，教以拉丁文之讀法、寫法，並授以朝夕之《祈禱文》、《摩西十誡》、《基督教要理》、聖歌合唱等。後復推及成人教育，以教化二十歲至三十歲之男女成人。其教學用語，以「土番」語言因社而異，故初期以「新港語」（西拉雅語）為準；凡入學者，必先學「新港語」，以奠定學習之基礎。嗣後統治地區向北、向南、向東擴大以各社語言不同，不便統治，荷蘭人乃令各學校一律改用「荷蘭語」。旋以實行困難，乃選用最代表性之土語二、三種——指臺南縣附近的「新港語」和雲林、彰化一帶的「華武壠語」等為「普通用語」。而荷蘭語之教授，僅限部分學校行之。至其學校教師，初期多以教會有關人員充任，後期以學校增加，師資不敷，乃兼用駐兵中有志於此者。再不足，則拔擢原住民曾受教育而優良者為助教，以補助之（臺灣省文獻委員會，民 79：84-85）。

如 1644 年（明崇禎 17 年），荷蘭人於哆囉嘓（今臺南縣東山鄉）及諸羅山（今嘉義縣境內）設置學校，惟以教師不足分配，率派原住民助教前往。同年底，荷蘭人又於華武壠、二林、大波羅之廣大地區（約當今之雲林縣、彰化縣、臺中縣之部分地帶），創辦學校六所，

並以「華武壠語」編成基督教小問答書，以便熟讀默誦。1646 年，荷蘭人並教授「荷蘭語」予華武壠附近青年，及推行成人教育（同上：86-87）。1648 年（明永曆 2 年），以教育範圍日廣，教師仍不敷使用，乃於新港及麻豆兩社設校，用以養成原住民教員，以資推廣（同上：85）。

　　筆者曾根據史料統計「荷據初期新港等五社學校學童數一覽表」如表二。從該表可知，1636 年，新港社學校已有學童 70 人，另有成人班 60 人；其後陸續成立各社學校；至 1639 年，各社學校學童分別是新港社 45 人，目加溜灣社 87 人，蕭壠社 130 人，麻豆社 140 人及大目降社（今臺南縣新化鄉）38 人，合計 440 人。顯然學校數及學童數均大幅增加（黃文樹，民 92：35-36）。

表二　荷據初期新港等五社學校學童數一覽表

年　　代	1636 年 （明崇禎 9 年）	1637 年 （明崇禎 10 年）	1639 年 （明崇禎 12 年）				
			大目降社	麻豆社	蕭壠社	目加溜灣社	新港社
學校地點	新港社						
學童數（人）	70		38	140	130	87	45
合計（人）	70		440				
備　　註	1. 另收成人婦女 60 人。 2. 於目加溜灣著手興建學校。	麻豆社、蕭壠社、大目降社等地亦從事興建學校之工作。					

（本表依據臺灣省文獻委員會《臺灣史》頁 86 資料整理、統計製成）

　　此外，荷蘭人設立之學校，也逐年增加招收成人班。據文獻統計，1647 年（明永曆元年），新港社學校成人男子班 58 人，婦女班 164

人，目加溜灣社學校成人男子班 60 人，婦女班 110 人；大目降社學校成人男子班 42 人，婦女班 100 人；蕭壠社成年就學者共 253 人（臺灣省文獻委員會，民 79：86）。合計該年這些村社學校成人班共有 787 人之多（黃文樹，民 92：36）。

荷蘭傳教士教授新港社一帶的西拉雅族民用拉丁文字母拼寫自己的語言，因而成為臺灣南島語族使用文字的起點，並持續使用至少一百五十年。直到清代中葉，我們仍可發現原住民族群用拉丁字母拼寫新港語的土地契約文書（廖宜方，民 93：57）。這說明了拉丁化的「新港語文」的歷史作用與社會影響不可謂小。

在荷蘭人據臺中間，西班牙人，自 1626 年（明天啟 6 年）佔據雞籠（今基隆市）至 1642 年（明崇禎 15 年）被荷蘭人所驅逐為止，共 17 年。那期間，西班牙人曾在臺灣北部淡水、基隆一帶傳佈天主教與經商。據臺灣省文獻委員會所編《臺灣史》的記載，西班牙傳教士先後於社寮社（今基隆市和平島）、散拿社（今臺北縣淡水一帶），學習當地原住民語言，對附近原住民傳教。其中，天主教神父愛斯基委（J. Esquivel）因編成《淡水辭彙》、《淡水語教理書》各一冊，而著稱於世。此外，愛氏並創辦學校於雞籠（今基隆市），校名「學林」，以教育漢人及日本人子弟（明末時日本商人與倭寇等曾在雞籠一帶活動），有教理、拉丁語、文藝及神學等課程。另者，又有其他神父傳教於勝灣（今臺北縣新莊鎮）、卡馬古（疑今臺北市大龍峒一帶）、巴里窟（疑今臺北縣八里鄉）、三貂角（今臺北縣貢寮鄉），及蛤仔難（今宜蘭縣境內）等地區，受洗者六百餘人。據推測，西班牙人前後約教化臺灣北部原住民四千餘眾（臺灣省文獻委員會，民 79：112-115）。

由上述可見，最早的臺灣教育的歷史，主要乃是外來的荷蘭政權在西南平原地區所進行的基督教教育。他們施教的目的主要在傳播福音，期使原住民信仰基督教，其次是授予初期的識字教育，以閱讀傳教士為原住民編寫的「基督教教材」。值得注意的是，荷蘭人在臺施教內容雖是基督教義，但所使用之語言，卻是臺灣原住民的語言（如新港語、華武壠語等）為主，荷蘭語為輔，文字則使用拉丁文。而荷

蘭教師獨立從事教學工作之前，他們都能先學習當地原住民語，以當地原住民語言施教。因此，可以說此一時期的「語文教育」，採取的是「多元化」與「本土化」兼重的語文教育政策，亦即以原住民語言作為教學時所用之主要語言，輔以荷蘭語之教授，至於拼音則概採拉丁文字拼讀原住民語，形成一種以「土語」搭配「外語及外文」的特殊語文教學模式（黃文樹，民 92：37）。

四、明鄭時期（1662-1683 年）：中國語文的奠基、拉丁語文的中斷及平埔族語的弱勢化

　　滿清入主中原以後，明室南遷，鄭成功（1624-1662）秉持民族忠義，未隨其父鄭芝龍（1604-1661）降清，1646 年（明隆武 2 年）以國姓爺身分起兵抗清，從者眾多。1650 年（明永曆 4 年）取得金門、廈門之後，以之北伐之根據地；至 1659 年（明永曆 13 年）以海軍突襲長江，進逼南京，可惜兵士不擅於陸戰，加上戰略不當等因素，兵敗退回金、廈、舟山等島嶼。二年後（1662 年）鄭成功為謀長遠之復興基地，乃渡海東征為荷蘭所盤據之臺灣。從鄭成功驅逐荷蘭人至鄭克塽（1670-？）為清廷所敗，明鄭子孫三代，在臺共經營二十二年。歲月雖短，但卻在臺灣播下漢族文化之種子（徐南號，民 82：88）。

　　明鄭對臺灣文教工作之推展，始於入臺局勢初定之際。1665 年（明永曆 19 年），陳永華建請興建文廟，以彰顯儒家道統，他指出：「昔成湯以百里而王，文王以七十里而興，豈關地方廣闊，實在國君好賢，能求人材以相佐理耳！今臺灣沃野數千里；遠濱海外，且其俗素醇。若得賢才而理之，則十年教養，十年生聚；三十年真足與中原相甲乙，何愁偏促稀少哉？今既足食，則當教之；使逸居無教，何異禽獸？須擇地建立聖廟，設學校，以收人材；庶國有賢士，邦本自固，而世運日昌矣。」（臺灣省文獻委員會，民 79：159）這個建議很快

獲得同意,而付諸實行。次年廟成,旁置明倫堂供作士子受業之所。在文廟成立,行過釋奠之禮後,鄭經(1642-1681)即通令各社廣設「社學」,推展文教工作,作為儲備人才,以為國用。在各社學中招募八歲以上之學童入學,教以經史文章(徐南號,民 82:88)。至於原住民部落原本有荷蘭傳教士教讀《聖經》等基督教教理書的學校和教堂,則都被拆除,改聘漢人教四書、五經、中文寫作。這使得荷蘭時期的拉丁語文很快地中斷了。

明鄭在臺灣沿用明朝教育制度,期以培育人才作為中興之本,令各社廣設社學普及文教,再配合府學、州學、縣學及太學(國子監)等,經科舉而拔取人才。學校之設立,對移墾漢族子弟來說,是其接受教育的大好機會。明鄭之經略臺灣,同時使原住民得以接受中華文化之教育,此為明鄭對臺灣文化之重要影響(同上:88-89)。

據估算,1638 年,在臺灣荷蘭人管轄地區內的漢人約有一萬至一萬一千人。荷蘭統治末期,臺灣的漢人人口可能有三萬五千人至五萬人之說。而 1650 年,荷蘭人編製的「番社戶口表」,其所管轄的原住民村落共有三百一十五社,計有六萬八千六百五十七人;此一人口數大約占全島原住民人口的 40%-50%之間(即全島原住民約在十三萬至十五萬人口之間)。到了明鄭時代臺灣的漢人人口約十二萬(或認為十五萬到二十萬之間),而當時約有十萬至十二萬的原住民(人口較荷據晚期不僅未增加甚至有減少現象)。換言之,漢人人口在明鄭短短二十餘年間已趕上甚至超過原住民人口(周婉窈,民 87:56-66)。

從臺灣教育史檢視,1661 年(明永曆 15 年),鄭成功打敗荷蘭人,建立鄭氏王朝後,荷蘭傳教士即紛紛撤離,基督教會在臺灣的教化事業很快地中斷了。絕大部分的原住民順服於明鄭的統治,被漢人稱為「平埔番」(Pepo-hoans),意即「平原上的原住民」,或「熟番」,而那些未曾教化,住在山區的原住民則被稱為「生番」。那時,「平埔番」逐漸採用「征服者」的語言(漢語)、服飾及宗教。據載,不肯背棄基督教的平埔族村社有些人慘遭屠殺,有些人躲入深山之中,還

有一些人遠走東部海岸（必麒麟，民 88：73）。平埔族語已呈現相對弱勢化。

五、清政時期（1684-1894 年）：中國語文的發展及平埔族語的式微

十七世紀中葉，滿清入主中國後，為消滅反對勢力，計畫召降在臺的明鄭部將。因征臺水師提督施琅（1621-1696）獨排眾議，以臺灣物產豐富、人口稠密（約五十萬人），可作為東南沿海屏障為由而使清廷不放棄臺灣，於是在 1683 年（康熙 22 年）出兵臺灣，並順利取代明鄭，旋在臺設一府三縣，隸於福建省，自此臺灣正式納入清廷統治版圖。約二百年後的 1886 年（光緒 12 年）十月臺灣設巡撫，正式建為一省。

據 1684 年（康熙 23 年）刊行，1686 年（康熙 25 年）補刻的《（康熙）福建通志臺灣府》記載，1686 年臺灣尚未設學官。又據高拱乾《臺灣府志》載，臺灣府學教授及臺灣縣、諸羅縣、鳳山縣等縣學教諭皆於 1687 年（康熙 26 年）到任，可知清朝在臺設學肇始於 1687 年（高雄市文獻委員會，民 82：3）。

清代在地方所設學校屬於初等教育者，包括有社學、義學及書房（民學）三種教育機構，分別說明如下（黃文樹，民 92：42-45）：

（一）社學

清代之社學，沿襲明代制度，為普設於地方鄉社之鄉村小學，專收民間子弟，施以漢語文教學、基本常識和生活禮儀，已有現代小學之雛型。其課程內容約略是：先讀《三字經》以習見聞，《百家姓》以便日用，《千字文》以明義理；其後再讀《四書白文》、《四書集注》、《詩》、《書》、《聖諭廣訓》等。從社學設置之區域來看，有設立在邑

里漢庄以教漢童之「漢庄社學」，與設立在原住民（平埔族）地區以教其兒童之原住民（平埔族）社學兩類，其概況如下：

1. 漢庄社學

清代臺灣設漢庄社學，首創於知府蔣毓英之捐俸建立。1684 年（康熙 23 年），臺灣首任知府蔣毓英以臺灣初入版圖，為安民心、移風易俗，於臺灣縣東安坊設置二所社學，於鳳山縣土墼埕設置一所社學，延聘儒士，以教誨窮民子弟；分巡臺廈兵備道王效宗亦於臺灣縣鎮北坊設立一所社學；1709 年（康熙 48 年）福建巡撫張伯行（1650-1725）亦令諸羅縣與彰化縣各立社學（徐南號，民 82：91）。自是之後，社學之設，遍及臺灣中南部各地。

2. 原住民（平埔族）的社學

對於平埔族（清人稱之為「熟番」，指他們曾受教化，能奉行國法）之漢語文教育，清政府在 1686 年（康熙 25 年），由諸羅縣令樊維屏分別於新港社、目加溜灣社、蕭壠社、麻豆社等地，建四所原住民社學，以教兒童；而後各地社學屢有增設。迨至乾隆年間，計有臺灣縣三所、鳳山縣八所、諸羅縣十一所、彰化縣二十一所、淡水廳六所等，可謂此類社學之興盛時期（同上：92）。而自嘉慶以來，因平埔族漸趨漢化，多入漢庄社學就讀，這類原住民（平埔族）社學逐漸式微。

原住民（平埔族）社學之設立主旨，重在教化，促進漢文化的涵化，其與漢庄社學之以準備府縣學考試不同；之所以如此，乃因原住民所習漢文有限，尚無法與漢家子弟一同競試。此類社學係以習讀漢語文為目的，其教學方式為傳統之句讀、背誦、默寫等；教材為儒家之基礎經典（同上：92-93）。

（二）義學

　　義學，俗稱義塾，多為官立，始於宋代，入清後成為官府專為民間孤寒子弟而設的初等教育機構。臺灣之有「義學」始於 1706 年（康熙 45 年）所建之臺灣府、臺灣縣與諸羅縣三處義學，並從 1721 年（康熙 60 年）朱一貴（1689-1721）之役平定後，為達教化之目的而普設義學，代社學而興。依藍鼎元（1680-1733）的說法，臺灣之患，不在富而在教，乃倡立義學。每月初一、十五宣講「聖諭十六條」，以孝、悌、忠、信、禮、義、廉、恥轉移士習民風（臺灣省文獻委員會，民 79：310），可見教撫臺民之意味濃厚。

　　此外，在平埔族聚居地區，也陸續有義學的設立。據《臺灣史》載，同治年間，臺灣兵備並於南部新港社、灣裏社（今臺南縣善化鎮）、糞箕湖（今屏東縣新埤鄉）、加蚋埔（今屏東縣里港鄉）等平埔族村社設立義塾。同書又載，光緒年間，官方為教化新設置的埔裏社廳，乃於當地設義學 26 所（同上：385）。研究指出，當平埔族義學承續社學發展之時，平埔族漢化程度已經很深了，所以清政府的漢化教育推行順利。不僅平埔族義學招收漢童，而且「平埔番童」亦多進入漢人義塾受教。如果將平埔族義學和社學進行比較，社學可謂公立特殊學校，義學可謂私立特殊學校，兩者的目的都在於促使平埔族漢化（黃新憲，2002：173-174）。

　　光緒以降，增置郡縣，開山撫番，清廷於各「生番」（未教化之高山族）之地，設立了若干義學，包括卑南廳六所、恒春縣八所、鳳山縣二所，阿里山、臺北縣、宜蘭縣各一所。課業以漢語文之閱讀、習寫為主，教材則用《訓番俚言》，由負責傳達政令到番社的官派行政官「通事」講解，並教以官話及閩、粵語言，以及《三字經》之類啟蒙書。其中，《訓番俚言》一書，以五字為句，共九百八十五句，略如長歌，內容為日常生活、倫理、官府教化、獎喜罰惡諸事，概為「訓番」之準則（臺灣省文獻委員會，民 79：386-389）。就義學之學生而言，其在學除了讀書、識字之外，亦以參加府學、縣學之入學考

試為目的；從其為社學之延續，可知義學之課程內容，不外《聖諭廣訓》（生番義學為《訓番俚言》）、政令宣導及儒家經典之讀誦、八股文之習作等（徐南號，民 82：93-94）。

（三）書房

書房通稱私塾、學堂或書館。臺灣之有書房，淵源甚早。有史家將明鄭時期沈光文（1612-1688）、徐孚遠（1600-1665）等人在平埔族部落躬耕，並開設私學，稱為書房之濫觴。嘉慶年間，鄭崇和（1756-1827）先後在後壠、竹塹開設書房，就學者不少。其中成績最著者，為咸豐年間舉人陳維英（1811-1869）在大龍峒所設的書房（黃新憲，2002：201-202）。

考書房教育之目的，一則培養學童讀書識字能力，二則預備學生他日應科舉考試。清代官府對民間書房採取放任態度，而書房本身亦缺乏制度，於課程師資、入學資格、年齡、修業年限、設備及經費等多無明文之正式規定。通常教師係由具有貢生、秀才、生員、童生等科舉功名的士人擔任，課程以讀漢文書、習漢文字為主；內容由易而難，包括《三字經》、《四書集注》、《幼學瓊林》、「五經」，以及古文詩賦等；教學方法重視傳統的點讀、背誦、默寫、作對、詩賦等（吳文星，民 67：62）。

從上可知，清政府一方面承襲明代學校制度，在鄉里普設社學；另一方面基於社會安定，由官方興辦義學。而由於受到科舉取士的影響和一般人謀生也要識字的需求，社會上也重視書房教育。這些因素促成臺灣社學、義學及書房等初等教育機構逐漸興起，對於中國語文教學的實施，隨著時間向前推移有益形發達之趨勢，這就廣化深化了中華文化在臺灣的紮根作用（黃文樹，民 92：45）。

自清中葉以降，約二百年來平埔族語言的逐漸消失，是歷史語言學和人類學關切的焦點，其消失的較早、較快、較多常引起研究動機。研究者發現，絕大多數的平埔族語言在一百年前（即 1890 年代，清

光緒年間）就已消失殆盡了。今仍然保存的平埔族語只有噶瑪蘭語、巴則海語和邵語（此將邵族畫入平埔族中），而且不再數年，這幾種語言也會滅亡。其他平埔族語言，今日最多只能問到少數幾個單字而已（李壬癸，民 88：98）。論者對平埔族語言消失的歷程，做了梳理，摘述如後：明朝末年，也就是十七世紀中葉以後，福建沿海一帶的漢人大量移民到臺灣，最先在臺灣西部開發拓墾。因此，西部平埔族首當其衝，土地大量流失，人口遞減，母語文化也就因為「漢化」而大量流失，前後還不到兩百年。到了十九世紀末，清朝把臺灣割讓給日本時，日本學者伊能嘉矩（1867-1925）等人調查，西部平埔族語言，就所剩無幾了；除了巴則海語以外，那時只能找到少數老人還依稀記得一些單字而已，已無法說出完整的句子，更談不上長篇語料了。至於傳統的歌謠，即使還記得一些曲調，也不知道歌詞的意思了。西部平埔族的漢化，愈是靠近中南部的就愈早，愈是靠近沿海一帶的平原也是愈早。因此，較靠近內陸的巴則海族就稍晚一些漢化（同上：109）。

六、日治時期（1895-1945 年）：日本語文的灌輸、中國語文與母語的萎縮

　　1894 年（清光緒 20 年），日軍入侵當時為清廷保護國之朝鮮，組織傀儡政府，清廷乃對日宣戰，「甲午戰爭」於焉發生。其結果是清軍戰敗求和，雙方於 1895 年簽訂《馬關條約》，清廷將臺灣、澎湖割讓予日本。在「宰相有權能割地，孤臣無力可回天」的情況下，全島瀰漫著悲愴的氣氛和未知的恐懼。日本旋以武力實行接收，建立以軍事、警察為主的殖民統治；就教育設施而言，日本人於總督府之下別創新的教育制度，以推行其殖民教育政策。由於臺灣為近代日本首次獲得的殖民地，日本人據臺以後，以征服者的姿態，在政治上劃了一條線，分為日本人和臺灣人來「統治」，經濟上儘量剝削臺灣人之

外，當然也不會忘記在精神上支配臺灣人。在精神上的支配，最重要的手段當然是教育（臺灣史蹟研究會，民66：493）。

日本人進佔臺灣之後，即在臺北成立總督府，下設學務部，掌理全臺灣教育行政。首任學務部長伊澤修二（1851-1917）就職不久便提出〈臺灣教育意見書〉，聲明：「臺灣的教育，首先應讓臺灣人盡速學習日語。」（臺灣省教育會，民62：155-168）伊澤修二於1896年指出：「將我們所說的國語（日語）教給臺灣人是現在最重要的工作，因為日本人有自己的母親可以傳授母語給本國子弟，但是新領地則完全不同。……所以到臺灣教授國語即是在從事母親的任務。」（引自島嶼柿子文化，民93：20）為了貫徹此一政策，日本統治者於1896年（清光緒22年，日本明治29年）元月，公布設立「國語（日語）傳習所」，其主旨「乃在於教授臺灣人國語（日語），使其應用於日常生活，並養成本國（日本）精神為目的。」（臺灣總督府，1902：67）將日語的普及與日本國民精神的養成視為最重要的教育政策。

公布之後，日本統治者立即在全臺設立「國語（日語）傳習所」作為佔領初期教育機構。另外查禁傳授中華文化和語文的儒學（府學及縣學）及社學等。1897年（清光緒23年，日本明治30年），一方面由於「國語（日語）傳習所」發展快速，使得總督府無法應用國庫支付經費；另一方面，「國語（日語）傳習所」出現供不應求的情況，其創設時「緊要事業」之色彩逐漸褪去。而原來的「國語（日語）傳習所」的名稱、規模與組織已無法適應現實需求，必須重斯創設新的教育機構，在這情況之下，新的「公學校」制度應運而生（李園會，民72：5-6）。1898年，總督府公佈《臺灣公學校令》，公學校成為日據時期最主要的初等教育機構。此外尚有專門為在臺之日童而設的「小學校」，以及為山地原住民學童設立的「教育所」（黃文樹，民92：47）。

統治階層在加強其統治權力的運作過程中，最直接的方式之一便是利用政策或看似合理的藉口合法化其統治的神話，尤其是語言的宰制往往牽涉到歷史詮釋權，而成為統治者給被統治者的緊箍咒（江文

瑜，民 84：59）。日本統治臺灣五十年間，即以日語做為「標準語言」，遂行其統治神話。林茂生在《日本統治下臺灣的學校教育》一書中，探討到以國語（日語）為教育基礎的問題，他剖析說：「以特別注重教導國語（日語）做為整個教育的基礎，有三個理由：第一，日語要成為此島（臺灣）的官方語言；第二，日語是傳授教育給臺灣人的媒介；第三，日語是同化的工具，也就是日本化臺灣人民。」（林茂生，民 89：208）此一分解，說明了日本統治者在臺灣強力施行日本語文教育的政治與教育目的。

　　基本上，語言是因為人類社會需要而產生，並且隨著生活轉變而發展的。因此，當我們習得某一種語言時，我們也同時習得那語言所隱涵的文化。語言學家愛德華·沙派爾（Edward Sapir）說：「語言和文化之間的關係是一體兩面的，語言是不能脫離文化而存在的，它是在社會內遺留下來，它決定了我們生活面貌的風俗和信仰。」（引自曹素香，民 84：84）日本人深知語言與文化互相依存之道，極力要把日本文化透過日語實施移植到臺灣生根發展，故在治臺期間，乃以語文教育為手段和工具，企圖藉由日語的普及，輸入日本文化，以改造臺灣人成為具有日本民族文化特性的忠順皇民，供其驅使，達到統治的最終目標（黃文樹，民 92：47-48）。

　　根據《公學校規則》，公學校的修業年限為六年，學齡為七歲以上十六歲以下，其目的在「對本島人兒童教日語，施德育，以養成（日本）國民性格。」其課程以日語、日本禮儀、「教育勒語」、臺灣人必須遵守的重要制度，以及日常生活基本實用知識技能為主。這可見日語教育是公學校的核心任務。

　　1912 年（日本大正元年），修正《公學校規則》，每週增加二小時日語科時數。到 1920 年（民國 9 年，日本大正 9 年），全臺懂日語人數比率僅佔 2.68%（臺灣省文獻委員會，民 82：229），顯然初等教育推廣日語的效果不彰。因此，日本統治者乃採取更強硬的手段，於 1922 年將公學校一至六年級的日語課程，分別增加為十二、十四、十四、十四、十、十小時。1937 年（民國 26 年，日本昭和 12 年），

中日開戰，總督府為進一步斬斷臺灣人對漢文化的眷戀，全面加強其皇民化語言政策（邱敏捷，民87：43）。其策略凡四：一是獨尊日語，報紙廢止漢文欄目、學校中停止教授漢文；二是局部禁用臺灣語，公共場所明文禁止使用閩南語、客語；三是獎勵國語（日語）家庭，以物資配給、就學、就業等利益，鼓勵知識份子在家庭中使用日語；四是鼓勵國語（日語）部落，在廣大鄉村，推動簡易初步的日語補習教育（廖宜方，民93：195）。

　　任何一種政策，實施的結果必有其影響或效應。日治時期，日本人在臺灣實施以消滅漢文化、建立日本文化為目的的語文教學政策，經以日語教育作為宰制臺灣人的策略運用，實際上已帶來具體的效果，實現了日語普及的預定目標，將漢文及母語壓縮到幾無存在的空間。據統計，自1931年（民國20年，日本昭和6年）起，臺胞「解日語文者」的人數呈快速增加的趨勢。1932年（民國21年，日本昭和7年）至1942（民國31年，日本昭和17年）十年間，「解日語文者」由23%逐年提高至58%（每年約增加3%），這樣快的普及效果，的確是日治前半期未有的現象。臺灣人能操日語文人數及比率之逐年遞增，足證推行「日語教育」之政策已獲得顯著之成效（黃文樹，民92：49）。

　　日治晚期，日語似已成為使用不同母語的臺灣人彼此交談時的「共同語言」。連橫（1878-1936）在1933年完成《臺灣語典》的序文中，無奈地描述道：「今之學童，七歲受書，天真未漓，咿唔初誦，而鄉校已禁其臺語矣！今之青年，負笈東土（日本），期求學問，十載勤勞而歸來，已忘其臺語矣！今之縉紳上士乃至里胥小吏，遨遊官府，附勢趨權，趾高氣揚，自命時彥，而交際之間，已不屑復語臺語矣！」（連橫，民81：3）這些話都是信而有徵的。

　　經過日本統治者雷厲風行地掃蕩漢民族文化、禁用漢語文，以及積極推展日語，倡導日本文化的五十年漫長歲月，臺灣人的漢語文程度與母語表達能力大大地萎縮。日治全期，日本統治者對臺灣人百般威脅利誘，在這種前提之下，臺灣青少年、兒童不得不在學校內學習

日語，以適應學校生活，並圖順利通過重重入學關卡，進入較高級的學校；而臺灣成年人不得不在社區參加日語講習會、夜學會，以求得職業上、生活上所需之日語能力。學習日語、使用日語，進而躋身更高的社會階層，向上流動，便成為日治時期臺灣人安身立命之所繫。從社會語言學的角度來看，任何一種語言教育的成敗利鈍，皆和其學習者或使用者的心理態度形成函數關係；而這種態度的傾向又往往成為此類人士文化認同的表徵。臺灣人學日語、用日語，不論其動機為實用，或為歸附認同，普遍的現象是漢語文與母語的表達能力越來越薄弱（黃文樹，民 92：52-53）。

　　戰爭結束前夕，「國（日）語常用家庭」充斥，到處一片日語聲，造成戰後初期，許多受過學校教育的臺灣人，必須大量混用日語詞彙，才能充分的表達自己的情意。可以誇張地說，臺灣在當時已經是日語的世界了，就是自己祖先所用的語言，也已不是三十歲以下的年輕人共同的語言。漢語文與母語在日本統治者打壓、歧視、排斥、禁止的下，命運坎坷，說它是「萎縮」一點也不為過（同上：53）。

七、戰後時期（1946-1998 年）：日本語文的退場、中國語文的貫徹和母語的受歧視

　　1945 年（民國 34 年）8 月 14 日，日本無條件投降，10 月 25 日臺灣「光復」。臺灣回到「祖國」──中國懷抱以後，教育首要的任務，即為滌除日本的文化與語文，而代之以祖國的文化與語文。當時行政長官陳儀（1883-1950）明白指出：「臺灣既然復歸中華民國，臺灣同胞，必須通中華民國的語言文字，懂中華民國的歷史。學校既然是中國的學校，應該不要再說日本話，再用日本課本。現在各級學校暫時一律以國語、國文、三民主義、歷史四者為主要科目，增加時間，加緊教學。」（臺灣省文獻委員會，民 79：2）據此，實施中國化教

育，以三民主義施教，推行國語運動，發揚中華民族精神，便成為戰後初期的教育方針（黃文樹，民92：55）。

　　語言、文字與歷史，是民族精神的要素；不諳國語，不易與祖國文化相融合。因此為達成上面的教育方針，推行中國語文教育便成為教育方針中的「驅動方針」：凡清除日本文化、灌輸三民主義、加強民族意識，發揚民族精神皆有賴中國語文的推行（同上）。

　　國民黨政府為有計畫的推行國語運動，乃在1946年（民國35年）4月，在省教育處成立「臺灣省國語推行委員會」，並在各縣市教育行政機關設立「國語推行所」，以擔負這項任務。該委員會的主要工作是：（1）學校教師的國語傳習，（2）國語讀音示範廣播，（3）理論與方針之研討，（4）編印臺語、國語對照學習用書，（5）教法、教材之實驗，（6）編印國語標準教科書，（7）注音符號之應用與推廣等。推行國語的對象，首先從實施初等教育的國民學校兒童開始，漸進推及到青年與成人。在國民學校，新生入學後，先教十二週注音符號，再教識字。這一措施，旨在幫助學童獲得接受中國語文教育的工作（同上）。

　　當時來臺的政府官員對臺灣不甚了解，再加上仇日心理與接收後的自大，完全忽略臺灣鄉土語言與文化的價值，在教育工作中，一味地以「中國語文與文化」取代「日本語文與文化」，難免令人有「另類威權」之感，以致引起反感，甚至衝突。有論者曾將光復後語文教育政策的不當，列為衍生「二二八事件」的因素之一。論者指出，戰後初期，公共場合中通行的語言是日語，而多數臺灣民眾則以母語（閩南語、客家語、原住民語言）為家庭生活的溝通語言，而原住民有不同的族群，所用語言不同，各族間常用日語溝通。當時奉命來臺接收的行政長官公署陳儀，不了解臺灣的語言生態，未將語言視為文化資源，將之視為亟需解決的問題，於1946年（民國35年）10月26日起，廢除省公報、報紙雜誌的日文版，以絕大的政治力量，採行禁止日語和閩南語的政策，引起多數民眾的反感，造成語言的衝突，並產生語言的文化優越感或歧視的障礙，無法根據自願、民主、平等的精

神推行國語，阻礙了相互的理解、尊重與合作，翌年「二二八事變」中，本省人與外省人的衝突，語言政策即是遠因之一（陳美如，民87：40-41）。這種見解是相當中肯的。

1949 年（民國 38 年），大陸變色，國民黨政府遷臺。翌年，教育當局為適應時勢需要，特訂頒《戡亂建國教育實施綱要》。這個時期對於國語的推行，在前期的基礎上，益加積極。自從發生「二二八事件」以後，語言隔閡被認為是造成省籍衝突的因素之一。有關當局在「有統一的國家必先有統一的語言」的意識下，較光復初期付諸更強大的力量推行國語運動。臺灣地區的國語運動漸與愛國教育合流，國語的推行，注入了極濃厚的政治色彩，在推行的態度和手段上，也變得極為獨斷和強硬（黃文樹，民 92：58）。

國民學校一向被視為推行國語的搖籃和泉源，自然被賦予更多的責任。自 1954 年起，國民學校全面推行國語直接教學法，國小一年級入學新生，於第一學期的前十週全部教授注音符號和說話。學校師生不論在課堂、在課後，一律不准使用方言。教師使用方言交談，會被糾正，會被列入年度考績。學生使用方言，會受到處罰，諸如扣操行成績、罰寫作業、罰掃廁所、罰錢、罰站、罰寫悔過書、打手心、鞭屁股、摑耳光等等，處罰方式五花八門，不一而足。凡此種種推行細節，可謂思慮周密，手段嚴苛。學校這種以「懲罰為主」的教訓模式，被史家批評為「霸道式的管教」（瞿海源，民 77：225），勾勒出教育集權化、專制化，受教者主體性與自願性被剝奪的情境。

至 1966 年（民國 55 年），臺灣省政府頒布「各縣市政府各級學校加強推行國語計畫」，明訂：（1）各級學師生必須隨時隨地使用國語，學生違犯者依獎懲辦法辦理；（2）嚴禁電影院播放方言、外語；（3）嚴加勸導街頭宣導勿用方言、外語；（4）各級運動會禁止使用方言報告；（5）嚴加勸導電影院勿以方言翻譯。自此以後，國民大會、立法院、文藝復興委員會等中央機關也開始介入國語推行的工作。隔年二月，國民大會要求恢復 1959 年（民國 48 年）因經費問題而裁併的國語推行委員會；1970 年（民國 59 年）5 月立法院要求政府儘速

貫徹國語推行計畫；監察院也於同年六月認為教育部推行國語不力，邀請教育部長列院說明以謀改進。這些言論、行動，使臺灣的語言教育政策，逐漸膨脹為「國語獨尊，壓抑方言」的單語政策（陳美如，民 87：63）。

　　1990 年代前半葉，母語消失、小朋友不會也不肯講母語的情況相當嚴重。在花蓮縣瑞穗鄉住了 36 年的法籍老神父杜愛民，在民國 83 年受訪時表示：「阿美族的小孩，如今都不願意說母語，他們的嘴巴像鎖住不想吐出一句母語。……如果阿美族的父母，不在家在說母語，目前四十、五十歲的人走了，我想二十年後阿美族話可能會整個消失。」（王蜀桂，民 84：73-75）與此類似，長年隱居花蓮縣豐濱鄉噶瑪蘭族村落的人類學者兼傳教士裴德神父也提到：「（豐濱鄉）現今的青少年，卻忘了母語，以說國語為榮。」（同上：103）有著同樣觀察，新竹縣五峰鄉天主堂的西班牙籍孫國棟神父，則為當地的泰雅話將失傳而心急，他指出：「如今用泰雅族語言做彌撒，則是老人懂，四十歲以下的年輕人都不懂。」（同上：127）和泰雅族相處幾十年的孫神父分析其原因：「推行母語，一般的泰雅人並沒有興趣，更嚴重的是：他們連在家庭中，都不使用泰雅語。因為忙著賺錢的泰雅父母，眼中只有錢，他們早出晚歸的為生活打拼，孩子上學也是一大早出門，天黑才返家，家人交談的機會就少，而說慣國語的小孩，父母為遷就他們，也以國語對話，母語不知不覺的被遺忘了。」（同上：129）還有，「許多泰雅族年輕人，想盡辦法的否認他們（原住民）的標籤，自然不願說母語，於是母語慢慢的從腦海中消失。」（同上：130-131）這些事實絕不是少數個案，而是普遍化現象。

　　平心而論，戰後國語的推行和普及，學校、社會和大眾媒體皆通用國語，使得許多兒童逐漸不會說其原有的方言或母語，這種情形出現於原住民的兒童，確實最為明顯。造成年輕一代與老一輩之間溝通的不良，兩代間的精神臍帶斷裂，家中沒有共同的語言，家庭成員無法做深入的生命分享，民族的傳統文化也失去傳承；這種種現象，對

於兒童、家庭和整體社會都是語言和文化的損失（黃瑞琴，民 82：186-187）。

不可否認的，國語推行運動的顯性負作用，即母語消失的嚴重危機。花蓮高級中學「美雅農語言研究社」創辦人道出箇中酸楚：「臺灣的原住民族在語言不斷演變的過程中，並未成功地把語言換成文字。……處在這種有語言卻沒有文字的族群裏，單靠長者的口傳，新生代必定對自己的根較難有具體而實質的掌握。加上過去國語推行教育，已把母語教育系統全盤破壞。……這樣的結果，新生代造成了一種假象，就是認為自己的文化及根是落伍的、無用的，於是用近視的眼光，不願意去學講母語，更慘的認為說母語是件羞恥之舉。」（黃東秋，民 82：17-18）這段話映現出母語的失落與原住民的茫然。

語言學者指出，輕視臺灣本土文化來自三百年來的中國古典教育、日本語文教育、中國現代語文教育的長期的政策推動。臺灣以往由於政治及教育先後大力推動古代漢文化、日本文化、中國首都文化，忽略、輕視臺灣社會的語言及文化，所以臺灣人愈受教育愈傾向輕視臺灣文化及語言（鄭良偉，民 92：11-13）。與此觀點類似，文化論者強調，戰後國民黨政府推動「中國語文教育」，即以北京語文與古代中原的封建文化與思想，來全面汰除臺灣本土各族的語言與文化，這就全面使南島語的臺灣包括平埔族和高山族的原住民漢化、儒化而消失（莊萬壽，民 92：213-214）。這些觀察皆有其見地。

八、世紀交替時期（1999 年迄今）：多元語文的開放及母語的被尊重

1990 年代中期，教育改革呼聲漸起。1996 年，行政院教育改革委員會提出「教育改革總諮議報告書」；該報告書揭櫫了教育改革五大方向：教育鬆綁、帶好每位學生、暢通升學管道、提升教育品質及

建立終身學習社會，為臺灣教育畫出願景。關於語文教育之改革建議，該報告書有以下數項重要呼籲：

其一，國小學生應學習英語字母之辨認與習寫。積極規劃與準備國小學生必修適量英語課程。研議通用標音系統之可能性，以減輕國小學生學習國語、母語、英語不同標音系統之負擔（行政院教育改革委員會，民 85：39）。

其二，發展雙文化教育。修改課程標準，將族群關係、多元文化與原住民文化社會題材，融入各級學校課程與教育，並編纂各族補充教材。訂定「雙文化認同取向」教育目標，兼顧原住民族群文化傳承與現代社會生活之適應潛能（同上：45）。

其三，語文課程，應重視其作為表達、思維與應用的工具性（同上：38）。

由上可知，語文教育課程與教學的改革方向，體現著多元文化教育（multi-cultural education）的思潮，突破傳統一元化的窠臼，開放英語教學，注重母語學習與鄉土教育。這些革新主張，為臺灣教育的語文教學注入了生機和活力，令人耳目一新。教改會提出總諮議報告書後，教育部隨即用心將事，進行研商，著手有關之計畫。1997 年（民國 86 年）4 月成立「國民中小學課程發展專案小組」，研訂課程發展及修訂之原則。翌年 5 月，訂頒教育改革行動方案；同年 9 月，公布新課程總綱；10 月成立「國民中小學各學習領域綱要研習小組」，研訂「國民教育各學習領域課程綱要」。1999 年（民國 88 年）7 月，訂頒「國民教育階段九年一貫課程試辦要點」，並擇定一百二十七所國小參加試辦。這標誌了「九年一貫課程」實施的里程碑（黃文樹，民 92：64-65）。

由於試辦情形良好，教育部乃於 2000 年（民國 89 年）9 月頒布了「國民中小學九年一貫課程暫行綱要」（以下簡稱「課程綱要」），作為中小學課程與教學改革之「行動方案」。「課程綱要」規範國民教育階段之課程應以個體發展、社會文化及自然環境等三個面向，提供語文、健康與體育、社會、藝術與人文、數學、自然與生活科技，以

及綜合活動等七大學習領域。在「語文」領域，規定其主要內涵包括本國語文、英文等，注重對語文的聽說讀寫、基本溝通能力、文化與習俗等方面的學習。不但如此，「課程綱要」為落實多元文化教育之理念，明確規定：國小一至六年級學生，必須就閩南語、客家語、原住民語等三種鄉土語言任選一種修習，每週一至二節。學校亦得依地區特性及學校資源開設閩南語、客家語、原住民語以外之鄉土語言供學生選習。還有，學校可視校內外資源，開設英語以外之第二外國語言課程，供學生選習；其教學內容及教材得由學校自行安排。這些新措施體現民主化、多元化、國際化的現代教育觀，兼顧了母語教育與國際語言教育，可以肯定的說，此一語文教育政策是進步的（同上：66）。

　　母語教育是一個人所接受最先而且最重要的語文教育。聯合國教育科學文化組織曾就母語教育的價值，從心理上、社會上、教育上三方面加以分析，其要點如下：

1. 心理上，以學童的母語為教學語言可以維持學童認知能力的連貫性。學童在六、七歲時已經內化一套認識世界、接受新知識的概念系統，這就是他的母語。學生在進入小學之前就是以母語為認知工具，進入小學後驟然以別種語言教授知識，容易造成學生學習上的障礙，學習效果亦打折扣。

2. 社會上：以母語為教學語言，然後再引進強勢語言可以化解弱勢族群學童在學校環境中感受到的疏離感或挫折感，且有助於學生對自己及不同族群語言的肯定，在人格發展上也有正面的意義。

3. 教育上：經由熟悉的語言去學習效果會更好。學習心理學上早有證據顯示學習以母語為本的閱讀能力，然後轉移到另一個語言遠比既學另一個語言，又學這個語言為本的閱讀能力容易得多（引自朱惠玲，民90：45）。

　　2001 年（民國 90 年）8 月起，「九年一貫課程」正式由國小一年級全面實施。另外，國小五、六年級亦同步實施英語教學。這堪稱是臺灣教育史語文課程與教學的「一大革命」。誠如論者所言：「新課程不僅是課程與教學的改革方案，同時也是國民性格改造的工程。」（張玉成，民 90：10）這話講出了「九年一貫課程」在臺灣語文教育史上的新穎意義。

　　既然是新的嘗試、摸索，在實踐的過程中，無可避免地會出現一些問題與困難。截至目前，母語教育方面的問題與困難，可略舉於後：

1. 教師常嘆母語教學時間不夠。
2. 母語師資有些是現職學校老師，有些是來自大學相關科系畢業者。他們所引發之問題，如專業素養不足、教師流動率大，復加上每週只上一兩節課，不易建立良好的師生互動關係。
3. 一年級鄉土語言是否須教音標，尚未統一規定，引發教學實務之困擾。
4. 臺灣各族群母語大抵都是有語言無文字，荷蘭時期的傳教士為利傳教，應用拉丁文字拼讀原住民語，但晚近因科技的發展，羅馬拼音因構造問題不利電腦傳輸。教育部所指定的母語音標有其優點：符號（英文二十六個字母）簡單、音值準確，適用性較大。惟目前各縣市在教材的編輯上作法不一。
5. 學生程度不齊，加以全班教學，造成學生學習意願不高。
6. 兒童母語教學法紛陳，教師對母語教學法之選擇與應用，出現疑惑。

　　任何一種教學，都不可能完美無缺。論者參照國外有關兒童雙語言、雙文化教育方案的研究，歸納了兒童語文教學之原則，摘引於下供參：

1. 接受語言學習之時間架構的個別差異。不要以為兒童能很快和很容易學會一種語言，避免急促地將兒童推向主流教室，兒童需長時間探索和經驗第二語言的學習。

2. 接受兒童想要溝通的意向。因為嘗試和錯誤是第二語言學習過程的一部分，商討意義和共同談話是重要的，兒童應該有機會練習母語和新建立的語言技巧。大人不應主導談話，而應多聽兒童說話，提供兒童說話的機會，例如：戲劇、遊戲、故事時間、偶戲、同儕互動、社會經驗、郊遊、烹飪，和其他充實的活動。

3. 認識兒童需要獲得新的語言技巧，而不是代替現有的語言技巧，讓兒童有機會保留他們的母語和本土文化，並且有充分的社會互動機會。

4. 提供一個激發的、動態的、不同語言的環境，讓兒童在有意義的社會互動中使用語言，避免嚴格的文法教學，兒童喜歡非正式的遊戲經驗、戲劇活動、偶戲、電話談話、參與兒童文學、和同儕的社會互動。

5. 併入所有兒童的文化經驗，重視每位兒童的鄉土文化，以增進兒童的人際技巧、學業和社會的成就。

6. 使用非正式的觀察，以引導活動的計畫。

7. 提供一個接納的教室氣氛，重視文化和語言不同的兒童。

8. 尊重兒童的家庭，加強學校與家庭的聯繫，鼓勵雙語系家庭或社區人員來參與教室活動，分享他們的語言和文化。

9. 有關文化的材料與活動不應只限於慶祝不同文化的節日，還可包括認識各文化的食物、音樂、住宅、家庭等文化的特色（黃瑞琴，民 82：188-189）。

　　上述這些語文教學的原則與作法，均契合現代教學理論、兒童認知發展觀與學習心理學之研究成果，頗值參用。

九、結語

　　大約五千多年前，人類就已在歐亞大陸東方的臺灣島生存、活動，只是有一段悠長的時光，這裏處於混沌、沒有文字記載的史前時代，直到四百年前才有人用筆寫下它的歷史。

　　語文教育向為教育工作之重頭戲，它既是一種工具性教育，也是一種專業性教育，同時又與民族精神教育、愛國教育密切結合，故往往是教育政策實施上的重要手段與目的。縱觀臺灣語文教育史，可依時間先後順序歸納出下列七大轉化、變革階段：一是史前時期，即四百年前之前那漫長、遲滯發展的以千年計之悠長歷史，這一時期原住民母語於生活中自然傳習，各族皆然；二是荷據時期（1624-1661 年），有拉丁文拼音、荷蘭語的加入及「新港語文」的創用；三是明鄭時期（1662-1683 年），特徵是中國語文的奠基、拉丁語文的中斷及平埔族語的弱勢化；四是清政時期（1684-1894 年），中國語文得到進一步發展，但也導致平埔族語的式微；五是日治時期（1895-1945 年），日本語文的有效灌輸，同時造成中國語文與母語的萎縮；六是戰後時期（1946-1998 年），日本語文被迫退場、中國語文全面貫徹和母語的受歧視；七是世紀交替時期（1999 年迄今），呈現多元語文的開放及母語被尊重之新局。

　　綜上可知，臺灣在不同時期，植入差異極大的語言、文字和文化資源，彷彿一顆樹被嫁接了多次。從史前時期到清代，臺灣是個各說各話的社會，還不存在所謂的「國語」，國家與社會沒有統一語言的要求，各個族群大都只會用自己的母語溝通，也不致於構成生活的障礙；母語的教與學，在家庭教育與日常生活中很自然的進行。其間，荷蘭時期拉丁化的新港語文實際上是臺灣原住民有史以來第一次使用的抽象語文符號。而自明鄭起，中國語文很快立足、並普及於臺灣，相對地使漢化的平埔族原有的母語逐漸弱勢化，進而式微，甚至消失不見。當日本總督府統治臺灣，訂定日語為官方語言，不同母語的各族逐漸以日語溝通；學校中日本語文教育之實施尤熾，無論平地人或

高山族，包括漢語文及母語均面臨萎縮的命運。戰後，中國語文透過政治與教育之嚴屬措施，全面迅速復振，母語遭受空前不公平的對待。史家概括出臺灣教育史的特徵是：「回顧數百年的臺灣教育，都掌握在外來政權的手中。統治者以其意識型態，左右教育政策，改造臺灣人民，使其成為順民，符合統治上的需要。日治時代的皇國民教育和國民黨時代的大中國意識教育都是基於這樣的構想，臺灣人民活在統治者的形塑中，失去自己。」（張炎憲，民 93：4）這種特徵用來說明臺灣語文教育史尤為貼切。所幸，世紀交替之後，多元文化思潮與鄉土語言教育獲得正視，母語已回歸到基本的尊嚴地位。可以預期，未來臺灣語文教育應可朝更健康、更平等、更符應教育原理的方向邁進。

參考資料

王蜀桂（民 84），《讓我們說母語》，臺中市：晨星出版社。

必麒麟（W.A.Pickering）著，陳逸君譯述（民 88），《歷險福爾摩沙》，臺北市：常民文化出版社。

朱惠玲（民 90），〈九年一貫制母語教育之探討〉，載《國教輔導》第 39 卷第 6 期，頁 45-48。

江文瑜（民 84），〈臺灣母語教育現況之檢討〉，載《華文世界》第 75 期，頁 59-65。

江樹生譯註（民 89），《熱蘭遮城日誌》第一冊，臺南市：臺南市政府。

行政院教育改革委員會（民 85），《教育改革總諮議報告書》，臺北市：行政院教育改革委員會。

吳文星（民 67），〈日據時代臺灣書房之研究〉，載《思與言》第 16 卷第 3 期，頁 62-89。

周婉窈（民 87），《臺灣歷史圖說》，臺北市：聯經出版社。

李壬癸（民 88），《臺灣原住民史：語言篇》，臺北市：臺灣省文獻委員會。

李園會（民 72），《日據時期之臺灣初等教育》，高雄市：復文出版社。

邱敏捷（民 87），〈論日治時期臺灣語言政策〉，載《臺灣風物》第 48 卷第 3 期，頁 39-60。

林英津（民 89），《巴則海語》，臺北市：遠流出版社。

林茂生（民 89），《日本統治下臺灣的學校教育》，臺北市：新自然主義出版社。

徐南號（民 82），《臺灣教育史》，臺北市：師大書苑出版社。

高雄市文獻委員會編（民 72），《高雄市志教育篇（卷上）》，高雄市：高雄市文獻委員會。

許雪姬（民 93），《臺灣歷史辭典》，臺北市：行政院文建會。

張玉成（民 90），〈九年一貫課程之過去、現在和未來〉，載《國民教育》第 42 卷第 2 期，頁 2-10。

張永利（民 89a），《賽德克語參考語法》，臺北市：遠流出版社。

張永利（民 89b），《噶瑪蘭語參考語法》，臺北市：遠流出版社。

張郇慧（民 89），《雅美語參考語法》，臺北市：遠流出版社。

張炎憲（民 93），〈回憶兒時想起臺灣〉，收於島嶼柿子文化館編著《臺灣小學世紀風華》，臺北市：柿子文化公司。

島嶼柿子文化館編著（民 93），《臺灣小學世紀風華》，臺北市：柿子文化公司。

莊萬壽（民 92），〈「中文教育」的臺灣本土化〉，收於張德麟主編《臺灣漢文化之本土化》，臺北市：前衛出版社，頁 213-242。

陳美如（民 87），《臺灣語言教育政策之回顧與展望》，高雄市：復文出版社。

連橫（民 81），《臺灣語典》，臺北市：臺灣省文獻委員會。

曹素香（民 84），〈從語言和歷史文化的關係淺論遺留在臺語中的日語〉，載《北師語文教育通訊》第 3 期，頁 83-96。

黃文樹（民 92），〈臺灣初等教育的語文教學政策（1624-2003 年）〉，
　　載《高市文獻》第 16 卷第 1 期，頁 31-82。

黃東秋（民 82），《臺灣原住民阿美族泰雅族布農族語言民俗研究》，
　　臺北市：文鶴出版社。

黃美金（民 89），《卑南語參考語法》，臺北市：遠流出版社。

黃新憲（2002），《臺灣的書院與鄉學》，北京市：九州出版社。

黃瑞琴（民 82），《幼兒的語文經驗》，臺北市：五南圖書公司。

華愛（民 91），《排灣語入門》，臺北市：自刊本。

鄭良偉（民 92）。〈語文研究的人類共性臺灣實況化〉，收於張德麟主
　　編《臺灣漢文化之本土化》，臺北市：前衛出版社，頁 9-44。

齊莉莎（民 89a），《布農語參考語法》，臺北市：遠流出版社。

齊莉莎（民 89b），《魯凱語參考語法》，臺北市：遠流出版社。

齊莉莎（民 89c），《鄒語參考語法》，臺北市：遠流出版社。

廖宜方（民 93），《圖解臺灣史》，臺北市：易博士文化出版社。

臺灣史蹟研究會（民 66），《臺灣叢談》，臺北市：幼獅文化公司。

臺灣省文獻委員會（民 79），《臺灣史》，臺北市：臺灣省文獻委員會。

臺灣省文獻委員會（民 82），《重修臺灣省通志文教志社會教育篇》，
　　臺北市：臺灣省文獻委員會。

臺灣省教育會編（民 62），《臺灣教育沿革誌》，臺北市：古亭書屋。

臺灣總督府（1902），《臺灣總督府學事法規》，臺北市：臺灣總督府
　　民政部。

瞿海源（民 77），《氾濫與匱乏》，臺北市：允晨文化公司。

臺灣兒童母語教育政策之回顧與檢討

李黛華

（高雄縣政府教育處副處長）

一、前言

　　語言是溝通的工具（communication tool），除了是人類溝通心意的橋樑外，一種語言也代表著一種文化的思考模式。而臺灣是個多語系的社會，洪惟仁（2002）就指出臺灣有四大族群，其人口比例約為閩南人 74.3%、外省人 13%、客家人 12% 以及南島語系 1.7%。這四大族群間隸屬於南島語系的原住民，各有不同的族群語言，而外省族群其實是來自中國大陸不同地區，其更有不同的家鄉方言，客家人也有所謂海線客語跟山線客語之分。

　　臺灣 2300 萬人民中即有十數種以上的語言，多語系社會也代表著社會不同文化的多元性，就臺灣實際的現實而言，鄉土教育、母語教育、原住民教育是多元文化教育在臺灣最具體的展現（熊同鑫&黃志偉，2003）。所謂臺灣母語依據教育部頒布「高級中等以下學校及幼稚園推動臺灣母語日實施要點」係指：學校所在地區多數民眾日常使用較多之閩南語、客家語、原住民族語等臺灣本土母語。臺灣的母語教育是自 2001 年九月度正式實施。

　　自九十學年度開始實施的九年一貫課程，自國小一年級至六年級設閩南語及客家語、原住民語三種鄉土語言課程，將母語教學列入正式課程。「教育部補助公私立幼稚園推動鄉土語言作業原則」，亦鼓勵幼稚園針對母語教學向下紮根，各縣市政府教育局積極進行鄉土語言母語教師的培訓工作，許多教育工作者熱烈參與。這是臺灣目前的母語教育政策。然而，臺灣實行了母語教育是否真的就能挽救母語的流失？是否就能讓不同背景學生達到平等的教育機會嗎？本文即對臺灣兒童母語教育政策進行探討。

二、母語教育的重要性及其環境脈絡

　　有鑑於臺灣特殊的政治與社會局勢的發展，多元族群的問題一直是臺灣社會的重要問題。這不只是關係著各族群文化的永續發展，更影響兒童從小發展的自我認同觀念。因此，先讓孩子認同自己的語言與文化，建立「語言平等」之觀念，讓孩童體認多元語言文化並存的事實。

（一）母語的界定與意義

　　教育部《重編國語辭典修訂本》中，沒有收錄「鄉土語」的詞錄。但是以「母語」及「方言」這兩個經常可以等同於「鄉土語」的詞條解釋中，可以略窺其面貌。其中有關「母語」的解釋是：1.「凡有親屬關係的語言是由一種原始的語言發展出來的，此原始語言猶如這些語言的母親，因此稱為『母語』。如拉丁語是法語、義大利語、西班牙語、葡萄牙語、羅馬尼亞語等的原始母語。或稱為『基礎語』、『原始語』。」2.俗稱鄉土語如：「我的母語是客家話。」但是，課程綱要使用「鄉土語（言）」是以總括閩南語、客家語、原住民語的方式。

在現行的課程中。「鄉土語」在一到六年級（國小）是屬於「必選修」，而國中（七到九年級）則為「選修」。除了閩南語、客家語、原住民語以外的鄉土語言（馬祖地區的閩北話），在課程綱要其實也保留相對的彈性空間。因此，如何從『母語教育』的基礎，擴充到多語言政策範疇，實有政策成長的空間；選擇「鄉土語」取代「母語」或「方言」的習慣稱呼，也具有符合現實的精神。

（二）母語教育代表臺灣教育的主體性

語言是人類表情達意、相互溝通、增進情感的媒介，更是文化傳承的工具，在人類文明的進步過程中，語言扮演了極為重要的角色，是人類所共有珍貴的文化資產。任何一種語言的消失，都是全體人類無法彌補的損失。

臺灣自從 1987 年解除戒嚴之後，在社會多元化、經濟自由化和政治民主化的相互激盪下，關懷人文與落實鄉土的教育政策，經教育部為順應輿論乃修訂「國民小學新課程標準」，從八十五學年起規定三至六年級增設「鄉土教學活動」一科，內容包含鄉土歷史、地理、自然、藝術及語言，每週教學時數為一節四十分鐘，民國八十九年公佈「國民中小學九年一貫課程暫行綱要」，決定自九十學年度起實施，將鄉土語言列為必選科目，每週授課一節四十分鐘，從國小一年級至國中三年級都必須修習，鄉土語言的教學代表母語教育在臺灣教育史上佔了一席之地，也是臺灣主體性的建構。

（三）母語教育的環境脈絡

五十年來的國語政策禁錮母語教育的作法，在民國八十四年三月正式結束。

母語教育政策代表多語多文化的教育，為世界教育的主流，亦是順應基本人權的作法。但臺灣的母語教育卻侷限於學校教育；母語教

育至為重要，惟單靠學校的母語教育是否就能挽救母語的流失呢？誠如 Crystal（周蔚譯，2001）所言：「學校的母語教學絕非萬靈丹，把所有的責任都推給學校，是於事無補的，其實家庭和社區才是母語保存的根本，學校的母語教育如能結合家庭、社區彼此相互合作，必可相輔相成收到事半功倍的效果。」母語教育有如下之環境脈絡：

1. 母語與家庭環境的關係

臺灣語言流失最嚴重的地方是在家庭，如果連會說母語的家長都不與孩子說母語，母語會在家庭這個原本屬於母語生根的環境中流失。但現今的現象，母語在家庭環境中的地位，是屬於老年人的語言，並不屬於年輕人的語言，造成了年輕人以「國語」為母語的現象。母語的傳承自然無法在家庭中落實，形成母語斷層，家庭無法挽救母語即將面臨滅絕的危機。

2. 母語與社會環境的關係

語言從生活中學習，應用於生活中，除了與家庭關係密切外，社會環境的影響更不可忽視，大環境的營造與情境建置，如民眾踴躍參與，社區的配合，在社會這個大家庭的融入與互動，社會環境與體系支持下，母語教育才有發展的空間。

3. 母語與學校環境的關係

母語教育的希望在學校？臺灣的教育環境，在面對母語與語言文化的傳承，並無完整而有系統的語言政策，當然亦包含母語教育政策，主要因素在於長期的限制下，缺乏共識與凝聚宏觀的前瞻作法。面對母語教育缺乏正確的認知，教育人力資源不足亦成為推展母語教育的阻礙。

目前國內在中小學階段沒有設立個別的母語學校，僅在中小學校增設鄉土語言教學的課程，這並未喚起許多家長對母語以及自我族群認同的重視。在許多家長的觀念中，基於讓孩童不要輸在起跑點的心

態，不僅不和小孩說母語，甚至提將小孩送去英語補習班，或在幼兒階段就送往全美語或是雙語幼稚園，使得許多孩童不僅不會說母語、連國語的語文能力也不盡成熟，這反而斷送了幼童發展自我認同的重要意義。

三、他山之石舉要

根據聯合國的規定，保留自己的母語是基本的人權之一。而多語多文化的教育已成為世界教育的主流，在多語言的國家中必須訂定完善的語言政策，以保護弱勢語言。茲略舉若干國家母語教育之經驗於後：

（一）母語教育在芬蘭

芬蘭是一個語言教育和行政體系並進的國家，所以芬蘭的學生在完成九年義務教育後，至少必需學會三種語言：芬蘭語、瑞典語和英語。1850 年代芬蘭人開始展開『芬蘭化運動』，語言的權利戰爭因此展開，擴張語種人口政策，而「一國雙語」是當初的訴求，目前在芬蘭的第一官方語言是「芬蘭語」，第二官方語言是「瑞典語」，所有的目標、告示和宣傳手冊皆是雙語並列。

（二）母語教育在瑞典

1975 年瑞典國會通過移民政策，瑞典陸續接受大量的難民和移民，於是便有了 1977 年的母語改革方案，兒童有權學習母語，以及使用母語的輔導課，並於 1980 年正式編入教學總綱領。瑞典的母語學校，母語老師的工作範疇是語言和文化，母語教學是給學生一個良好的機會發展，成為一個合諧的人。

（三）母語教育在紐西蘭

紐西蘭的原住民與臺灣的原住民同樣有族群滅種的危機。1970年代的調查顯示：只有23.3%的毛利人會說毛利語，會說毛利語的人又大都超過40歲，很少有40歲以下會講族語。幼童的情況更加嚴重，5歲的學齡兒童不到1%會講族語。毛利族的兒童從小就說英語，父母今不再把母語傳授給下一代。面對母語絕種的威脅，毛利人積極展開母語復興運動，以保存族群的語言和文化。於1987年通過毛利語法案，將毛利語提升到官方語言的地位，同時設立毛利語委員會，負責推廣毛利語的使用。期望透過母語幼稚園及民間的母語運動成功的挽救母語流失。要言之，紐西蘭的語言政策，已經朝向語言平等的階段。

基本上，語言的功用不只是單純的一種溝通工具而已，它可以說是精神生活很重要的一面。一個外地人要是會說我們的母語，我們立即會產生一種親切感。在民主社會裡，我們不但不應該禁止母語的使用，而且要鼓勵人們多使用母語。每一種語言都存在的特殊價值，都是別的語言所不能取代的。我們可以說，每一種語言都是平等的，每一種語言都是完美的，都足夠表達一切生活的需要。

四、臺灣母語教育實施概況

目前臺灣的語言現象，大多數人不了解、不重視祖先留給我們的寶貴經驗、優美的文學語言，和生於斯、長於斯的這塊土地的各種事物。由於對母語的陌生、不了解，最後與母語所代表的文化完全隔離，學生所接受的課程又是與生長的這塊土地－臺灣所不相關的歷史、地理，遂使很多臺灣人成為無根的人（施炳華，1998）。

臺灣並沒有完整明確的語言政策，國中小增加「母語」（正式稱呼應該是「鄉土語言」）課程之計畫外，並未見任何具體的語言政策，

在幼稚教育階段僅是教育部補助公私立幼稚園推動鄉土語言教學實施計畫，以培養學齡前幼兒對於鄉土語言具備「聽」、「說」之能力，提升學齡前幼兒瞭解自己家鄉、體驗不同族群之文化及語言，尊重多元文化素養。但目前的方式，與其他國家相比，是否仍有改進的方向。

現今世界上人類的種族有一半至少具有雙語的能力，語言可以擴大人類的知識，只操單語的人，若還偏好單語，絕對有其不利或說是貧乏的地方（Crystal 著，周蔚譯，2001）。一般人常有一種誤解，認為學二種語言會造成兒童心智混亂，不利課業的學習，事實剛好相反。根據語言心理學者的研究，雙語現象不但不會造成心智混亂，反而有助於兒童某些智力方面的發展。一個雙語的兒童（或成人）在思考、推理方面比只會一種語言的兒童比較靈活。這種認知靈活性直接影響兒童整個智慧的發展，更有助於學業的進步。兒童學習的一個（或多個）語言之間互有關連。也就是說為了使第二語言學習有效，第一語言必須達到某一起碼的程度。如果未達某一程度，則第二語言因缺乏堅固的基礎，就不容易成功，甚至成為第一語言進一步發展的障礙。學生學習第二語言（例如英語）總是以第一語言（例如中文）的結構為基礎。這個基礎愈堅固，越有助於第二個語言的學習。這就是為什麼雙語教育在一定程度上要繼續培養學生母語程度的原因。這個理論首先是由加拿大的語言教育家康明士（Cummins）提出，並在美國、瑞典、加拿大等地的雙語教育中證實它的可靠性與可行性（黃宣範，1995）。

母語教育是總體的、文化的、生活的、民主的、人本的、終生的。母語教育的成功，不能依賴政策法令的制定來推動，也不能僅靠學校教育來實行。除了樹立正確的教育概念並由學校與家庭雙管齊下地提倡以外，我們還需要總體地從文化與生活的實際層面來加以落實。我們更應該站在兼容並蓄的民主精神與族群和諧的宏觀觀點，藉母語教育的推行來促進國人對於本土的認同與對於民主的愛戴。因此，母語教學應該是自由的、和諧的、快樂的，而不是專橫的、壓制的、痛苦的；是尊重族群的平等地位與個人的內在價值的，而不是出於意識形

態與流於形式的表面工作的。而且，母語教育是終生教育，母語教學的對象應該從孩童與中、小學生推廣到不諳母語的大專學生與成年人。如此，雙語或多語教育的理想境界，即在生長的家庭環境自然習得，並由開明的學校加強學習，才能事半功倍地達成（湯廷池，1997）。

　　臺灣過去的語言教育視本土母語為學習國語的障礙，因此推行獨尊國語、壓制本土母語的單語政策。結果各族群的學生學會了國語，卻喪失其母語。近年來臺灣各族群母語流失日益嚴重，本土母語教育於是成為母語復興運動的主要訴求。母語教育權的訴求，先以象徵性的「鄉土教學活動」中安插母語教育的時間（一星期不到十分鐘）；最後，經過不斷的爭取，教育部才決定將本土語言列為「九年一貫課程」的必選課程（一星期一節母語課）。

　　說母語是一種權利，也是一種基本人權，在民主社會推動母語教學，進行母語傳承即是維護人權的表現。1999 年 11 月，聯合國教科文組織（UNEACO）的一般性大會宣布：從 2000 年起，每年 2 月 21 日為國際母語日（International Mother Language Day）紀念國際母語日旨在促進語言和文化的多樣性，保護世界多種語言的寶貴資產。在 2001 年「世界文化多樣性宣言」也指出：捍衛文化的多樣性與尊重人的尊嚴是密不可分的每個人都有權係利用自己選擇的語言，特別是用自己的母語表達思想進行創作和傳播自己的作品世界各國應共同維護少數族群的語言。

　　從上述來看，人民有學習各種母語的權利與需求。而母語教學一方面具有促進兒童學習、文化適應、豐富族群文化、保存自己族群之母語的功能，另一方面可增進兒童自我認同及建立所屬族群的自尊，以及對其他族群的瞭解與尊重，對兒童學習成長及人格發展影響極為深遠。因此，臺灣的本土語言除了向上追求語言權的法令保障，也要往下扎根，防止母語在家庭、社區流失，確實確保母語的家庭、社區功能。推動是母語運動不能僅是將心思放在追求政府的法律保障，應加強日常生活的母語使用。

五、推展母語教育之道

　　母語的傳承是人性的關懷，也是基本人權的尊重，就閩南語而言，推展母語的必要性如上所述，但是母語在現實環境中的地位，對於現行母語教育的推展，形成了內在與外在的阻礙。內在的阻礙是指：新生代以說母語是自卑的，說國語是高貴的。更有甚者，乾脆自小就學英語，英語成了新的強勢語言，英語補習班如雨後春筍般，林立於全國各地，政府亦研議將英語列為第二官方語言。在實施母語教育政策以來，仍有許多問題待解。在這種情況下，如何推展母語，筆者之見解如下：

（一）從家庭作起

　　「家庭」是個人最能直接使用的母語場域，也是孩童語言社會化的主要地方。

　　因此，母語的傳承，必須從家庭作起，每個人在搖籃中，在母語的語言文化聲音中長大，讓每個人打從娘胎便擁有那最基本的母語能力。然後，進一步，在學校教育中習得語言文化傳承的能力，如此，詩詞吟唱（含詩詞創作與作曲）的活動才能擁有最基本的觀眾群。才能讓這種活動有發展的空間，等到發展達到一個程度，成為純藝術的表現，必能帶給臺灣一個具有本土個性的、創作性的文化藝術精緻的活動。

（二）學校教育之施行

　　學校教育擔負了母語教育的職責，而閩南語族在各校學生中所佔的比例最高，桃園、新竹、苗栗除外，閩南語族所佔每班學生比例皆在百分之九十左右，學校無法為極少數學生特設個別教育的母語課程，只有少數跟從多數，學習多數學生的母語，因此，每班必然需要

一位閩南語母語教師。九十年度母語教育政策正式實施後，教育人員負起母語教育的職責。在三十歲左右的教師，幾乎佔了全校教師一半人數的情況下，這些教師執行母語教育應參考以下作法：

1. 續聘「母語教學支援人員」，直到自己能接任為止，經費由教師自行負擔，或爭取學校補助。
2. 積極參與母語師資培訓，取得母語教師的資格證照。
3. 取得資格證照的方式必須比「母語教學支援人員」的錄取方式更加嚴謹，以服人心。

從九十一年度下半年起，教育部規劃各縣市語文領域的國教輔導員進行各校母語教育的成果考核，其主旨應在維持各校母語教育具有一定的水準，何時進行考核尚不得而知，但各校教師不應再存有母語教育可有可無的心態，反而應積極配合，以補不足。

（三）社會教育之配合

母語教育最豐厚的資源是社會，在人力的支援上、經費的需求上都直接來自於社會。充分利用地方上的各種資源，才能建立母語的社會環境與情境，營造溫馨的大環境；因此社會的資源應而協助地方的語言文化建設，發展母語教育是地方建設的基礎。至於社會資源主如何參與發展母語教育的工作，不才拙見如下：

1. 提供經費，協助各校聘任專業人才，並辦理在職教師母語師資培訓活動。
2. 設立企業獎學金，鼓勵並協助各校每季主辦各種母語語文活動，諸如：閩南語詩詞吟唱、閩南語詩詞創作、閩南語作曲、閩南語演講、閩南語朗讀、閩南語字音、閩南語寫作等比賽。
3. 所在地的人員晉用資格，增加母語評鑑項目，以提升母語整體的形象。

4. 聘任地方上的母語文化之專家學者，成立地區性及全國性「母語文化考查團」，提供中央政府及各地方政府有關母語發展的建言，同時監督中央政府與各地方政府對母語文化發展的成效，發動輿論，提供正確資訊給民眾。

（四）行政部門群策群力

如前所述，教育部郭為藩前部長曾於民國八十二年三月提出「母語教育與鄉土教材專案報告」，並積極推動鄉土語言教育。政府一方面應表彰這些人對母語文化的貢獻，另一方面更應積極規劃母語文化振興的措施。

1. 中央政府組織中應設立「河洛文化部」，主掌臺灣二千萬閩南語族（董忠司，2003）母語文化發展與教育事宜。
2. 地方政府組織中應設立「河洛文化局」，主掌地方閩南語族母語文化發展與教育事宜。
3. 發展母語文化的精緻藝術，將美術、音樂、戲劇與母語文化結合起來，藉著舉辦全國性母語文化之各項競賽，頒予高額獎金與國家獎章，來提升母語文化的形象及其價值。
4. 設立各種母語文化藝術社團，加強母語文化藝術活動，由政府供給經費，積極培育母語藝術人才，進軍國際社會，提升國家在國際社會上的文化形象。

六、臺灣各縣市母語教育推動現況

臺灣過去雖實施民主政治，但在解嚴之前語言政策仍然是個封閉的。數十年來在厲行獨尊「國語」的單語政策下，各族群的母語受到長期的壓抑以致大量流失，其中以原住民語及客家語最為嚴重，已有明顯的斷層現象。在戒嚴時期，禁令連連，打壓惟恐不及遑論母語教

學。1987 年解除戒嚴之後，臺灣的政治、社會、文化生態有很大的轉變，本土意識高漲，輿論各界紛紛要求政府重視本土語言與文化之復振，母語教育的呼聲也於此時正式浮上檯面。

首先是臺北市金華國小於民國七十九年（1990）9 月成立閩南語班。參加學生多達二百人，獲得家長與社會各界的肯定。隨後，由民進黨主政的縣市如臺北縣、宜蘭縣、屏東縣、高雄縣、新竹縣等，紛紛在各縣實施母語教學。其他縣市，如臺北市、新竹市、臺南市、臺南縣、苗栗縣、臺東縣等，也都開辦有母語班，但規模都不如上述縣市（曹逢甫，1997）。

1993 年 9 月，教育部發布「修正國民小學課程標準」，決定自 85 學年度起實施，其中增設「鄉土教學活動」一科，其內容包括：鄉土歷史、地理、自然、語言和藝術等五項，自三年級起至六年級每週實施一節，以每節四十分鐘計算，實際教授鄉土語言的時間，每週平均僅僅八分鐘而已，可見其宣示象徵意義大於實質意義，對各縣市母語教學而言，只不過有了依循的名目而已，對實際推行教學的影響極為有限。

根據江文瑜（1996）於 1994 年針對全省各縣市（包含臺北、高雄兩院轄市）母語教育承辦人的訪問調查分析報告如後：

（一）政策與行政配合

教育部為推動臺灣母語日，落實學校之課程目標及精神，於 95 年 6 月發佈「高級中等以下學校及幼稚園推動臺灣母語日活動實施要點」，鼓勵學生學習運用各種臺灣母語，增進各族群間之瞭解、尊重、包容及欣賞奠立臺灣母語於相關領域課程中之優質環境。各縣市大力提倡母語教育，功效卓著，辦理教師進修研習，編印河洛語、客家語、原住民族語等多種教材，並舉辦成果發表會等。

（二）教學實施情形

1. 母語教學之語言類別：各縣市母語教學只教臺語（或稱河洛語、閩南語）的計有新竹市、彰化縣、雲林縣、臺南市、臺南縣、高雄縣、澎湖縣等。只教原住民語的計有花蓮縣、臺中縣的泰雅語、嘉義縣的鄒語。而全臺灣並無單獨只教客語的縣市，顯示臺語為臺灣最大的族語，母語教學的情況較為蓬勃。至於原住民語則因流失情形嚴重比較受到重視，同時也比較不會牽涉到政治的意識形態。相形之下客語有較被忽略之感覺。各縣市已實施多種母語教學的學校為臺北市、臺北縣、宜蘭縣、新竹縣、苗栗縣、高雄市、臺臺東縣等。

2. 教材編纂方式：已編有統一教材的縣市包括：臺北縣、臺南市、臺南縣、高雄縣、屏東縣、花蓮縣、臺東縣、宜蘭縣等。教材的編纂以學校教師編纂（包括徵稿）與交由校外專家學者編纂為主。

3. 每週上課時間及時數：每週教學時間一至二節不等，除了臺北市、宜蘭縣和花蓮縣利用正規時間上課外，其餘均利用週間或週末的課外活動時間上課，尤其以週末的課外活動時間上課最為普通。由於週末的課外活動時間活動項目頗多，學生往往在無法以優先順序志願進入較熱門的活動項目，如球類運動、音樂、美術等，再退而求其次才選修母語，因此教學效果不彰。

4. 師資來源之管道：各縣市母語師資來源可分為：各校合格教師擔任或外聘教師。以原住民語師資較為匱乏。

5. 多元推動方式：快樂學母語的方法很多，例如張貼臺灣俗諺，或廣播臺灣民謠；也可提供學生上臺機會，用母語歌唱、講古等，寓教於樂，增進學習效率。

6. 成果展示與評鑑：成果展示之方式，以辦理教學觀摩會為最多，次是說故事或演講比賽、朗讀、歌唱比賽等。對於學習成

　　果，大部分的縣市均沒有完整的評鑑方法，母語教學大多流於
　　形式，具體成效非常有限。
7. 推行母語教學的困難：總結各縣市推行母語教學的困難有下列
　　幾項：師資缺乏、教材編纂不易、經費不足、時數不夠、語彙
　　流失等。

　　自九十學年度起，鄉土語言已列為正式課程，國小學生，必須就
閩南語、客家語、原住民語任選一種修習。自九十五學年度向下紮根，
推動『教育部補助公私立幼稚園推動鄉土語言實施計畫」，九十五學
年起全面推行「高級中等以下學校及幼稚園推動臺灣母語日活動實施
要點」。其目的，讓學童將所學鄉土語言融入生活上，以提高學童整
體的學習興趣及效果，自然而然就能將鄉土語言朗朗上口。

　　總而言之，鄉土語言教學逐漸受到重視，但實施的過程中，仍存
在諸多爭議與問題急待解決。因此，為增進學童對鄉土文化的認識，
並培養保存、傳遞及創新的觀念及強化各界關懷鄉土的意識，有必要
落實執行鄉土教育之母語教學，以瞭解民族母語文化的現狀，推動語
言及文化的多元發展。

七、母語教育政策的評析

　　增加孩子使用母語機會的動機固然良好，但母語要能真的被重
視，首重於教學現場的教育政策要能明確，當孩子能輕鬆地學習母語
時，母語也就能夠琅琅上口。然而多元文化的母語教學，在實際的政
策執行面上，碰到了不少的難題，列舉如下：

（一）師資培育的不足

　　根據蔡真宜（2002）研究：現階段母語教育實施所遇到最大的問題是師資培育不足。而且由教育部主導的支援教師認證事宜也下放到縣市政府，師資選聘過程良莠不齊，而遴選學校有意從事母語教師之教師，參加種子研習的時數也過少。由於研習時間不甚長久，因此要讓這些老師學會有關母語語言學習與教法，實在是強人所難，故母語的教導多侷限在「聽」與「說」的訓練，所採取的教學策略僅為讓學童跟著老師（或錄音機）一起歌唱或唸課文，這樣，學生只能學習到一些簡單歌謠、諺語罷了。對於透過母語學習，進而深入其背後的文化意涵，欲達到如此深切的理想目標，差之甚遠。

　　目前母語教育實施所碰到的最大問題是師資的培育問題。事實上，要教好一種語言，必須具備相關的語言學知識才能勝任，而教育機關對於母語師資的培育工作在沒有完整的配套措施之下，便要來施行母語教育，可以預見未來必定會問題叢生。

（二）教材編纂的問題

　　教學上用書，像各大出版社出版的臺語課本都被當為只是有彩色圖書的天書，閩南語音標方面，更有ㄅㄆㄇ式、羅馬字母式等更多分歧的系統，縣市政府各自為政，也就是說，每個縣市各寫各的音標，用認為合適的書寫文字，再加上民間出版社或學校教師自編教材，閩南語的音標系統「一人一把號，各吹各的調」，造成學生及家長莫衷一是、無所適從（余伯泉&朱阿莉，2002）。

　　因此，目前教育部已將閩南語音標統一；致力於推動臺灣母語教育的同時，發現未規範的弱勢語言存在著許多教育現場上的瓶頸，如記音符號、文字書寫、教材編輯等等。希望在政府主導下，各縣市教育單位共同找尋解決之道。

（三）學校教育不是保存母語的關鍵

　　語言需要使用的環境。基於此，文化生態如原住民村落、社區或社會；教育生態如家庭、學校、教會和社會等都是需耕耘與開發。熊同鑫與黃志偉（2003）指出在原住民鄉土教學重點學校，雖然長年在鄉土活動教學努力上投注相當多心力，但是卻發現仍有部份學生的族群認同感是不夠的，甚至認為母語沒有實用的市場價值，有時反而是工作或求學的一個障礙。少數民族所反應出來的情況似乎類似，根據黃美金（2002）對大陸地區少數民族語文使用與教學現況之比較研究，大陸地區的少數民族不同族群族人對自己本身族語之功能和使用態度及族語未來命運的想法不盡相同，有些少數民族族人認為本身語言不重要且不介意其消失。

　　因此，學生的日常生活中充滿了非母語的環境，如父母親不使用母語對話，國語在電視節目中的強勢主導，雖然原住民電視臺會播放母語相關的節目，但由於族群太多，無法和客家電視臺一樣長時間對單一族群語言來呈現，其效果就如同在學校一週排定一節課是相同的。而且節目內容無法吸引年青人的收視，更不用說是國小的學生了。

（四）母語教育應從家庭出發並與社區結合

　　臺灣過去的語言教育視本土母語為學習國語的障礙，因此推行獨尊國語、壓制本土母語的單語教育政策。結果各族群的學生學會了國語，卻喪失其母語。當語言大量流失，成為瀕危語言時，學校常被視為母語傳授的主要場所。其實，家庭和社區才是母語保存的根本。母語的學習應從家庭和社區開始並且透過學校再教育。從家庭和社區中盡量教導孩子說母語，配合學校教育，結合地方和各階層的力量營造一個良好的母語學習與使用環境。

不過，家庭、社區很難透過由上而下的政令方式直接影響。最重要的還是透過社區成員展現草根的力量，建立起母語的學習環境－家庭及社區。

（五）重視少數族群的語言機會

張美煜（2004）指出鄉土語言教學推動後弱勢語言（客語原住語）的新危機，產生閩南語獨大的偏差，其在參與 92 年度鄉土語言教學評鑑工作後，發現全國只有新竹市三語皆開，而其它縣市，許多閩南人口居多數的縣市像宜蘭、嘉義、臺中、彰化、澎湖縣市等其國小必選的鄉土語言課都實施單語教學，全面推動閩南語，漠視客家原住民子弟學習母語的權利，在桃竹苗的客家大本營裡，桃園縣國小總校數 176 所開有閩南語的學校達 150 所，其中 72 所是單開閩南語，開有客家語的只有 98 所（22 所單開客語）。

臺灣自古以來就是多語言使用的社會。所以，臺灣語言教育政策，也必然是多元的。就各族群人士來講，母語是個人及族群重要的溝通工具及族群認同的象徵。「多元文化的發展，族群共容和諧」是臺灣當前需要共同關注的課題，也是臺灣未來必走的方向。我們應該體會、包容各族群的生活之美，臺灣才能成為一個先進的國家。

（六）提升母語教學成效

對大多數的學生來說，用母語學習，可以提高他們的學習興趣，令他們勇於提問和參與討論，並能培養他們探究的精神、思考和解難的能力，從而增強自信心，達致樂於學習的目標。目前母語教育一星期只有一節課，時數嚴重不足，不足以挽救奄奄一息的臺灣母語，應該進一步提升母語在教育的地位和功能，建立更有利於學習母語的環境，以提高學生學習母語的成效。如都會區的學校與偏遠地區學校之

推動政策不同，各項獎勵措施與活潑多元的配套搓措施可提升推動母語教育的成效。如鄉土月等系列活動等。

　　總而言之，語言是活的，不斷地在變。教育學生認識母語、引導學生欣賞母語、鼓勵學生使用母語、期許學生尊重各民族的文化，希望藉由多樣化活動帶領體驗性的課程，讓學生成為一個小觀察家，留意生活週遭所出現的在地文化現象，協助學生認識其多元文化，引導學生培養欣賞並尊重語言的多樣性、與關懷不同文化的態度。每個人都有權利用自己選擇的語言，特別是用自己的母語表達思想，進行創作和傳播自己的作品，以達到多元語言的學習。

八、結語

　　母語亦稱第一語言，是一個人最早接觸、學習、並掌握的一種或幾種語言。母語一般是自幼即開始接觸、並持續運用到青少年或之後，並且，一個人所受的家庭或正式教育中，尤其是早期，有相關部分是通過母語傳授的。因此，母語在教育過程中有核心的地位。

　　語言不僅是人類珍貴的文化資產，也是一個民族的根源，語言對人類文化傳承及族群生命延續的重要性是毋庸置疑的。母語教育符合臺灣本土的社會語言狀態，母語教育是各族群語言生存的重要支援系統，母語教育權是基本人權，母語是教育的寶貴資源，母語教育需要學校、社區及家庭的配合。

　　臺灣的語言政策是先母語→國語→英語，幼兒時期是語言學習的關鍵期，語法自然天成，過了關鍵期，則失去學習語言的先機。因此，母語的保存，跟少數族群的保護是一樣的，只要其具有與人不同的特色，就有其存在的價值，那是不拘其人數多寡，也無關乎其文明、落後的。

　　多語言教育是世界的趨勢。不論，臺灣的教育政策是先母語→國語→英語，或是其他國家的語言政策以母語與外來語並行，最重要的

是配套措施的完整，提供生活化的語言學習環境，以融入式的生活經驗為主軸，從家庭教育到學校教育再到社會教育，民眾主動參與，才能有效保存母語。

　　母語不僅是族群文化的根源，也是情感交流的工具，母語教育的推展，不只是文字、語言的學習，更關係新生命的健康成長、族群尊嚴的維護、自信心的建立。個體透過母語與他人互動，經由母語了解所存在的世界，所以積極推展母語，為孩子建構豐富的生命空間，也實現了多元文化尊重與和諧的願景。教育人員為母語教育實施的關鍵，正確的理念與教學，是母語教育的穩固盤石；溫厚的鄉土情懷，更是推動母語教育的動力。母語教育更是母語生存的重要支援系統，期待支持母語教育的母語教育政策能有更恢弘的發展！

參考文獻

UNESCO (1953). The use of vernacular language in education. Paris：UNESCO.

余伯泉、朱阿莉（2002）。臺客語教材教法與政策研究。北縣教育，第 42 期，頁 60-64。

江文瑜（1996）。由臺北縣學生和老師對母語教學之態度調查看母語教學之前景。語言政治與政策，頁 377-411。

周蔚譯（2001）。語言的死亡。貓頭鷹。頁 78-113、頁 156-185。

施炳華（1998）。母語教學的基本認識。教師之友，第 39 卷第 3 期，頁 1-6。

洪惟仁（2002）。臺灣的語言政策——何去何從。載於施正鋒主編，各國語言政策學術研討會論文集。行政院客家委員會出版。

曹逢甫（1997）。族群語言政策海峽兩岸的比較。臺北，文鶴出版社。

黃宣範（1995）。語言、社會與族群意識。臺北，文鶴出版社。

黃美金（2002）。東亞地區語文使用與教學現況之比較研究——少數民族語言政策和教學現況（3/3）。（國科會專題研究計畫成果報告編號：NSC90-2411-H-003-049-M9。中華民國行政院國家科學委員會。）

張美煜（2004）。鄉土語言教學推動後，弱勢語言（客語原住民語）的新危機。人文及社會學科教學通訊，第 15 卷第 1 期，頁 63-72。

董忠司（2003）。「通用拼音」的不通用和不合理。臺南市：臺灣海翁臺語文教育協會。

湯廷池（1997）。母語教育的理論與實際。華文世界，第 86 期，頁 51-61。

熊同鑫、黃志偉（2003）。原住民母語教育的論述：多元文化思潮的反思。原住民教育，第 30 期，頁 55-76。

蔡真宜（2002）。臺灣母語教育政策之研究——以閩南語教育為例。臺灣師範大學三民主義研究所碩士論文。

幼兒文學與教學

蔡銘津

（樹德科技大學師資培育中心教授）

一、前言

　　文學在幼兒的發展中具有特殊的地位。文學如以溫和的口吻和適當的語調朗讀出來，可以成為兒童藉以了解他們生活世界的一種工具或媒介。經驗對幼兒而言固有其影響力，但書籍和文學也會對幼兒產生深刻的影響。自小鼓勵兒童們發展對閱讀和文學的興趣和態度，將豐富兒童的生活，並幫助他們尋找自身存在的意義。（墨高君譯，民88）

　　透過文學的閱讀與教學，童謠、詩歌、中國神話、寓言故事、世界童話故事，以及膾炙人口的各國傳說等，代代相傳，讓每一代的幼兒都有機會接受文學的洗禮，幫助幼兒理解他們的世界，建立積極的人生態度，並且引發他們的人性，追尋豐富的人生。

二、幼兒文學的功能

（一）了解外在的世界

　　透過書籍所提供的訊息，兒童可以學習並了解他們周圍的世界。某些兒童曾經體驗或看到卻並不完全理解的事物，當書籍傳遞知識或詮釋世界各個不同層面及事物時，他們便對世界有了更深入的了解。此外，書籍還可以喚起兒童的好奇心與創造力。在閱讀了有關於某些事物的書籍後，幼兒們會尋求對這些事物有更多的了解。他們可能要求再讀類似的書籍，他們可能重新創造書中的情景。

　　當兒童想要了解或體驗某種事物時，也可以在經驗之前讓他們先閱讀關於這一事物的書籍。由於書籍中的內容可以在不同時間裡反覆研究、閱讀和思考，他們是幫助幼兒學習和理解的理想工具。（墨高君譯，民 88）

（二）建立積極態度

　　兒童們需要建立起積極的自我評價，把自己看成是有能力的人，能夠去關心別人並為人所愛。他們需要培養耐心和寬容之心，去面對那些與自己不同見解或與自己不同類的人。他們需要發展對學習和生活的好奇心，而文學正是滿足這種好奇的主要工具。透過書籍，兒童可以與類似自己的人產生認同，他們可以知道別人是如何處理類似的問題。閱讀有關別人是如何嘗試認識類似情境的書籍，會帶給兒童希望。尤其文學透過其藝術性、想像、幽默以及引人動情的角色人物，為發展對他人寬容提供了很好的教育工具。

　　兒童對他們生活周圍的世界充滿了好奇心，想要知道各種事物和場景；想要了解形形色色的人都是怎樣的人；為自己已經學會的事物感到驕傲。在包含大聲朗讀的文學教育中保持好奇感，將有助於兒童

的日後學習及生活。因此，對父母和教師來說，應時常與兒童分享那些能促進自尊、寬容別人及對生活好奇的故事。

（三）增進人際互動

一個好的故事可以對兒童和共讀者產生多方面的效果，閱讀活動創造了一種重要的人際互動，使兒童與共讀者之間產生一種親密的互動，這在其他形式媒介的體驗中是很少有的。共讀者可以為兒童提供安全感，並可探究隱含在兒同心靈深處真正的問題。書籍可以放下不讀，也可重新閱讀。在任何時候都可以進行討論，而不會妨礙對故事的整體感受和經驗。（鄭瑞菁，民 94）

總之，文學可從三個方面反映出它的價值：

1. 文學傳授知識、激發兒童對他們所生活的世界產生興趣。
2. 文學有助於發展積極的自我形象和對他人的寬容。
3. 文學幫助兒童、共同閱讀者、以及書中的人物三者密切聯繫在一起。

三、幼兒文學的表現形式

幼兒文學在本質上是「遊戲的情趣」之追求，而在實效上則是才能的啟發。是以，兒童文學作品乃是經過設計的，這種設計上，不論在心理、生理、社會等方面，皆應以適合兒童的需要為主（林文寶，民 85）。

一般文學作品可運用的形式，可分為四類：

（一）圖畫形式：包括圖畫書、概念書（數、顏色、空間、形狀）、玩具書（著重感官刺激，適合嬰幼兒，有布書、洞洞書、扣紐扣，綁鞋帶的練習書、嗅覺書、聽覺書）。

（二）散文形式：包括民間故事（如火金姑繪本系列）、神話（封神榜、希臘羅馬神話等）、小說、寓言（伊索、中國等）、童話（灰姑娘、小紅帽、糖果屋、極地快車、漁夫與精靈、安徒生童話、格林童話等）。

（三）韻文形式：兒歌（臺灣小吃）、詩歌、童詩、童謠（如坐牛車、紅田嬰、指甲花、紅龜粿、囡仔歌、鵝媽媽等）。例如：

1. 「臺灣小吃」：大頭仔，大頭仔生後生，唱歌都唱 Do Re Mi，Do Re Mi，Do Re Mi，大頭仔賣肉羹等等。

2. 「坐牛車」：坐飛機看天頂，坐大船看海湧，坐火車看風景，坐汽車錢卡省，坐牛車順續挽龍眼。（李慕如、羅雪瑤，民88）

（四）戲劇形式：傳統性戲劇（兒童劇場、偶劇）、創造性戲劇、故事錄音帶、電視兒童節目等。

以下敘述各種幼兒文學不同的表現形式：

（一）手指遊戲與歌謠

學習語言時節奏和發音對幼兒而言相當有益。透過成人以手指遊戲、歌謠、韻文做示範，孩子可以慢慢學會這些節奏和發聲。也許這就是這類文學形式幾乎存在於任何一種文化、國家、及語言中的原因，這類具有歌謠般特質的語言形式能很容易地引人傾聽、應答和學習。

由於這類形式的作品通常比較短，兒童在重複幾遍後便可記住其中的詞句。而這種重複也可以幫助兒童學習如何在他們需要時說出恰當的詞句。此外，手指遊戲使兒童練習讓手的動作和語言協調一致，並促進了小肌肉的發展及手眼間的協調。手指遊戲就是將有韻律和節奏的短詩歌搭配手指動作的遊戲活動。手指遊戲有手的動作，而歌謠

則沒有這種動作，任何手指遊戲都可以配合歌謠的形式表演出來，許多歌謠也都可以演繹成手指遊戲。手指遊戲和歌謠可以藉著改編受喜愛的短詩來創作，內容包括動作活動等。老師也可自己發明手指遊戲，或者激發孩子們自己來設計手指遊戲。應用手指遊戲或歌謠時可以搭配韻律節奏，帶有詼諧感的韻律往往特別令人感到有意思，即使是幼兒也很容易自己創作。（墨高君譯，民88）

（二）寓言

　　寓言是假借動、植物少數角色，將之擬人化，而藉其言行編造有諷刺與教育意味的故事。寓言的產生，往往是些智慧高的人，見社會不合情理之事或由於不便直說而代以寄託之言。（李慕如、羅雪瑤，民89）儘管絕大多數寓言以動物為角色，用動物作主人翁的寓言叫做動物寓言，但也有的寓言以人或非生命體做人物。在西方，人們最熟悉的是伊索寓言。寓言既可以用於娛樂，也可以用於討論故事中的道德問題。

　　哲理寓言以生動有趣的故事深入淺出地解說哲理，消除了認知上的許多困擾和障礙，使哲理變得淺顯而易懂。勸戒寓言則熱切地想透過寓言來傳達歷史的經驗教訓，給統治者或一般人必要的勸導或規戒，以免重蹈覆轍。諷刺寓言一般有關道德修養的訓示，以諷刺的方式來突顯事件的本質，不但可以使人領悟其中的可貴和奧妙，更能學會有效地把握行止的分寸，效果遠勝直接訓示。這類寓言，因故事短小幽默、容易體會，又不留明顯難堪的教訓，讓聽的人知所省察，時時引為殷鑒。詼諧寓言的特色是作者有意識地通過評贊點明和發揮笑話故事的意義，把笑話和寓言自覺地、有機地結合在一起。因為冷嘲熱諷氣氛很熱烈，趣味性和娛樂性也增強了。

　　所以寓言的價值除傳授人生經驗外，亦增進想像空間，富娛樂興味，尤其看到善良、和諧、仁慈、勤奮、謙虛、正義……等人物，最後得到勝利成功，帶給孩子們的是正向的教育意義。

（三）民間故事

　　民間故事所流傳的是關於人的傳說，它們不被加以任何特別的修飾，民間故事有其共同的情節，例如：好的戰勝邪惡的，正義得到申張等。每一種文化都有同樣的故事，它們可用以解釋社會、歷史、自然現象，提供人們安全感，或者諷刺某些人們希望改變的事物，提供安全感。

（四）童話

　　童話是作者融合文學元素的民間故事或傳說。它們往往比民間故事和傳說更複雜，更經修飾。童話可以提供兒童積極的角色榜樣，聆聽優秀人物的奉獻和邪惡勢力破壞的故事，可以安慰兒童，使他們內心的衝突和恐懼能得到平息和被解決。童話是虛構故事，其中鳥能言，獸能語。內容神奇、多變、而富於想像[仍植根於真實世界最能滿足兒童的好奇心，也最具潛移默化的教育功能。然而也有一些故事，在使用時應特別留意，因為含有過多的暴力，較少涉及暴力的故事則更適合兒童。童話故事的結尾似乎永遠都會再度肯定；這個世界是公正的，一切秩序均已復原。（鄭麗文，民88）

　　各國童話中，法國貝洛爾1696年出版的鵝媽媽故事集是童話故事集的拓荒者，德國的教育家常在格林兄弟之格林童話中覓取教材。丹麥童話王子安徒生的出現，丹麥人以之為「國寶」，如小錫兵、賣火柴的女孩、人魚公主、醜小鴨等。英國王爾德的安樂王子、卡洛爾的愛麗絲夢遊仙境，美國馬克吐溫的湯姆歷險記、日本的桃太郎、義大利的木偶奇遇記、印度天方夜譚中以阿里巴巴和四十大盜、阿拉丁神燈、水手辛巴達最受兒童歡迎。

（五）戲劇

即表演性戲劇活動，大部分是由成人來扮演給兒童看，以表演為主，依照選定的劇本和多項舞臺效果而創造出劇場形式的活動，提供給兒童的是看戲、分享的經驗。臺灣的兒童劇團包括有鞋子兒童劇團、如果兒童劇團、爆米花兒童劇團、小蕃薯兒童劇團、九歌兒童劇團……等。

創造性戲劇是一種即興的，非展示的，是有關於兒童們內在創作與社會成長的活動，而不是將這些引導為呈現給觀眾的演出，而是以程序進行為中心的一種戲劇形式。在其中，參與者在領導者的引導之下，去想像，實作並反映出人們的經驗，以人類的衝動與能力，表現出其生存世界的概念以期使學習者了解之。參與創造性戲劇能擁有促進語言與交流的能力，解決問題的技巧與創作能力之潛能，它能提昇一種明確的概念、社會的認知、情感融入的能力、一種價值與態度的判斷，與一種劇場藝術了解之潛能。（張小華，民88；林玫君，民84）

扮角色戲的活動過程較少戲劇性和故事性，是其真實生活的模擬。在模仿角色的活動中使兒童能實現自我，把自我投入一個陌生非我的角色中去經驗一下別人的感受或和別人調換角色，由扮別人的角色來看別人扮演自己，像在鏡中看見自己一樣。扮角色戲的題材也常常是各種職業的模擬，對未來的社會化行為很有幫助。扮角色的教材可分「辦家家酒」（如醫生、設宴請客、婚禮、買賣、家庭角色等）和「自我表現」（如照鏡子、化妝扮相、攝影、面具等）。（胡寶林，民83）

童話劇的佈景可能就要比一般故事劇還要講究氣氛，充滿神秘和神奇感，這方面的效果可以在燈光和音效方面多動些腦筋。寓言故事劇和童話具有大同小異之處，只不過外國的寓言故事是習慣以動物來做主人翁，很適合兒童利用面具來演出。而利用玩偶來說故事，可以為幼兒提供一個愉快的經驗。玩偶的種類非常多樣，對幼兒而言，玩偶本身精美與否並不重要，有時候，一個簡單利用舊毛巾或舊襪子做

成的偶,反而比一個買來的精緻玩偶更能吸引幼兒,重點在於,這個玩偶是否能配合故事帶來驚喜。大多數的小孩都能很自然而本能地和玩偶對話,害羞的孩子在對陌生人講話前,常會先對玩偶講一遍,孩童也知道玩偶不是真的,真正說話的是拿著玩偶的那個人,但是玩偶本身對孩子而言還是有一種真實性,讓他們毫無保留地對玩偶說話。較常見的偶有手指偶、手掌偶、若以能活動的部位分可分動手偶與動嘴偶;若以製作的材料分,有布偶、襪子偶、手套偶與紙袋偶、懸絲偶、杖頭偶、皮影偶、杯子偶、細棒偶、拳頭彩繪速成偶等。

(六) 兒童小說

　　兒童小說是一種文學形式,主要來自作者的想像,不見得就一定是歷史或事實,是根據兒童心理和理解能力配合情節和現實生活,具體描繪、深入刻畫人物的活動故事。其類別包括:1.現實小說,它可能是發生過的故事內容也有可能來自於作者本身的經歷。現實小說可幫助兒童處理本身的各種好與不好的人性化情感,使幼兒認識到所有的人,有同樣的這些情緒和思想,透過書中人物以一種較安全的距離,探討自己的情感。因此作者把這主義小說也包括歷史小說是以歷史事件、人物位基礎創造一個想像的歷史,作者超越事實創造虛構內容。2.歷史小說:是以歷史事件、人物為基礎創造一個想像的歷史,作者在創造虛構故事內容的時候,必須了解當時代的狀況與問題,接受歷史事實相當程度的約束。3.幻想小說:故事中的幻想事件發生在一個不存在世界,包括不真實的人物。幻想小說還可能出現讀者不曾經歷、未經了解的物理或科學原理的運用。

（七）兒童詩歌

兒童詩歌包括「兒童歌謠」和「兒童詩」兩部分。兒童詩歌主要的含意必須細細欣賞，要讓幼兒有時間去看、去聽、去感受及品嚐作者在那詩中的意境。

兒童詩歌可以以不同的方式打動不同的人，所以在朗讀詩歌之前，不要過度的去解釋這首詩，應留給幼兒自己想像的空間，去體驗詩歌的意境。如果幼兒喜歡這首詩，幼兒就會去吟誦它，因而增進幼兒美感，發揮想像力，這便是兒童詩歌。

兒童詩歌有生動的語言，吸引幼兒；有韻律、帶旋律感、有節奏、清晰的；可以關於任何主題的，且具有趣味性，它經得起翻覆誦讀，能愉悅幼兒、啟示幼兒、讓幼兒覺得好玩、有興趣。

四、優秀兒童文學的要素

（一）角色塑造

故事的角色可以是動物、人、物體、或是想像中的東西，但角色的數量不應該超出講述故事的需要。禁得起時間考驗的文學角色，其情緒和行動都予人真實的感覺，他們使讀者窺見自我，讓讀者與該角色產上情緒上的聯結。首先，故事中主人翁必須是可信的，予人真實感，其言行舉止均符合所設定的角色或個性。其次，角色必須保持一貫性，角色可以成長改變，但基本上的本質需具備一貫性，也就是說人物不應當因為故事的經驗的結果而完全變成另一個人。而塑造不同性格的動物主人翁是很適合兒童文學的手法，複雜艱深的主題可以透過動物角色來表達，書中兒童可能會看到自己生活中的情境或體驗，但透過動物角色，就可以和現實生活保持一定的距離。（墨高君譯，民 88）

（二）故事背景

　　背景除了故事所發生的地點和時間之外，還可以包括人物生活的方式和環境的文化特性，背景有無數的可能，每一種都可能影響故事中的道德觀、倫理和社會風尚，因為人物角色是與環境密切關聯的，背景也是可以隱含的，而不必在文字或插圖中具體說明，例如描寫叢林動物就可以使讀者推斷故事是發生在叢林或動物園。幼兒文學常以家庭、學校及自然為故事背景。

（三）情節

　　情節是指故事中是事件發生的順序、結果，以達到一個特定的目標，情節是人為的設計，設計情節必然要以角色和背景為依據的重點，另外情結的複雜程度如何，也是故事成敗的關鍵因素，而故事情結的複雜程度應隨著孩子年齡而增加的。故事通常會有相當清楚的事件發展的順序，「起」（開頭）、「承」（發展）、「轉」（轉折）、「合」（結局）。情節的重心是衝突，導致結局，不管是內在衝突（一個主角的內心掙扎），或是外在衝突（人物之間的掙扎）都是故事引人之處，也與故事主題息息相關，這種衝突應當要能抓住讀者的注意力，並引起一種想要弄清楚事情原委的欲望，讓讀者的情緒能深入的投入到情節中。情節應是明確和有說服力的，即使有意讓讀者在一個幻想的世界旅行，也應遵守這項原則，情節應流暢地從一部份進入另一部份，以確保兒童讀可以理解及保持讀下去的興趣，但也不能過度直接由第一頁就可看出結局，因此書中的情節必須充滿智慧和創造性。（墨高君譯，民 88）

（四）主題

　　一個故事的主題是指作者在故事中所包藏的抽象觀念，主題是透過故事的其他部分，如人物、環境和情節來具體化，主題通常說明一個道理，或者說服讀者某些觀念。一個故事，可以有一個或多個主是，主題通常揭示了作寫作的目的，作者可以運用故事來幫助理解某些問題或事物，或是發展兒童對它們的敏感性。主題不應當過份顯而易見，應該是逐漸向讀者揭露的，絕大多數出色的故事都把道理或主題分為多個層次，隨著情節逐漸增加深度和廣度。

五、良好讀物的表現手法

　　故事內容所呈現的情節、背景人物主題、文字風格、敘事風格、色彩、插圖、相片等，對一個故事是否作充分且適切的呈現，及此書品質的好壞有著相當重要的影響。這些部分會交互影響整體的表現，所以不應被視為單一因素，將它們逐一拆開來看。因為一本好書將把它們整合為一個完整的工作，這個整體遠大於各個部分的總和，尤其幼兒圖畫書的創作包含兩方面：圖畫與文字。對年幼識字不多的幼兒而言，前者的重要性更甚於後者。

（一）文字部分

　　可就情節、人物刻劃、背景、主題風格，與觀點來部分加以探討。不過，在文字創作上，若能兼顧教育性、趣味性、藝術性，與兒童性，且能求真（不朽的真理）與求善（親和性），則應是不錯的作品。

　　好的故事應有「教育意義」，但不具「教育目的」。也就是說，教育意義是蘊藏於字裡行間，而不是「說教」，讓讀者讀完之後，無形中而啟示或反思，以收「潛移默化」之效。而對年幼的兒童來說，趣

味性可能是最重要的，否則，具有再好的教育性的藝術性的故事，也無法讓他們領受。最好能夠「寓教於樂」，讓孩子在趣味盎然中，得到教育的啟發。至於藝術性，不僅在圖書方面，文字上亦要力求純淨、自然、準確、生動、具體、口語與形象化，讓孩子欣賞，從而涵養高度的美感。故事要讓孩子能夠體會，欣賞，在文字的運用與概念的表達上，便需切合他們的發展層次，亦即兒童性，太過淺顯的情節引不起他們的興趣；太過複雜的遣詞用字，又非他們所能理解。所以，應掌握讀者的認知水準，了解他們所思所想，才能創作出小讀者們一讀再讀的作品。孩子覺得最熟悉的，是周遭的生活經驗，如果作者能從現實生活取材，巧妙地把不平凡的人物，如不尋常的事件，透過生動有趣，變作莫測的情節展現出來，讀者必能隨著劇中人物的對話，動作、危機、衝突，而心情起伏，感同身受。如此扣人心弦的故事，才是吸引兒童閱讀的好作品。

　　而故事要傳達的是永恆不朽的真理：正義終能戰勝邪惡，善有善報、惡有惡報。因此，不管情節多麼怪誕滑稽（想像與趣味），在邏輯的安排上，總還是合情合理，不可能是荒謬，或是前後才盾的。而這種真理（或是哲理）是放諸四海皆準的。

（二）圖畫部分

　　就幼兒圖畫書而言，圖畫的重要性是超過文字的，因幼兒識字不多，他們是「讀」圖畫的，又因觀察敏銳，一筆一劃都是他們注意的細節，圖畫可說是「敘述的藝術」或是「說故事的藝術」。最好的插畫應能表現出好藝術作品的特色，不僅表現出距離、深度，與質感，更能將讀者的想像延伸得更遠，進入圖畫書的世界，與書中人物同悲喜。

　　線條可以勾劃出人物，也可以表現情緒的氛圍，例如：動感、距離，甚至感覺。線條的適當運用，可以讓讀者有想像的空間，表現故事的精神。而書頁上的留白是相當重要的藝術技巧。如果圖畫佔滿版

面，讀者，便被迫去注意所有圖畫細節；反之，若圖頁上有許多留白，讀者的注意力便會集中在所呈現的圖畫上，凸顯其特殊的重要性。圖形也能引起情緒的反應。大面積的圖形給予人穩定、限制的感覺；反之，細緻的圖形可以予人流動、輕柔，與自由的感覺。「幼兒需要高彩度的圖畫」是一個錯誤的觀念，有些幼兒圖書的經典名作，是由黑白或單色繪製的，當藝術家選擇以黑白或單色來繪製插畫時，他通常以線條、留白，與圖形的效果，來取代色彩的不足。若是色彩太過強烈或不適當，往往奪去讀者對本文的注意，而圖畫書既然是結合文學與插畫，太過強調其一，而忽略了另一部分，是不適當的。而整體的佈局是非常重要的，作者必須仔細考慮圖畫的焦點在哪裡？以誰的角度看這幅畫？所傳達的氣氛是甚麼？而觀點是組織中重要的一項。（李侑蒔、吳凱林譯，民 87；墨高君譯，民 88）

六、如何拿書講故事

（一）說故事前的準備

　　選擇適合對團體說的故事題材應考慮幼兒的發展年齡和習慣，幼兒的背景知識與語言能力，幼兒對主題的興趣、幼兒對不同文學表現型態的掌握能力，如：童詩、散文、若選擇用故事書或故事圖說故事，應考慮：插圖的大小是否能讓團體成員看清楚、插圖的美感、創意、印刷品質、紙張反光度，尤其考慮聽眾與故事內容在種族文化和文化價值觀的差異性，幼兒的家庭環境，如：單親家庭、養子女。

　　課程計劃是以有組織的方式檢查課程的各個部分，讓人們了解各個部分如何能協調得更好，在列出閱讀的書籍後，四個主要的計劃內容包括了：目標、動機、分享的過程和評價。目標指的是你希望閱讀這本書能對孩子們產生的影響，激發動機就是引導兒童產生想要傾聽故事並與故事內容相互作用的過程，也是使兒童開始認為故事是有意

思及有意義的方法，更是講故事活動成功與否的至要關鍵。我們可以使用物體、聲音、手指遊戲、競賽以及舊經驗等工具及方式來激發兒童聆聽的動機。其中與孩子分享的方法可以藉著提出一系列問題，來建立讀圖畫書的計劃。最後的評量是計畫的最後部分，教師必須看一看是否目標已經達成，可透過故事分享的狀況來評量效果，例如：提出一些問題來讓孩童討論及表達想法。

因此，事前準備時可接近幼兒，了解其需要，視情境而講相應的故事，或閱讀相關書籍，慎選可用資料。觀摩學習他人長處、徹底了解故事內容，融貫而掌握之。以不同聲調，增刪故事。準備輔佐用品——例如圖片、模型、實物等增加氣氛。

（二）選擇適合的位置

為孩子說故事絕不僅僅是拿起一本書大聲的朗讀，閱讀環境、題材選擇很重要，拿書的方式也很重要，說故事者應緊緊的拿著書，並置於與兒童視線平行的高度。在閱讀每一頁時，為了使所有的孩子都能看到文字和圖畫，應將書適度的由一方移動至另一方，因為如果孩子看不到圖畫，他們會感到煩惱或沮喪，極可能會喪失對故事本身的興趣。如果教師對故事的內容非常熟悉，孩子們可以坐在教師的身邊或教師的膝蓋上，拿書的方式就是把大拇指放在一頁的中部，讀書正面展開在孩子們的面前，不要隨便移動書以使孩子能夠坐著卻很容易看清書上的內容。

教師在為一群孩子唸書時為自己所選擇的位置，取決於孩子的數量及空間的大小：孩子人數較多時，教師通常選擇一個圓圈區域；孩子人數較少時，以一個小角落為閱讀區域比較理想。當和一、兩個孩子閱讀時，最舒適的方法就是與孩子共坐一張椅子，並讓孩子坐在你的大腿上。與較少孩子閱讀時，並排而坐比較好；對於三到二十個孩子群而言，傳統的半圓型座位一向是有效的座位安排方式，它提供了很好的視線。對於十五人以上的大群體，可以讓一半的孩子坐在地板

上另一半孩子坐在小椅子上。而對於較大的群體，安排階梯式座位或是讓孩子們坐在臺階或階梯上，可以具有更好的視覺效果。

此外，午睡前是大聲朗讀故事的好時機，當孩子安靜時，故事可以提供一種舒適的聽覺經驗。要選擇一個沒有外在直接干擾的地方；在戶外閱讀時，要避開螞蟻洞、潮濕草地和各種可能被蟲子干擾的地方。

七、扮演優秀的說故事者

說故事的方式可以單純口述、大聲朗讀、以圖畫故事書或圖卡為主，亦可透過視聽器材、玩偶、邊說邊畫、利用絨布板或絨布圍裙，或以以戲劇型態、聯想創作呈現。

由於教師的身體語言和準備所表現出的細微的變化都將被幼兒察覺到，當教師充分而有效地準備好講故事或教學，自然會有自信的神情，兒童會察覺到這一點，並做出反應。當教師感覺到自然輕鬆時，熱情便自然增加，教師便會在講述故事時變得泰然自若，沒有拘束之感。教師可以運用下列技巧：

（一）有效傳達訊息

講故事並非單純地唸書上的文字，人們必須傳達出字裡行間和插圖中蘊含的訊息和情緒。在計劃說故事時，第一要件就是充分了解這個故事，說故事的人必須咬字清晰。教師可以用一種轉換活動和引導動機的方法，把兒童帶入故事情境中，以促使他們渴望聽故事。

（二）運用聲音

　　說故事的人必須有效地使用自己的聲音。對故事中不同角色使用不同的聲音，以及富變化的音色與語調，都有助於引發和維持孩子對故事的興趣。說故事的人必須保持故事的節奏感。因此適當的輕重音和停頓是語言表達的重要手段。不論是唸故事或說故事，事先一定要仔細分析故事內容，找出聲音的輕重及長短，故事就容易講的清晰生動。說故事時適當的停頓、換口氣是必要的，而且利用說話速度的急緩，可以營造故事的氣氛。說故事的聲音有高低起會的音高變化及抑揚頓挫聲調，才能使故事變的活潑有趣。利用聲音的變化來傳達故事人物的喜怒哀樂和個性特徵，另外，運用口技也可以提高幼兒聽故事的興致。

（三）運用肢體語言

　　肢體語言也是說故事的一部分。為了排除身體不必要的移動和動作，在說故事前要選擇一個舒適的姿勢，說故事者的臉孔可作為故事畫面的鏡子，當然可以略帶誇張。保持眼對眼的接觸有助於維持兒童對故事的專注力，在故事情節的轉折處稍作停頓，可以增加對故事的興奮感，甚至可以再一個充滿懸疑的地方停下來，針對可能會發生的情節提出開放式的問題。

　　用眼神和幼兒直接交流，了解幼兒的反應。在整個過程中，要不斷用你的眼睛看每位幼兒的眼睛，藉以抓住幼兒的注意力興致。用眼神告訴幼兒故事人物和場景的位置。例如說到「最後一片葉子從樹上掉落了下來」，我們的眼神可以先注視上方，然後再緩慢地由上而下移動視線，至地上一個定點盯住。用眼神傳達故事中人物的感情。「眉目傳情」這句話，正是說明了眼睛可以表達情感。例如「眼睛充滿了憤怒之火」、「眼神充滿哀怨」、「眼中散發出充滿希望的光芒」等。

　　人的臉部表情是情感的最直接表露，當我們在說故事時，表情就要隨著故事中的人物情緒，自然表露出來。運用動作來配合情節的發展，將會使故事更生動有趣，並且使聲音語言更具體化。當然動作要自然、貼切、精要，跟內容、情緒、人物個性特徵和聲音語言融成一體。（墨高君譯，民88）

八、適合各年齡層的圖書類型

　　圖畫書的種類依據嬰幼兒發展階段的需求，將圖畫書按照不同階段做功能性的分類，可略分為以下幾種類型：無字書、概念書、玩具書、圖畫故事書、知識性圖畫書、數數書。

（一）適合一至三歲幼兒的圖畫書

1. 玩具圖書：包括塑膠書、布書、手指偶書、洞洞書、音樂圖書、特殊造型圖書……切合實際經驗，不意撕毀，可以讓幼兒享受操作與動感的故事時間。
2. 內容以簡單情節、重複性高，以幼兒生活為對話的故事。
3. 以圖為主，字為輔，甚至不用文字，完全以圖書為主的無字天書。

（二）適合四至六歲幼兒的圖畫故事書

1. 種類可以多樣化，包括文學、藝術、科學、童話等。
2. 插畫要美觀，能培養幼兒的美感。
3. 內容情節可以複雜些。
4. 圖文比例，可以是年齡增加文字比例，字體不宜太小。

（三）參考書單的適用性選擇

以下提供一些類似的書單僅供參考：

（A）3-4 歲：

1.「和事老彩虹魚」、2.「最喜歡洗澡」、3.「愛吃水果的牛」、4.「我變成一隻噴火龍」、5.「牙醫怕怕鱷魚怕怕」、6.「巫婆與黑貓」、7.「子兒吐吐」、8.「大狗醫生」、9.「北風與太陽」。

（B）5-6 歲：

1.「我的妹妹聽不見」、2.「會愛的小獅子」、3.「媽媽的紅沙發」、4.「記憶的項鍊」、5.「你很快就會長高」、6.「超級哥哥」、7.「安納想要養一隻狗」。

（C）6-8 歲：

1. 身體與動作發展：「我從哪裡來？」
2. 認知發展：「老鼠湯」、「小房子」、「老鼠娶新娘」、「搬到另一個國家」
3. 語言發展：「為什麼，為什麼不」
4. 社會情緒發展：「三隻小豬」、「媽媽的紅沙發」、「青蛙與蟾蜍」、「威廉的洋娃娃」。

九、可做母語教學的兒歌及童謠示例

包括如「搖嬰仔歌」、「心肝寶貝」、「西北雨」、「阿婆去洗衫」等，另舉四例：

1. 搖啊搖：「搖啊搖，搖啊搖，搖到內山去挽茄，挽外多，挽一布袋，也通吃，也通賣，也通給嬰仔做度晬。」
2. 鳥仔：「鳥仔，鳥仔，四界找朋友，看著人，就搧手，是不是欲找人去喝酒，無那會歸路在喊酒、酒、酒。」

3. 那拔仔：「那拔仔硬康康，放屎放未通，那拔仔真濟子，吃拔
　　仔放槍子，阿爸無細膩，吃一下落嘴齒。」
4. 春風吹：「春風吹，蝶仔四界飛；南風吹，菜園生菜瓜；秋風
　　吹，上水是菊仔花；北風吹，烤番薯攔講笑虧。」（張宜玲，
　　民 93）

十、結語

　　幼兒文學是教育幼兒的文學、是娛樂幼兒的文學，幼兒可以從聽
或讀故事中獲得滿足感，更從故事內容自然學習到是非善惡、正義道
德的人格，有潛移默化的教育效果，讓孩子獲得經驗產生智慧。

　　它有著廣泛的功能，不僅可以培養孩子的注意力、思考力、表達
能力、自信心等，更可訓練孩子的穩定性和耐力，這些能力對孩子們
來說可是受用無窮。更可以培養與擴展幼兒的想像與創造力，藉由說
與寫，幼兒可以重塑他們說讀過的故事人物，藉由自由畫，幼兒畫出
他們心目中想像的故事情景。現代的父母與教師，若能每天有一個固
定的時間陪著孩子一起看書、說故事孩子聽，不只能豐富孩子的童年
生活，也是一個增進親子關係的輕鬆好方法。尤其使文學經驗成為一
種源源不絕的泉源，隨時提供幼兒思考與創作的根基，刺激其藝術美
感的發展，開啟一扇希望之門。

參考書目

李慕如、羅雪瑤（民 88）幼兒文學。高雄：復文。
李侑蒔、吳凱琳譯（民 87）幼兒文學。臺北：華騰。
林玫君（民 84）創作性兒童戲劇入門。臺北：心理。
林文寶（民 87）兒童文學。臺北：五南。

胡寶林（民83）戲劇與行為表現。臺北：遠流。

張小華（民88）創作性戲劇原理與實作。臺北：成長基金會。

張宜玲（民93）幼兒文學。臺北：華騰。

黃郇英（民91）幼兒文學概論。臺北：光佑。

墨高君譯（民85）幼兒文學。臺北：揚智。

鄭麗文（民88）幼兒文學。臺北：啟英。

鄭瑞菁（民94）幼兒文學。臺北：心理。

臺灣母語之美

釋傳道

（臺南妙心寺住持）

一、緒說

臺灣母語（簡稱臺語），雖源於閩南漢語方言，但因受時間（古今）、空間（地方）影響，已與昔時今日純閩南漢語方言不同（或不全同）矣。因為：

1. 融合官話、吳語、山地語、各省方言者，約佔 2/6。
2. 混入外國（日、英、荷等）語者，約佔 1/6。
3. 保存古語（但已變音或訛化字）、閩南語者，約佔 3/6。①

所以，臺語既多元又典雅，可說是融冶各省方言於一爐的瑰寶，保持古語音最多的活化石，是解開古經籍音義迷障的寶匙；決非僅僅一地方言可比擬！

專研臺語權威許成章氏在其《臺語研究》中更指出：古經籍與臺語同是古文、古語，不像北京語無入聲而多捲舌音。把漢字當表音的現代「國語」專家們，以漢字音譯鮮卑語而成北京語，所以北京語看似華（漢）文，而動詞多是以漢字寫夷（東夷，或曰鮮卑）語。如佔

動詞半數以上之「吃」、「打」，與「幹」，人稱「飲食男女語」，可說當之無愧。如受驚曰「吃驚」，用力曰「吃力」，該如何解釋？良評曰「吃香」，惡評即不曰「吃臭」，這真令人費解！又如算盤一個幾百塊，怎可打，打了豈不破碎？火場怎能打，打了豈非增加氧氣、助長燃燒？而睡時之鼾聲如雷，更不是用打的。諸如此類用詞，盡皆叫人百思莫解，非夷語而何？顯見北京語是夷語，與用來解釋古語的臺語，是格格不入的；而今說北京語者卻自認高雅，競言說臺語者為低俗，這豈非顛倒黑白，習非成是所使然？

二、臺語語史

（一）據日本明治大學教授許極墩氏研究，臺語的歷史可以粗略分為五期：

第一期：古代閩南語即白話口語音形成期；是西元前二～三世紀，閩越（今福建）人建立閩國（維持六～七〇年），他們的語言跟在第二世紀末漢末三國紛亂時代，吳語的浙江人移入閩越（福建）形成古閩語（proto-min）。在第三世紀後期，東安縣成立以後，泉州語跟福州語分離，即是閩南語的基礎。其後歷南北朝移民與語言的融匯，成就了古代的閩南語。

第二期：中世閩南語，即文言讀書音形成期；盛唐之世，閩越因開發而人口大增，由於教育與科舉的需要，中央（長安）的文教傳入閩越（今福建），因而在口語音的基礎上借入長安音而形成文言讀書音，時間上是第八～十世紀。

第三期：近世閩南語發展期；宋代印刷業發達，至明代，話本、戲本廣為流傳，閩南的古典戲曲如《荔鏡記》、《荔枝記》、《同窗琴書記》（前二者為陳三五娘戀愛故事，

後者為山伯英臺故事）盛行，對語言的發展貢獻很大（如布袋戲）。

　　第四期：臺語形成期；閩南語隨同鄭成功集團傳來臺灣。閩粵廣域的移民與平埔族的交流，歷經清代長期的沖刷，臺語跟閩南語已顯現出不同的面貌。日本統治下交通發達，漳、泉透濫而被稱為「臺灣話」（在福建漳泉混濫即稱為「廈門話」）。

　　第五期：臺語發展期；1930 年代，由於新文學運動的影響，歌仔（兒 a_2）冊的盛行，臺語流行歌風靡，臺語文學抬頭，應是臺語的黃金時代。1937 年，由於中日戰爭，總督府禁止臺語，戰後國民黨統治更全面禁止；到了十幾年前（1987）因解嚴而解禁，今後應是臺語「浴血重生」的時代。②

（二）依臺灣大學歷史研究所陳怡宏氏的研究，認為討論臺語（「臺灣母語」）問題時，必須將臺灣史上不同階段不同族群之語言權力關係放入考量，才能真正了解目前的問題核心即是臺灣殖民國家權力之無所不控制。所以他將臺語語言使用分作四階段，見地獨特，頗有參考價值。③

三、臺灣俚諺俗語也 e_2 婎　sui$_2$（美）

　　臺灣的俚諺俗語，富有海洋性的浪漫性格，有重視個性與自然的傾向，且豐富多變化的聲韻，更突顯出十足草根性的鄉土精神。特別是押韻七字也四句連之俗歌和俚諺俗語，常有不朽的名句出現。但考其作者，並非積學能文，甚至多為目盲歌者。然此並非奇事，屬於自古已然。

　　蓋古人以俗語為小說：《漢書・藝文志》云：「小說家者流，蓋出於稗官。街談巷語、道聽塗說者之所造也。」梁代劉勰《文心雕龍・

書記》云：「諺者、直語也。……廛路淺言、有實無華。……太誓曰：
古人有言，牝雞無晨。大雅云：人亦有言，惟憂用老。並上古遺諺，
詩書可引者也。」

　　成語以簡潔取勝，俚諺俗語則不厭其繁。俚諺俗語的句型以單句
為多，複句次之；複句中亦有押韻對仗者，可見浪漫亦仿自古典。而
臺諺俗語的本質是詩，故知臺灣文化亦自不低。剴實而說，臺灣文化
在俚諺俗語，臺灣文學亦在俚諺俗語。只要一讀海島上之無名文學作
品，其嬉笑怒罵，皆成文章之處，足使詩人為之瞠目稱歎！④

四、臺諺俗語的海洋性特徵

（一）浪漫的——譬喻、象徵

1. 走投無路／上 $chiu^n_7$ 天也 a_2 得 $ti*h_8$ 落地來。
   喻：逃犯即使僥倖被混上飛機，但終得下機，束手就逮。
2. 告貸無門／伸 $chhun_1$ 手抵 tu_2 到 $ti*h_3$ 壁。
   喻：舉目無親，社會不負責任，貧民求助無門。
3. 左右為難／翻過來不 m_7 中 $teng_3$ 翁 ang_1 意，翻過去不 m_7 中 $teng_3$ 囝 kia_2 意。
   喻：豬八戒照鏡子，裡外不是人。
4. 裝瘋賣傻／假罵 $sian_2$ 假顛 $tian_1$。
   對應：假死鯪 la_5 鯉 li_2 邪 sia^n_5 蚼 kau_2 蟻 hia_7。
   解：鯪鯉即穿山甲；蚼蟻即螞蟻；邪，引誘之也。穿山甲喜食
   　　螞蟻，故張其鱗甲裝死，以分泌物引誘之，使群蟻畢集，
   　　然後合其鱗，躍入水中，蟻浮水面，乃吸而食之。
   喻：扮豬吃老虎，以掩飾其真正企圖也。
5. 禍從天降／關門茨 $chhu_3$ 內坐，雨 ho_7 潑 $phoah_4$ 對 tui_2 天窗來
   （禍與雨 ho_7 同音）。

喻：無妄之災，無備之患。

6. 以詛爾斯／咒 $chiu_3$ 詛 $tsoa_7$ 予 ho_7 別人死。

　喻：參與選舉者唆使助選者向選民買票賄選，自己卻當天立
　　　誓：求神降禍於買票賄選之人（不得及己，因自己沒直接
　　　去買），惡質至極！

7. 慎重處理／緊 kin_2 紡 $phang_2$ 無好紗 se_1，緊字 ch* $_3$／ts* $_3$ 無
　好大 ta_1 家 ke_1。

　解：紡，紡紗也；字，女子許嫁也（臺語曰字人 ch* $_3$／ts* $_3$
　　　$lang_3$），未字人，古語為「待字閨中」；大家，婆婆也。

　喻：欲速則不達，事緩則圓。

8. 敢擔當／敢做瓠 pu_5 瓢 hia_1，不驚湯 $thng_1$ 燙 $thng_3$。

9. 借花獻佛／別人的桌 t* h_4 頂 $teng_2$ 挾 $ngeh_4$ 膒(肉) bah_4 食 $chhi_7$
　大 ta_1 家 ke_1。

　解：bah_4，是平埔族遺音，對應漢字應作膒，即肉也。食，養
　　　親也；不可寫『飼』，義不同。大家，婆婆也。

　喻：借汝口中言，傳我心腹事。借他人杯酒，澆自己的磊塊，
　　　隱喻借花獻佛。蓋人對於此一婆媳之間頗有微詞，故借此
　　　機會表演一下也。修辭學術語中之「示現」，便是如此這
　　　般，便可見其得體矣（許成章氏語）。

10. 會錯了意／望 beh_4 瑂 $chim_1$ 你，拿 nia_3 準 $tsun_1$ 望咬你。

　　解：望，想要也；瑂，接吻也；拿準，認為也。瑂，表愛；
　　　　咬，表恨。即要吻你，你卻誤認為要咬你。

　　喻：誤會善意為惡意。

11. 經驗即教育／海水無啉 lim_1（沒飲）不 m_7 知鹹 $kiam_5$。

　　對應：少年若 na_3 無一遍 pai_2 戀 $gong_7$，路邊若 na_2 有『有應
　　　　　公』？

　　解：一遍，一次也；戀，愚也；若有，猶言怎麼會有；有應
　　　　公，無嗣孤魂之尊稱，善心人士愍之而築小祠以祭祀，
　　　　俗稱如「有」求必「應」之「公」媽（神靈）也。

　　喻：年少輕狂，缺少經驗，必親歷其境，方知其況味。

12. 過寵必壞／**幸 seng$_7$ 豬擎 gia$_5$ 灶，幸囝 kia^n$_2$ 不孝**。

　　解：幸，寵之也；囝，子女也。過寵所養之豬，容易出入廚
　　　　房而擎破灶門；過寵愛子女，將來必為不孝行為。

13. 聽若未聞／**啞 a$_1$ 兒 a$_2$ 聽雷**。

　　解：啞子聽到雷鳴，無任何反應也；蓋啞者在生理上多兼有
　　　　耳聾症故。俗作『鴨子聽雷』，無義。

　　喻：學生聽不懂老師講義或誨者諄諄，聽者藐藐之意。

14. 勤吃懶做／**吃若 na$_2$ 牛做若 na$_2$ 龜**。

　　對應：吃飯用碗公，做工課 khang$_1$khe$_3$ 閃西 sai$_1$ 風。

　　解：若，好像；碗公，特大號的碗；工課，工作也；西風，
　　　　秋風也；喻快如秋風掃落葉一般，一閃即逝。

　　喻：享受跑第一，工作卻殿後；搶功諉過，非他莫屬！

（二）粗野的——率真、直言

1. 老未必先死／**棺材貯 te$_2$ 死、無貯老**。

2. 後悔已遲／**幡兒擎／舉 gia$_3$ 上 chiu^n$_7$ 肩胛頭，才知當 thang$_1$ 哭**。

　　解：此諺語比「不見棺材不流淚」，更確實。因見棺材者未必
　　　　為死者之子女；其棺材又未必是裝孝男之父母者。

3. 老糊塗／**戲做屆 ka$_2$ 老了，鬚鬢 chhui$_3$ chhiu$_1$ 提諸 ti$_7$ 手裡**。

4. 得意忘形／**乞者分 pun$_1$ 有弄 lang$_7$ 柺兒花**。

5. 自作自受／**無枷 ke$_5$ 擎 gia$_5$ 交椅**。

6. 借題發揮／**蔑 be$_7$ 曉 hiau$_2$ 駛船嫌溪隘 eh$_8$**。

7. 一毛不拔／**一個錢，盤 phah$_4$ 二十四個結**。

8. 行屍走肉／**一丈身，九尺無途 lo$_7$ 用 eng$_7$**。

　　解：一丈身，身高一丈（漢之一尺，等於今之六寸）也；無途
　　　　用，絕無用途也。

9. 輕諾寡信／**面 bin$_7$ 兒 a$_2$ 青青，敢允 in$_2$ 人三擔血**。（喻不自量力）

10. 報應不爽／**草索 s*h$_4$ 拖伊 in$_7$ 公，草索拖伊爸 pe$_7$。**

解：有老翁病久未死，其子命其孫協同，以草索將其身，拖至公墓掩埋。埋後，其孫又欲將草索帶回，其父取而棄之。其孫曰：應該收起來，將來要拖您的時候，不是可以用嗎？

11. 無自知之明／**圓仔花不知䆀 bai$_2$；大紅花䆀不知。**

解：圓仔花，圓而大不及指頭，單調之甚；䆀町，古醜女名；大紅花，即扶桑花，大則大矣，色調暗紅，絕無嬌艷之姿，雖被種為籬笆，究無出牆紅杏之態。

對應：龜笑鱉無尾，鱉笑龜厚皮。

喻：只知諷刺人，卻不知自省。

12. 虛有其表／**拳頭學二十四館，撲 pha$_4$ 一隻胡蠅撲屆嗝嗝喘。**

解：拳頭，拳術也，學二十四館，言其多且久也（一館四個月）。

13. 錯失良機／**珍珠园 khng$_3$ 屆 ka$_2$ 變老鼠屎**（园，藏物也）。

14. 粗心大意／**大目新娘，無看見灶。**

15. 小事鬧大／**老鼠孔 khang$_1$ 變成圓 oan$_5$ 拱 kong$_1$ 門。**

喻：賄選歪風不改，小選如里長、議員，必花千萬。大選必傾家、傾國（或賣國）矣。⑤

16. 不懷好意／**舉刀探病牛。**

17. 行動遲鈍／**做鬼搶無荇 ieng$_3$ 菜湯。**

解：荇菜，俗稱空心菜。見《詩經・關雎》：「參差荇菜。」

18. 寡情現實／**在生無人認，死了一大陣（群）tin$_7$。**

五、押韻七字兒 a₂ 四句連

1. 誇張其事／**老身食 chiah₈ 屆 ka₂ 九十九，面皮襇襇liap₄liap₄ 做一溝，胡 ho₇ 蠅 sin₅ 歇 hi*h₄ 落不知走，予 ho₇ 伊 in₇ 祖媽夾一下吐腸頭。**

    解：食屆，活到也；襇，皮膚皺襞也；胡蠅，蒼蠅也（見《爾雅》，又見沈括《夢溪筆談·雜誌》：「閩人謂大蠅為胡蠅」）；予，被也；祖媽，祖母也。此為押韻七字兒四句連的布袋戲臺詞，其誇張修辭，摹狀形容，如詩似畫，張力十足，很有文學效果，讓人印象深刻。

2. 摹羞怯戀情／**伝goan₂／gun₂ 都 tau₁ 灶下 kha₁ 通 thang₃ 恁 lin₂ 都 tau₁，看爾 li₂ 每日偷探頭，二人情意九分九，路裡抵 tu₂ 著頭勾勾。**

    解：都，居住處也；　都，即我們家；俗作阮兜，訛也。灶下，廚房也；通，言門相通也；恁，你們也；恁都，你們家。抵著，相逢也；頭勾勾，寫羞怯低頭的情景也。

    對應：歸暝 be₇（　）睏半 the₁（躺）倒，神魂一半去 chhoe₇（找）哥，人講我合 kah₈ 哥相好，心官現有喙（嘴）chhui₃ 靜無。

3. 寫失意情思／**半暝月娘照西窗，偏偏照我守空房；關窗將月緊緊送，送去公園照別人。**

六、另類諺語──俏皮幽默的歇後語，是謎語的源頭活水

1. 六月芥菜──假有心
2. 乞者佩葫蘆──假仙（喻裝糊塗也）
3. 北港廟壁──畫（八）仙（即言其「話虛誕」不經，非「畫虎男」）

4. 楚地母舅坐大位——人俗禮不俗

5. 朴仔下香爐——大鉉（與大耳同音，喻太單純容易受騙者流）

6. 六月棉被——揀人蓋（喻揀人使用也）

7. 插雉雞尾——假番（翻—喻假意翻臉）

8. 棺材內老鼠——促死人（喻煩死人也）

9. 棕簑胡蠅——吃毛（無）

10. 水流破布——行 kia^n_5 屆 ka_2 許 hia_1、卡屆許（行到那裡、滯留在那裡）

　　喻：到處閒聊，流連忘返，忘卻正事。

11. 岡脊佩痰壺——詎 ku_3 在人吓 $phui_2$ 瀾（諷刺恬不知恥之輩）

12. 蜈公走入蚼蟻宿／岫 siu_7（巢也）——該死

13. 黃金甕入水——激骨（稽滑——滑稽）

14. 十七兩——翹翹（死翹翹）

15. 二十兩——斤四（近視—譏諷急功近利之短視者）

16. 火燒豬頭——面熟面熟（很面善）

17. 臺南迓媽祖——無旗（奇）不有

18. 澎湖菜瓜（絲瓜）——十稜（雜念—喻過度關心，人以為煩）。

七、臺語古雅之美

　　漢語係中原古語，由五胡亂華、黃巢之亂、宋室南遷帶至閩越（今福建），再輾轉傳至臺灣，成為文化遺產。漢語約六萬字，常用字約三千五百字，其中約一千四百字有二種讀音以上，約百分之九十的古漢語都保留在臺語之中，是純度最高的漢語。所以臺語是保留古音最多的文化寶庫，充滿各代歷史、文化、制度、生活用語，如果懂得臺語的語音和讀音，將可讓現代人在讀古書時，不但能收到「一音道破」之效，且能溯知其活水源頭。如：

（一）《史記》

〈季布欒布列傳〉：「當是時，諸公皆『多』季布能摧剛為柔，朱家亦以此名聞當世。」〈游俠列傳〉：「蓋亦有足『多』者焉。」

「多」，大也。《呂覽·知度》：「其患又將反以自多。」註：「自多」，自賢也。《呂覽·謹聽》：「所者自多而不得。」註：「多」，勝也。《正字通》：「閩南語『多，ta₁』，誇耀也。自誇自讚曰『多多叫』。」我們回頭讀「諸公皆『多』季布能摧剛為柔」，「蓋亦有足『多』者焉」等句，將因知障的摒除，在內心深處，起了陣陣的心喜。⑥

（二）《論語》

「不知老之將至云爾」中之「云爾」，臺語古音讀「阿捏 an₁ni₁」，意思是「如此、這樣」。因此，如果懂得臺語，就更了解整句話的意思。所以古書中常見的虛詞、語助詞，以臺語讀之將更明白其大義了。

（三）臺語有古文之氣、古語之味

1. 先秦古文氣
   (1) 明 mua₅ 粢 chi₅，出於《禮記》；今書為「蔴糬」，訛也。⑦
   (2) 堯 gau₅ 舜 tsan₂，賢能、佳美也。出《說文·段注》。⑧
   (3) 於 o₁ 菟 to₇ 蟲，虎也。出《左思·吳都賦》。⑨
2. 漢音古語味
   (1) 一 chit₈ 秤 chhin₃，十五斤也。出《小爾雅·廣衡》。
   (2) 抒 si₁ 尿，逗小孩撒尿也。抒，出《漢書·劉向傳》。

（四）字音歧出

1. 一字多音。可證明含有外省方音成份，如明字有：$bieng_5$，mia_5，mua_5，me_5，mng_5，mi_5，min_5，ma_5 計八個讀音或語音。

2. 一詞多音。亦係外省方言之存留，如『哈啾』一詞，有：ha_1 $chhiu^n_3$，ka_1 $chhiu^n_3$，a_1 $chhiu^n_3$（宋人詞寫『阿鵲』）等三個音。

3. 一字兩讀疊用。似帶訓詁性之讀音與語音，或兩種方言之互補，以期聽者之易知也。如：
   (1) 食 $chiah_8$ 食 sit_8，食費也，食生活也。
   (2) 勸 $khuan_2$ 勸 $khng_3$，勸告也。
   (3) 指 ki_2 指 $tsai^n_2$，手指頭也；通指第二隻手指頭也。
   (4) 接 $chih_4$ 接 $chiap_4$，接待、迎接也。

（五）臺語聲調多而變化之美

1. 聲調有七個，上聲不分上下（陰陽）。換調即變義，如：
   (1) 熟 sek_4，成熟也；熟 sek_8，煮熟也。
   (2) 燙 $thng_3$，以熱水沖之，即氽燙也；燙 $thng_7$，將剩菜熱一熱也。

2. 你（爾 li_2）、我 goa_2、他（伊 i_1）的人稱，單數加以~n拉長，即變複數。如：恁 lin_2（你們）；$goan_2$／吾伬gun_2（我們）；伊 in_7（他們）。

3. 臺語文法分四類：普通級、比較級、最高級、絕頂級。如：
   (1) 開，開開，開開開，夭壽開。
   (2) 紅，紅紅，紅紅紅，夭壽紅。
   (3) 戀，戀戀，戀戀戀，夭壽戀。
   (4) 媠，媠媠，媠媠媠，夭壽媠。
   (5) 仳，仳仳，仳仳仳，夭壽仳。

（六）臺語古音與今音之對照

1. 紹介──介紹⑩
2. 緣投──投緣
3. 忽倏──倏忽
4. 利便──便利
5. 頂顛──顛頂
6. 紀綱──綱紀
7. 風颱──颱風
8. 慢且──且慢
9. 鴨公──公鴨
10. 鴨母──母鴨
11. 薑母──母薑
12. 咒詛──詛咒⑪
13. 身腰──腰身
14. 下手──手下
15. 鬧熱──熱鬧
16. 適合──合適

八、結語

　　臺語是古語的活化石，雖然古雅優美，深睿幽默；但今人既少研究，又不肯虛心請教他人，以致於能正確讀、聽、說、寫者日少，自創別字或訛化、醜化者日多，殊為可惜！如訛化「知抑不知？知也。」中之「知也」為「知影」；「啞兒」變「鴨子」。醜化「話虛誕」成「畫虎男」；「當選」為「凍蒜」等不一而足，莫此為甚！又今語以善良溫馴為「乖」koai₁。然而乖，背理也、忤逆也，義恰相反；本字應以「佳」為是。「佳」，客家語亦音 koai₁。《宋史‧曹宗傳》：「幼時從主入禁中，

太宗拊其背曰：曹氏有功我家。此亦佳兒也。」《資治通鑑‧唐紀》：
「朕佳兒佳婦，今以付卿」。可見臺語中有客家語音存在，不可不知。
其他如「飲」、「糗」、「事」、「服」、「荇」、「流」等古音義，多至不
勝枚舉，美不勝收！容日後另撰專文介紹，以饗同好，並就教於方
家先進。

　　最後，鄭重向大家進一建言：世界各種族之語言都有雅俗之分。
為尊重生命尊嚴，淨化身心，我們應記取「比馬龍效應」，在教育下
一代時，舉凡有損弱勢族群、宗教之諷刺或低劣粗俗的辭彙譬喻，慎
勿引用！而盡量引用正向而有建設性、高雅幽默之例教育學生，以收
潛移默化之功，才能為國家社會培育出文質彬彬的良才，願共勉之。

【註釋】：

① 《許成章作品集》⑧《臺語研究》頁390，2000.6，春暉出版社。
② 許極墩氏〈海外辦講座　積極振興臺灣母語〉（上），2004.2.2 臺灣
　日報第7頁。
③ 〈回應「臺灣母語是甚麼？」〉，2001.1.22 自由時報第11頁。
④ 《許成章作品集》⑥《諺語》頁1～2，2000.6，春暉出版社。
⑤ 同註④，頁2~14，35〈臺灣諺語賞析〉。
⑥ 吳昭明氏〈閩南語權威許成章訪問記〉，1982.10.29 臺灣時報。
⑦ 明粢：《禮記‧曲禮》下：「凡祭宗廟之禮，稷曰明粢。」《疏》：「明、
　白也。」言此祭祀明白粢也。《集解》：「明、潔白也。」
⑧ 堯舜：《說文‧段注》：「堯、本謂高。陶唐氏以為號。堯之言，至
　高也。舜，《山海經》作『俊』。俊之言，至大也。皆生時臣民所
　稱之號。非諡也。」
⑨ 於菟蟲：《左思吳都賦》：「於菟之族。」《注》：劉曰：於菟、虎也。
　江淮間，謂虎為於菟。按俗又以虎為大蟲，故加以於菟之下。
⑩ 紹介：《史記‧魯仲連傳》：平原君曰：「勝且為紹介。」

從「幼兒臺語班」的成果看
母語幼稚園的可能性

慧
(中山醫學大學臺灣語文學系講師)

摘　要

　　本文透過「幼兒臺語班」教學的成功案例，進一步思考設立「母語幼稚園」的可能性，期盼建立幼教教育者的共識，將母語教育向下延伸，以挽救瀕危的臺灣本土語言。本文首先回顧研究者於 2001 年 9 月至 2002 年 1 月在社區開辦「幼兒臺語班」的經驗，再就「幼兒臺語班」的成果及理想的雙語教育模式，提出設立「母語幼稚園」的建議。並探討「母語幼稚園」具體可行的作法有：以母語為園內主要溝通語言、以主題統整為教學方式、創造讀寫萌發的環境、培養多元文化的觀念、教師團隊的能力提昇等。

關鍵詞：幼兒教育、母語教育、主題統整、讀寫萌發、多元文化

一、前言

　　臺灣是個多文化、多語言的島嶼，若是在自然的發展之下，應該能發揮語言資源創造和諧多元的文化特色。但臺灣人經過日本統治五十年（1895~1945），加上光復後五十一年（1945~1996）[1]的「獨尊國語」教育之下，一般人對於臺灣本土文化缺乏信心，也不願深入了解。長期的單語教育所造成的影響是許多人認為母語的重要性不如共通語言（華語），而強勢的英語也挾著國際語言的優勢早早入侵幼稚園的語言教學。

　　為了導正國人的觀念，教育部於 2004 年 10 月研擬「學齡前幼兒英語教育政策說帖」[2]，提出「一個前提、兩個堅持、三種主張、四項作法」，主張先母語、再國語、後英語的作法，規劃學齡前幼兒及國小一、二年級兒童的語言學習重點在於母語及國語能力的培養，至於幼兒接觸英語應在不影響正常教學的情況下，以「促進文化學習與國際了解」為目標，反對幼稚園實施「全英語」、「No Chinese」的教學。另外為了鼓勵母語教學在幼稚園落實教學，教育部也從 95 學年度實施「補助公私立幼稚園推動鄉土語言教學」計畫，每所幼稚園最多可得七萬元補助，每年最多補助 50 所幼稚園。這項補助計畫所提的鄉土語言是以臺語及原住民語為主，客語則依行政院客委會所推動的補助要點辦理。

　　臺灣社會上並存著華語、臺語、客語，近 40 種左右的南島語方言[3]，可以說是一個多語的社會（multilingual society）。我們認為語言是文化的載體，是民族的智慧結晶，透過母語的溝通與傳承，族群的

---

[1] 教育部於 1993 年宣布將鄉土教育列入八十五學年度中小學正式教學活動範疇。因此 1996 年 9 月起，開始有了「鄉土教學活動」，其中也將母語教學併入課程中。

[2] http：//www.edu.tw/EDU_WEB/EDU_MGT/EJE/EDU5147002/EnglishChild.pdf

[3] 原民會於 2001 年首次辦理原住民族語言認證考試時，即依各個方言而命題，語言類別達三十八種之多。

文化得以生動活潑地呈現。而透過對他族母語的學習與了解，可以培養尊重與關懷，促進彼此的情感交流。本土語言的瀕危是由於過去錯誤的語言政策所造成，站在語言人權的立場，各個語言理應享有同樣的受教權，學前階段是教導母語的最佳時刻，也是建立語言文化認同的關鍵時刻，我們衷心期盼喚起更多有使命感的幼兒教育人員，勇於跨出母語教學的第一步，在政府與民間共同的努力下，復振這一代孩童的本土語言能力，再創語言的活力。

　　本文的結構如下：前言之後，第一節先簡單回顧研究者於 2001 年 9 月至 2002 年 1 月在社區開辦「幼兒臺語班」的經驗，第二節則就「幼兒臺語班」的成果及理想的雙語教育模式，提出設立「母語幼稚園」的建議，第三節探討「母語幼稚園」具體可行的作法，最後一節是結論。

二、「幼兒臺語班」的教學實務與成果[4]

（一）成立的動機

　　教育部於八十五學年度開始，將鄉土教育列入中小學正式教學活動範疇，也開啟了母語教學的大門。但正式將鄉土語言教學納入語文領域中，列為國小一至六年級每週至少一節的正式課程，則是在九十學年度實施「國民教育階段九年一貫課程」之後。然而在實施之初，「以何種書面語系統來做為臺語文字？」「在什麼時候教導讀寫？」一直都是討論的焦點。當時研究者本身擁有 5、6 年國中國文教師的教學經驗，正留職停薪就讀「臺灣語言與語文教學研究所」碩士班，也於竹師附小協助母語教學。憑著一股對臺語教學的熱誠與實驗探究

---

[4] 本節改寫自梁淑慧（2002）〈「幼兒臺語班」的教學實務 KAH 成果〉。

的精神，決定做個小小的實驗教學，研究的主要目的是探討「臺語羅馬字」在幼兒階段進行教學的可能性。

　　教學所使用的臺語羅馬字是指「白話字」，也就是一般俗稱的教會羅馬字。自 1865 年英國長老教會正式在臺灣府（臺南）設立傳教的本部（賴永祥，1990：281）開始，傳教士就根據廈門的傳教經驗，大力推行「白話字」。以簡單的羅馬字字母表記臺語的音素，根據臺語語詞的發音，自然結合聲母與韻母，就能用來表達感情、傳遞思想，造福了當時許多婦女、兒童以及無法受漢字教育的人。比起漢字的學習歷程而言，白話字是個簡單、易學又方便的讀寫工具。皮亞傑（Jean Piaget）將兩歲左右到七歲的階段稱為「運思前期（preoperational thought）」，在這個認知發展階段中重要的成就是符號思維的能力，也就是能夠理解符號所代表的意義。我們希望發展兒童這個時期的認知能力，將臺語口語的聽覺符號轉換做書面上的視覺符號——羅馬字，培養幼兒運用臺語成為表達情感的語言，以臺語羅馬字成為讀寫誘發的工具。

（二）幼兒的學習背景

　　「幼兒臺語班」的設立是藉由新竹市某教會的社區才藝班而開設，同一時期教會針對幼兒所開設的班還有：「幼兒英語班」、「幼兒韻律班」、「幼兒美勞班」，基於服務社區的理念，這些社區才藝班並不收費。「幼兒臺語班」上課的時間是從 2001 年 9 月 28 日到 2002 年 1 月 25 日每星期五上午 11 點到 12 點，上課的地點設在教會的主日學教室，教室裡有幼兒的桌椅、白板及電視機。每次上課會有家長輪流來教室擔任守護，主要是協助老師處理幼兒的突發狀況。

　　兒童的語言發展過程是先理解，再說出口，最後才是讀寫慾望的產生。所以「幼兒臺語班」的招生對象原本要求幼兒必須具備臺語聽與說的能力，但是因為「幼兒臺語班」的招生過程並非研究者所能控制，所以來報名的幼兒都是以華語為第一語言。且在新竹地區要找到

以臺語為母語的幼兒還真是一件困難的事，張顯達（1997）曾在 1997 年 10 月做了一個北部地區學齡前幼兒的語言使用調查，調查的對象是臺北縣、市，新竹縣、市四個地區的公私立幼稚園的老師，調查結果顯示這 80 所受訪的幼稚園學童大部分是以華語為第一語言，只有 6%學童在剛進入幼稚園時不能以華語跟老師溝通。

　　以下是「幼兒臺語班」的幼兒背景資料：

表一　「幼兒臺語班」的幼兒背景資料

● 年齡

年齡	5 歲-6 歲	4 歲-5 歲	3 歲-4 歲
人數	1	5	4

● 幼兒生活中使用的語言

類型	只有華語	華>臺>英	華>臺=英	華>英>臺	華>英	華>客>英>臺
人數	3	3	1	1	1	1

● 上「幼兒臺語班」前的臺語能力

「聽」的能力	完全沒問題	沒問題	普通	會一點	完全不會
人　　數	0	0	1	5	4
「說」的能力	完全沒問題	沒問題	普通	會一點	完全不會
人　　數	0	0	0	6	4

● 上「幼兒臺語班」前曾學過的語言符號系統（可複選）

語言符號系統	沒學過	注音符號	英文字母	英文音標	其他
人　　數	3	3	6	0	0

● 上「幼兒臺語班」期間曾學過的語言符號系統（可複選）

語言符號系統	沒學過	注音符號	英文字母	英文音標	其他
人　　數	0	6	9	2	0

（三）教學實務

由於所招收的幼兒其生活語言全部都是以華語為主，為了配合幼兒的臺語能力，我們將課程的目標設定為兩點：（1）提升幼兒臺語基本溝通能力；（2）認識臺語羅馬字。

（1）在提升幼兒臺語基本溝通能力方面，主要透過兩種活動來進行：一個是生活對話，包括問候、自我介紹、禮貌用語、家庭親子對話……等。設計生活情境，讓學生透過角色扮演學習與人用臺語溝通的能力。另外一個就是透過主題教學，針對幼兒的生活經驗以及感興趣的事物來介紹基本詞彙和基本句型，譬如：五官、身體器官、表情、服裝、親人、食物、水果、動物、交通工具、色彩、數字、天氣、節日……等。參考兒童常用詞彙（黃瓊華，2001）與句型（鄭良偉等編，1990），配合實物、圖畫、道具、玩偶、自己做的活動教具……來進行教學。

　　另外，教師也設計「家長協助練習表」請家長回家幫助幼兒練習這個禮拜所教的對話與詞彙，請家長在幼兒達到目標之後簽名，幼兒可以根據家長的簽名得到老師的鼓勵——蓋一個「一級棒」的印章。

（2）在認識臺語羅馬字方面，教師透過自己設計的拼音符號卡、詞卡、聲調卡、幼兒著色畫來進行教學。教學的順序是：先教元音才教輔音，一次只教一個新的符號，聲調的教學是隨機穿插在當中。每一個發音符號分別設計四至六個語詞加上圖畫，幫助幼兒了解發音與意義的對應關係。說明聲調時，教師會要求幼兒配合肢體的動作，一方面增加趣味性，一方面幫助幼兒了解調符高低所代表的意義。

　　「幼兒著色畫」是特別針對羅馬字的教學來設計的，於A4紙上畫一個空心的字母，四周是配合這個字母的語詞與圖畫（請參見附錄）。利用幼兒喜歡畫圖的天性，滿足其寫

字的慾望，也進一步幫助幼兒記住符號與意義的連結。另外
一方面，家長也可透過這張圖畫間接來學習羅馬拼音。

以下是每一次上課大致的流程：

A.準備期（1分鐘）

　　a. 收回「家長協助練習表」、「幼兒著色畫」。

　　b. 師生彼此招呼問候。

B.生活對話教學（5-7分鐘）

　　a. 複習上禮拜的對話內容。

　　b. 介紹本週的對話內容。

　　c. 練習對話：老師跟學生一個一個對話或是學生透過角色扮演
　　　來對話。（通常我會扮演他們熟悉的卡通人物或故事主角）

C.主題教學（13-15分鐘）

　　a. 簡單複習上禮拜的主題詞彙以及句型。

　　b. 透過教具的出現引起學生學習本週主題的興趣。

　　c. 介紹相關詞彙與句型。

　　d. 延伸的趣味活動：配合主題講故事、唱囡仔歌或唸謠、做美
　　　勞……等。（說臺語故事給幼兒聽的時候，除了用不同的聲
　　　音表現不同的角色，用戲劇性的肢體動作表演之外，也鼓勵
　　　幼兒加入可預期的角色對話中，讓幼兒也成為書中人物之
　　　一，可以大大提昇聽故事的樂趣與學習語文的能力。因此故
　　　事的內容我會選擇其中的對話會重複出現的，一方面滿足幼
　　　兒預期的心理，一方面能練習基本對話。歌謠方面選擇韻
　　　文，並且必須能配合本週將要教的聲母或韻母，並加上誇大
　　　的動作表演一起帶動唱。）

D.羅馬字教學（10-13分鐘）

　　a. 簡單複習上兩週所教過的符號。

　　b. 展示字母卡，帶幼兒練習發音。

c. 展示第一個詞卡，帶幼兒發音。先問看看幼兒知不知道這個詞是什麼東西，等引起動機之後，老師才在白板上將物品畫出來，或以實物呈現。通常幼兒看到物品之後會用華語說出，老師就用臺語來介紹。其他三、四個語詞也用同樣的方式來介紹。

d. 等所有的詞都介紹完畢，老師將所有詞卡拿下，鼓勵學生到白枋頭前玩詞卡與物品的「配對」遊戲，答案正確的幼兒可以得到一張貼紙做獎品，讓每一個幼兒都有表現的機會。

E. 遊戲評量（10-13 分鐘）

a. 辨音：這是用在發音與符號的配合方面。在白板上貼 3 個符號（3 個元音或是 3 個輔音，抑是 3 種不同的聲調），準備一個塑膠槌子，讓幼兒依照老師的發音用槌子去敲擊白板上的符號，以遊戲的方式評量幼兒的辨音能力。

b. 連連看：這是測驗詞語發音與意義的配合。在白板上一邊貼 5 張已經教過的詞卡，一邊貼 5 張對應的圖畫，兩邊的順序不同，讓幼兒以筆畫線來連接兩邊。

c. 填空：將詞卡上的某一個符號遮蓋起來，讓幼兒根據老師的發音從三到四個字母卡中選擇正確的填進去。

d. 拼音：白板兩邊分別貼 3 個元音、3 個輔音，讓幼兒根據老師的發音選擇正確的符號來拼音。

以上四種評量方式，a 項每一次都進行，b、c、d 每次上課選擇其中一項來評量，每一個幼兒的評量結果都予以記錄。因為每一項評量都是以遊戲的方式來進行，而且有貼紙當獎品，所以每一個幼兒都熱烈參與。

F. 個別指導（10-13 分鐘）

這段時間老師發給幼兒這個禮拜的著色畫讓小朋友上色，老師利用這段時間給予小朋友一對一的指導。如此可再次

確認每一位幼兒今日的學習成果並做成紀錄，也可針對每一位
幼兒較不熟悉的部分加強輔導。

G. 放學的準備（3 分鐘）

　　a. 在白板上貼出本週的對話，老師帶著小朋友讀兩遍，讓小朋
　　　友習慣羅馬字的文句。

　　b. 老師、學生互道：「再會」。

H. 課後娛樂

　　　　在等候家長接送的時間，播放臺語卡通影片讓幼兒觀賞，
　　透過畫面與情境訓練幼兒聽的能力。

（四）教學成果

1. 幼兒學習成果

　　因為幼兒的第一語言是華語，一開始有一些簡單的基本詞彙不得
不借用華語來解說，或以臺華對譯的方式教學。但差不多一個月以
後，幼兒就學會透過觀察老師的動作來猜測老師的意思，進而適應完
全使用臺語來進行活動。雖然幼兒在教室裡的對話大部份仍是用華語
來交談，但是若遇到已經教過的情境，很自然就會改用臺語來交談，
譬如：向人借用彩色筆時，他們會說「多謝」、「免客氣」；不小心妨
礙到別人的時候，他們會說「失禮」、「無要緊」……等等。我也會及
時給予言語上的鼓勵，加強幼兒講臺語的意願。家長也時常向我反應
幼兒在家裡會自然說出上課教過的詞彙或對話，也會哼唱臺語歌謠。

　　而在羅馬字的評量方面，「辨音」與「連連看」是所有的幼兒都
能掌握的方式，而「填空」與「拼音」則是滿四歲半以上的幼兒有較
好的表現。另外，雖然幼兒在上臺語班學習臺語羅馬拼音的同一段期
間內，也學習英語字母與音標，但幼兒在老師提醒之後，卻不曾有將
臺語羅馬字與英文字母弄混的情形，可見幼兒的語文認知已成熟到可
以區分不同語言的符號代表著不同的意義。

2. 家長的反應

我們也請這 10 個家庭的家長填寫不具名問卷以了解孩子在家庭中的表現及家長的意見。在家庭背景裡，家長的年齡層都在 30~40 歲間，除了其中一個家庭的家長雙方都不會說臺語之外，其餘家庭都至少有一方的臺語是聽、說都十分流利的，但可惜的是這些家長在家中與孩子溝通時大部分都以華語為主。我們將問卷的主要結果簡單整理如下：

(1) 家長幫孩子報名參加「幼兒臺語班」的動機：（開放式問題）

類　　型	多學一種語言	學習母語	參加團體活動
人　　數	6	3	1

(2) 家長覺得孩子參加「幼兒臺語班」的意願：

	非常喜歡	喜歡	普通	不喜歡	非常不喜歡
人　　數	7	2	1	0	0

(3) 家長覺得孩子在生活中比以前使用了更多的臺語詞彙嗎？

	增加很多	增加一些	沒增加
人　　數	3	6	1

(4) 孩子上「幼兒臺語班」之後，家長在生活中以臺語和孩子交談是否增加：

	增加很多	增加一些	沒增加
人　　數	2	7	1

(5) 家長報名以前是否知道上課的主要內容是教「羅馬拼音」：

	知道	不知道
人　　數	4	6

(6) 家長是否贊成孩子學習「羅馬拼音」：

	非常贊成	贊成	無意見	不贊成	非常不贊成
人數	2	5	2	1	0
理由	發音較正確。	a. 發音較正確。 b. 較好學。 c. 但是多學一種符號又怕會跟英文字母搞混。	可以接觸其他語文的拼音方式。	語音奇怪，父母拼不出來。	

(7) 家長認為「幼兒臺語班」的教學重點應該注重哪一方面？（開放式問題）

類型	生活用語	加強聽、說的能力	讓孩子喜歡說臺語	唱歌	無意見
人數	6	1	1	1	1

(8) 若是有機會家長是否願意學習「羅馬拼音」：

	願意	不願意	其他
人數	9	1	1
理由	a. 可以和孩子一同學習。 b. 可以運用到其他的語言，譬如：客語。	老了，已經不需要了。	對羅馬拼音並不了解。

(9) 家長認為老師上課的方式需要改進的地方：（開放式問題）

　　→ 每位家長都很肯定老師的認真付出，感覺上課十分精彩，很滿意。

(10) 家長是否贊成國民中小學實施鄉土語言課程：

	非常贊成	贊成	無意見	不贊成	非常不贊成
人數	4	6	0	0	0
理由	a. 多學一種語言。 b. 多接觸一種語言。	a. 多學一種語言很好。 b. 增加族群彼此了解，開拓文化的眼界。 c. 要看孩子的興趣。			

三、成立「母語幼稚園」的建議

　　在臺灣要建立多元文化的社會，唯有讓孩子在學齡前將母語的基礎打好，透過語言來認識所生長的土地，培養文化自信心，上了小學之後再學習共通語，認識世界語言，如此才能創造真正語言多元、族群平等的社會。聯合國教育科學文化組織在 1953 年的一項報告中，從心理上、社會上、教育上指出母語教育的優點，成為 60 年代之後歐美各國主張雙語教育最主要的論點之一（黃宣範，1995：338）。我們從以上「幼兒臺語班」的教學模式來看，雖然在有限的課程時間及環境之下，對於幼兒的臺語能力提昇有限，但也讓我們看到了可喜的成果，譬如孩子說母語的意願增加，在家庭中說母語的時間變多，家長也增加與孩子說母語的頻率，甚至表示願意共同學習臺語讀寫等。短短四個月就可以有這樣的影響力，我們更有理由相信如果將之落實在真正的幼教體制中，對於復振母語必定成為一股重要的力量，因此「母語幼稚園」的成立是必要而可行的。「母語幼稚園」是雙語教育的一種方式，我們先從雙語教育的類型及其目的來探討該如何進行：

表二　各種雙語教育的類型[5]

類　　型		學生母語	課堂教學語言	社會與教育目的	語言目的
弱勢雙語教育	淹沒式 I submersion bilingual education	弱勢語言	主流語言	同化	單語
	淹沒式 II 1.補習班 　submersion with withdrawal 　classes 2.保護式語言 　submersion with sheltered 　English	弱勢語言	主流語言 （單獨開設專班或以較簡單的主流語言上課）	同化	單語

---

[5]　本表參考 Baker（1993）及王斌華（2003：66）。

	種族隔離式 segregationist language education	弱勢語言	弱勢語言 （強制）	種族隔離	單語
	過渡性雙語 transitional bilingual education	弱勢語言	弱勢語言→ 主流語言	同化	單語
	滴注式 drip-feed language program	主流語言	第二語言或 外語課程	學習外語	有限的 雙語
	分離主義 separatist minority education	弱勢語言	弱勢語言 （自我保護）	分離、 自治	有限的 雙語
強勢雙語教育	浸濡式 immersion bilingual education	主流語言	雙語（初期重第二語言）	多元制度	雙語、 雙文化
	保留性 maintenance bilingual education	弱勢語言	雙語（重視第一語言）	多元制度	雙語、 雙文化
	雙向式 two-way bilingual education	弱勢語言、 主流語言	雙語交替	多元制度	雙語、 雙文化
	主流式 mainstream bilingual education	主流語言	雙語或多語	多元制度	多語、 多文化

　　上述 10 種雙語教育的類型，有 6 種是屬於弱勢的雙語教育，4 種是屬於強勢的雙語教育，這些雙語教育的模式都是以整體教育體制而規劃，也就是長期的語言教育規劃。弱勢的雙語教育主要是以同化為目的，培養學生成為主流語言的使用者，其本族的弱勢語言只是一種過渡性的手段而已。強勢的雙語教育則是培養學生成為真正的雙語人才，營造多元文化的社會。

　　而從歷史上回顧，臺灣的漢語社會曾實施過的雙語文教育模式如下：

表三　臺灣史上出現過的雙語教育[6]

	雙語文教育模式	雙語文使用情形	實施時期、方式
1	漢文（文言文）、臺語	書面語用漢文，教學語言是臺語。	清朝、日治初期的漢文課程、私塾
2	日文、日語、臺語	學校用語是日語，家庭用語是臺語，因此日文課文用日語讀，用日語解釋，用臺語補充說明。	日治時期的日文課程
3	漢文（文言文）、日語	書面語用漢文，但用日語讀，用日語解釋。	日治末期、中日戰爭以後
4	華文、臺語	書面語用華文，但用臺語解釋。	民國初期學習華語的過渡式雙語教育
5	臺文、華語模式	本土語言課程課文是臺文，但用華語解釋。	目前國小的本土語言課程

　　由表三可看到臺灣過去的統治者多半將雙語教育當做是學習「國語」的過渡階段，在日治時期的「國語」是日語，在國民政府時期的「國語」是華語。以往由於本土語言不受重視，本土語言使用者常承受較負面的社會評價，因此常把自己變成一個所謂削去式的雙語者（subtractive biligual），削去自己的母語，以遷就主流社會的強勢語言。削去式的雙語最後會在持續的社會心理壓力下逐漸失去母語能力。合理的、具社會公義的語言教育應該設法把削去式的雙語現象轉化為增強式的雙語（additive biligual），鼓勵弱勢族群使用母語，維護母語，使之成為健康正常的語言使用者（黃宣範，1995）。今天我們要求實施的雙語教育是以培養學生的雙語文、雙文化能力為教育目的，因此在幼稚園階段，需要特別加強母語教育，在臺灣成立母語幼稚園可以有兩種意義：（1）對於第一語言非父母所傳承之母語的孩子而言（例如：父母說臺語，孩子說華語），母語幼稚園提供浸濡式（immersion bilingual education）的教學，使其學得父母的母語。（2）

---

[6] 參考鄭良偉（1990）加以修正。

對於第一語言即父母所傳承之母語的孩子而言（例如：父母說臺語，孩子也說臺語），母語幼稚園便提供了保留性（maintenance bilingual education）的教學，使其母語能力提昇。

語言教育的規劃為語言規劃（language planning）的一部分。Cooper（1989）認為學習規劃可以改變語言人口，因為學校的教育最能影響一地區的社會語言行為。建立社區母語幼稚園可以提供學前兒童母語薰陶的環境，國外成功的例子是紐西蘭毛利人的語言巢，據報告大部分的學童進入語言巢之前都不會說毛利語，但經過浸濡式的教學三、四年以後，這些學童都已經會說毛利語了（張學謙，1996）。而我們也相信只要能建立共識，號召有志之士共同努力，必定也能開花結果。

四、「母語幼稚園」的具體作法

（一）以母語為園內主要溝通語言

我們認為這是建立「母語幼稚園」最重要的原則，不管是教師之間的對話或是教師對幼兒說故事、帶幼兒做活動、指導幼兒完成某項生活作習、遊戲、與幼兒聊天……等，都以母語來進行，讓幼兒耳朵所聽聞的都是母語的真實場景。當然，透過精心設計的語文教學活動來教語言是很好的，但我們認為提供一個母語的自然互動環境更為重要。

語言的理解與使用須靠相關情境來促發，語言能力並非只有發音的正確度，或能完整說出一句話而已，還包括能適當使用語言溝通的能力。我們會隨著不同的動機及目的而使用不一樣的語言型態，而這些言談方式、敘說邏輯都必須符合該語言文化的使用規則，這些使用規則是經由各種情境中的交談活動，實際運用而被習得的。孩子若只是透過沒有情境的句型練習從事教室中的對話，將不知其語用規則也

無法以母語對談方式進行一個對話事件。在真實自然的情境中，孩子自發性的產生表達自我情感的需求、與人互動溝通的需求，這些更為可貴也更有利於其語言能力的建構。對幼兒而言，語言的溝通功能遠較語言的正確形式更為重要（Harste，et al.，1984；Goodman，1986）。

（二）以主題統整為教學方式

　　主題統整是目前幼稚園進行教學時最常使用的方式，我們認為這個方式也是建構幼兒認知發展網絡的途徑，Krogh（1990）指出人類的學習歷程本質上即是統整的，人們以解決生活中的問題為出發點，在解決問題的過程中，運用了不同領域的知識和經驗來達成目標。之前「幼兒臺語班」是屬於較傳統的分科學習的設計，這是在特殊背景之下的短期實驗，較不適用於常態的教學，但無可否認的，目前國小的「鄉土語言」課程大部分是以這樣的方式進行。這樣的教學較容易使孩童誤認母語只能表達有限的鄉土題材，甚至以為母語課程只是教一些簡單的會話、俗諺語、民間故事或教唱兒歌而已。事實上，母語不應該只是一個教學科目，也應該是建構知識的媒介。

　　主題統整的方式認為孩童是學習的中心，是主動的課程參與者，透過對某個主題的興趣來建立系統化的學習歷程而跨越了學科的劃分。因此可以從社會、自然、數學、科學、藝術人文等不同的視角來獲得關於這個主題的知識，而母語的聽、說、讀、寫是支持這種學習方式的工具，而非目標。語言活動融合於以主題為核心、涉及各領域的不同探究活動之中；也融合於日常生活的組織運作裡。就在這一連串主動學習的過程中，孩童的母語能力也隨之日趨成熟，表達更豐富多元，更能掌握溝通的技巧。這也是全語言（whole language）的學習觀點，強調語言的完整性，所有課程領域的學習探究提供幼兒聽、說、讀、寫的事物和機會，而聽、說、讀、寫的能力也讓各課程領域有了最佳的媒介，二者的結合創造了豐盛的學習經驗（Goodman，1986；李連珠，2006）。

（三）創造讀寫萌發的環境

　　幼兒在日常生活環境中是被文字所包圍的，物品標籤、商店招牌、電視節目、故事書……等，兩、三歲的幼兒就已能辨識一些生活中的符號。口語發展和書面語發展是相互關連的，幼兒會從經驗中察覺語言跟文字的關係，而在生活中逐漸萌發讀寫能力（emergent literacy）。李連珠（1995）研究臺灣三到六歲幼兒的讀寫發展時發現，這些未接受過正式讀寫教學的幼兒已能讀、寫與他們相關的文字符號。而幼兒所接觸的讀寫事件（literacy events）的質與量，對讀寫能力的幫助有很大的影響。

　　在母語幼稚園我們也必須創造一個豐富的語文環境，這就牽涉到以什麼符號來表記母語的問題。原住民的母語當然是以羅馬字表記，而臺語、客語教育部也早就公佈音標系統及常用漢字，我們認為在幼稚園階段應以全羅馬字的形式，或輔以簡單漢字的漢羅合用字為表記形式，而避免以艱澀或未標準化的全漢字為表記形式。也許教師們較習慣的是漢字形式，但關於漢字，教學者必須要有的觀念是：（1）不同的語言有不同的漢字系統，臺語、客語所使用的漢字與華語必定有所差異，會出現一些華語較少見的罕用字；（2）同一個漢字在臺語、客語、華語的發音也必然是不同的，雖然它們彼此之間有規律的對應關係；（3）臺語、客語裡都有為數不少的「非漢語詞素[7]」及「擬聲詞」、「擬態詞」、「合音詞」等都無法以漢字本字寫出。老師若要使用漢字一定也得將這些觀念傳達給孩童及家長，避免疑惑或誤解的產生。相較之下，羅馬字字形與字音的對應清楚，好寫、好認、學習效率高，幼兒在學會羅馬字之後，能精確地使用它來表達母語，因此我們認為在幼稚園階段羅馬字是最適合的書面語形式。

　　一個豐富的語文環境可以提供幼兒多重使用語言的機會（黃瑞琴，1997；李連珠，2006）。可以在幼稚園的環境布置上，從各項設施、工作櫃、學習角落、公佈欄……等，貼上臺語文寫的標示。讓每

---

[7]　包括源於閩越底層語、臺灣原住民語、英、日外來語等。

個幼兒的用品櫃、作品都有自己的名字。提供多樣性的語文材料，如：故事書、海報、月曆、雜誌、廣告紙、標籤、書信、卡片、圖表、菜單、便條……等，示範文字符號在生活中的各種用途，讓幼兒處在一個充滿語言、文字的情境中。教師的角色是語文應用的互動者及示範者，也應製造機會鼓勵幼兒與其他幼兒或成人有實際聽、說、讀、寫母語的交流，接納幼兒使用的任何書寫形式，以欣賞的眼光來鼓勵幼兒表達。幫助孩子活用母語而不只是學習母語。語文本身的符號表徵性有助於幼兒從具體的經驗轉換到抽象概念的形成，剛開始幼兒對某些詞語的理解或許會有誤差，但經過生活中實際接觸和應用之後，便能逐步修正到趨於文化中公認的含意（林麗卿，2005）。

（四）培養多元文化的觀念

臺灣是由多元族群所組成之社會，幼兒的生活周遭很容易就接觸到不同族群的人們，我們應讓幼兒從小就有多元文化的觀念，不只認識自己的族群，也要認識生活在同一塊土地上的不同族群。1999 年聯合國教科文組織特別決定自 2000 年起，每年 2 月 21 日為世界母語日（IMLD，International Mother Language Day），臺灣各級學校也應積極響應配合，可以舉辦園遊會或嘉年華會的方式，介紹臺灣不同的族群及文化。而平日在討論主題課程時，除了一般的主流觀點之外，教師應該引導孩童關注其他臺灣少數族群對這個主題的不同想法，或進行校外參觀訪問，讓孩童學習從多元文化的角度來思考，更懂得了解與欣賞不同的文化。尤其更應讓孩童培養各族語言一律平等的觀念，沒有一種語言比其他語言尊貴或高雅，也沒有一種語言不值得我們維護與珍惜。

另外，在母語幼稚園中，我們也可以找機會介紹其他的語言，在某些活動中穿插多重語言來進行，例如：早上彼此問安時，可用母語、其他本土語言、某個外語……來問候；數數目時也可以不同的語言反覆計算；或是編寫各種語言的唸謠、教唱各種語言的兒歌，讓幼兒了解不同語言存在的事實，也及早培養幼兒的世界觀。

（五）教師團隊的能力提昇

　　以上所談論的各點，其執行的成敗關鍵在於教師身上。包括：教師是否具有堅定的信念來推行母語幼稚園的理念？教師的口語及書面語能力是否足以勝任以母語為主要語言的幼稚園環境？

　　目前大多數的臺灣人都得了「語言冷感症」，認為語言流失沒什麼大不了；或長期在主流媒體的洗腦中對本土語言抱有負面看法。若教師對於自身所屬文化及語言的永續發展沒有強烈的認同及使命感，面對問題或壓力時恐怕會信心動搖，因此尋求家長的認同及其他教師的支持鼓勵是相當重要的。而一群有經驗的教師聚集在一起，可以彼此加油打氣，互相分享教學資源、切磋教學方法，也可以獲得精神上與實質上的幫助。臺灣羅馬字協會及各地區的母語教師協會中都有許多擁有豐富教學經驗的母語教師，可以成為很好的支援夥伴。

　　在母語能力的提昇上，教師應該自我裝備，花時間參加研習、讀書會或在職進修課程。我們需要經過母語讀寫訓練的幼教老師，也需要能以流利的母語來進行教學活動的幼教老師。我們希望教師們重新調整自己對母語教學的看法，以全語言（whole language）的理念實踐母語幼稚園的理想。投入時間開發適合幼兒的母語教材，例如：兒歌、繪本、故事、有聲書的創作等，為母語讀寫萌發提供更多的資源。而網路上有楊允言老師設立的「白話字臺語文網站（http：//iug.csie.dahan.edu.tw）」，這是一個擁有豐富臺語文資源的入口網站，可以查詢到臺語文的工具書、教學資源、研究資源、社團、刊物、論壇、最新消息……等，值得常常上網瀏覽。另外，甫獲教育部頒獎的「臺語信望愛（http：//taigi.fhl.net/）」網站也提供許多臺語文的閱讀文章、影音教材、語文轉換工具……等，其中的「臺語遊戲教學」專欄是由梁淑慧所撰寫的各種有趣實用的臺語教學遊戲，已經累積了七十多個遊戲，頗獲好評，教師們可以參考斟酌使用。

五、結論

　　「語言」最能展現各種民族豐富的文化內涵及先民智慧的結晶，也是族群身分的認同，而學習母語也是人與生俱有、他人不能剝奪的權利。母語教育是各族群語言生存的重要支援系統，雖然單靠學校教育來擔負母語傳承的責任註定會成效不彰，但若欠缺母語教育必定會造成母語流失的嚴重後果。我們覺得現階段九年一貫課程中的「鄉土語言課」開始得太晚，也教得太少（洪惟仁，2002；張學謙，2003）。應該將母語教育往下延伸、紮根，從設立「母語幼稚園」做起。

　　透過「母語幼稚園」建立自然適當的母語環境，讓母語成為幼兒生活當中運用的語言及學習新知識的媒介。更透過母語文的讀寫萌發，讓幼兒能夠使用自己的母語為工具來進行閱讀、表達思想、認識世界。從小奠定對母語的認同，對其他族群的欣賞、尊重，將來才能創造出文化多元、族群融合的臺灣社會。

　　各位幼教線上的先鋒們，讓我們共同肩起這個富有意義的使命，不要讓我們的孩子成為母語失竊的一代！

參考文獻

王斌華（2003）。雙語教育與雙語教學。上海教育出版社。

李連珠（1995）。臺灣幼兒之讀寫概念發展。幼教天地，海峽兩岸教育研討會專輯，37-68。

李連珠（2006）。全語言教育。臺北：心理出版社。

林麗卿（2005）。全語言的新思維。臺北：華騰文化。

洪惟仁（2002）。母語教學的意義與方法。國文天地，210，4-15。

梁淑慧（2002）。「幼兒臺語班」的教學實務 KAH 成果。臺灣語言教學與研究期刊，第三期，95-110。

張學謙（1996）。紐西蘭原住民的語言規劃。收於施正鋒編，語言政治與政策，241-292。臺北：前衛出版社。

張學謙（2003）。母語讀寫與母語的保存與發展。東師語文學刊，第十三期，106-128。

張顯達（1997）。從學習者的特質談兒童期的第二語教育。當前語文學習問題研討會會前論文集，191-201。

黃瑞琴（1997）。幼兒讀寫萌發課程。1997，臺北：五南圖書出版有限公司。

黃瓊華（2001）。國小臺、華語教材詞彙之研究。新竹：國立新竹師範學院臺灣語言與語文教育研究所碩士論文。

黃宣範（1995）。語言、社會與族群意識──臺灣語言社會學的研究。臺北：文鶴出版社。

鄭良偉（1990）。演變中的臺灣社會語文──多語社會及雙語教育。臺北：自立晚報文化出版部。

鄭良偉、趙順文、方南強、吳秀麗編（1990）。親子臺語。臺北：自立晚報社文化出版部。

賴永祥（1990）。教會史話第一輯。臺南：人光出版社。

Baker, Colin. (1993). *Foundation of bilingual education and bilingualism.* Philadelphia: Mulitingual Matters Ltd.

Cooper, Robert. (1989). *Language planning & Social change.* Cambridge: Cambridge University press.

Goodman, K. (1986). *What's whole in whole language?* Portsmouth, NH: Heinemann.

Harste, J., Woodward, V., & Burke, C. (1984). *Language stories and literacy lessons.* Exeter, NH: Heinemann.

Krogh, S. (1990). *The integrated early childhood curriculum.* New York: McGraw-Hill.

附錄　幼兒著色畫縮小的樣本

高雄市幼稚園鄉土語言教學評鑑及檢討

李郁青

（高雄市立裕誠幼稚園園長）

壹、前言

　　教育部在學齡前幼兒之語言學習之政策，主張先母語、國語、再英語，即學齡前幼兒與國小一、二年級兒童的語言學習重點在於母語及國語能力的培養。高雄市教育局有感幼稚園階段適合落實鄉土語言教學，因此繼國中、小實施鄉土語言教學驗收成果後，於 95 學年度起開始將幼稚園鄉土語言教學的推動列入年度的施政重點工作計畫並進行訪視評鑑，96 學年度持續辦理是項工作。本文所稱之鄉土語言教學，乃指閩南語、客家語、原住民語等母語之教學。

　　母語教育是一個人所接受最早且最重要的語文教育。根據聯合國教科文組織（UNESCO，1953）於 1953 年的報告中指出學校以學童的母語作為教學語言的優點，分別從心理、社會、教育三層面提出見解，心理層面上：幼兒在六、七歲時已內化一套認識世界接受新知識的概念系統，母語是個有意義的符號系統，以母語作為教學語言可以維持幼兒認知能力的連貫性。社會層面上：母語的使用是代表對自己

所屬族群的認同，先以母語為主要教學語言再加進強勢語言，可以化解弱勢族群幼兒在學校環境中所感受的疏離與挫折感，對其人格發展具有正面意義。教育層面上：幼兒透過熟悉的語言（母語）去學習，可以提昇學習效果（黃宣範，1995）。

洪維仁（1992）亦提出要達成中國人的團結統一，又要保存傳統地方文化，最好的辦法是實施「雙語教育」，即國語與母語教育並重。雙語教育（母語和國語）可以使少數民族學習強勢語言，又能讓少數民族的語言文化立於不墜之地。多數人通常以為兩種語言的學習會造成兒童心智的混亂，不利課業的學習，但根據語言心理學者的研究卻剛好相反，雙語現象不但不會造成幼兒心智的混亂，反而有助於兒童的思考及推理。幼稚園階段的幼兒在語音與語彙的學習能力上是急遽增強的，正是語言學習的黃金期。

從課程安排的彈性與綜合性而言，幼稚園階段也較其他學校教育階段更適合實施鄉土語言教學，主要是因為幼稚園階段的語言教學不像國小以上階段那樣受制式課程所限，目前國小階段一星期只有一小時的鄉土語言必修時間，而其他時間老師可能受到舊習慣的影響還無法經常使用鄉土語言，另一方面也受到本身課程進度的影響，不是鄉土語言課就很難再分心兼顧鄉土語的學習。反之，幼稚園階段沒有明確的課程節數限制，採統整性教學，是故任何活動都可以融入語言教學。因此在幼稚園階段實施鄉土語言教學可落實提昇幼兒了解自己家鄉、體驗不同族群文化與語言，並使鄉土教育能向下紮根。

貳、依據與實施

高雄市公私立幼稚園鄉土語言教學訪視評鑑乃依據教育局施政重點工作計畫辦理，目的為落實本市公私立幼稚園推動鄉土語言教

學，增進親師生運用鄉土語言的能力，達成共識傳承鄉土文化，並涵育關懷鄉土文化之情操。為強化鄉土語言教學成果，高雄市政府教育局已於 94 年訂定「高雄市幼稚園鄉土語言教學訪視評鑑實施計畫」，於 94、95 年度已完成全市所有公私立幼稚園（173 所）之鄉土語言教學訪視評鑑工作，96、97 年度將持續進行第二輪回的訪視評鑑工作。訪視評鑑工作之實施由教育局聘請專家學者及國小、幼稚園代表組成訪視評鑑小組，實際到園訪視教學情形，透過評鑑委員與幼教現場教師及幼兒作直接的接觸與交談，以了解各園所實施鄉土語言教學之現況。對於推動鄉土語言教學績優者，頒發獎金及獎牌給予鼓勵。

　　94 年度總計訪視 85 所公私立幼稚園，包括 67 所公立暨國小附幼稚園，及 18 所自願提出申請受評的私立幼稚園，訪視評鑑時間為公幼 5~6 月，私幼為 10~11 月。95 年接續辦理 88 所私立幼稚園之訪視評鑑工作，訪視對象有二，一為 94 年未訪視之本市私立幼稚園，二為 94 年已受訪之私立幼稚園而未獲特優者，可再申請接受訪視評鑑，訪視評鑑時間 4~6 月。第二輪的訪視評鑑工作於 96 年 10~11 月已完成公立幼稚園部分，97 年將再接續完成私立幼稚園之訪視評鑑。

參、訪視評鑑項目計分與獎勵

　　高雄市幼稚園鄉土教學訪視評鑑項目計分與獎勵乃經由本市鄉土語言推動委員會及相關工作小組會議決議，包括教學表現 90％，其他特殊優良表現 10％；依各組成績分別頒發特優、優等、甲等學校獎牌及獎金，相關人員頒給嘉獎或獎狀鼓勵；訪視評鑑成績不佳學校列入追蹤複評。評鑑項目計分與獎懲標準如下：

一、評鑑項目計分

（一）教學表現 90%

　　1. 鄉土語言的教學活動 50%

　　1-1　校（園）長與行政人員對鄉土語言日的態度與做法

　　1-2　鄉土語言日教師使用鄉土語言上課情形

　　1-3　幼生的鄉土語言使用能力

　　1-4　鄉土語言課程安排與活動情形

　　1-5　其他

　　2. 鄉土語言的教學與環境 20%

　　2-1　鄉土語言學習情境佈置

　　2-2　鄉土語言的教學資源與應用

　　2-3　其他

　　3. 結合社區與家長推動鄉土語言活動（由各園自行填列）
　　　20%

（二）特殊優良事項（由各園自行填列可以加分獎勵相關事項）
　　10%

二、訪視評鑑成績評定及獎懲標準

（一）每組獎勵額度：特優 1-2 園、優等 2 園、甲等 3 園。

（二）特優 90 分以上、優等以 85 分以上未滿 90 分、甲等 80 分
　　以上未滿 85 分、乙等 70 分以上未滿 80 分為評定等級標準。

（三）獎勵標準：獲評特優者每園獎牌乙禎、獎金 3 萬元，優等
　　者每園獎牌乙禎、獎金 1 萬元，甲等者每園獎牌乙禎。得
　　獎幼稚園之相關人員獲頒嘉獎（公幼）或獎狀（私幼），
　　以資鼓勵，敘獎額度分別為特優者 100%、優等者 80%、
　　甲等者 60%。

（四）未獲獎學校人員，於園內推動鄉土語言教學有顯著績效者，得經由評鑑委員推薦，給予個別獎勵。

（五）訪視評鑑成績不佳學校列入追蹤複評。

肆、訪視評鑑組別與園所

94 年高雄市公私立幼稚園鄉土語言教學訪視評鑑各分組評鑑委員及受評園所名單：

組別	訪視評鑑委員	受評幼稚園（公立）
第一組	李郁青（組長）、鄭正煜、李素貞	樂群、內惟、桂林、鳳林、五權、光榮、永清、勝利、愛國、四維、鎮昌、凱旋、塩埕、龍華、左營、獅甲、芩洲等國小附設幼稚園
第二組	涂艷秋（組長）、李若鶯、陳姝娑	前鎮、漢民、光華、太平、青山、坪頂、博愛、正興、楠梓、和平、中山、九如、旗津、大同、七賢、援中等國小附設幼稚園
第三組	黃美惠（組長）、蔡金柱、吳仁瑟	前金幼稚園、裕誠幼稚園、信義、中正、小港、二苓、明德、右昌、加昌、建國、鼎金、忠孝、十全、瑞豐、楠陽、三民、莒光等國小附設幼稚園。
第四組	林麗黎（組長）、黃志盛、孔令蓉	新興、成功、舊城、中洲、莊敬、獅湖、民權、福東、福康、仁愛、明正、鼓山、河濱、鼓岩、愛群、復興、壽山等國小附設幼稚園
組別	訪視評鑑委員	受評幼稚園（私立）
第一組	孔令蓉（組長）、鄭正煜、陳惠凰	樂仁、鹽光、怡青、米倫、鼎佳、英倫、樹德、大來、童年綠地等幼稚園
第二組	陳姝娑（組長）、蔡金柱、吳仁瑟	科見、小樹苗、康澤、聖保羅、樂奇、育祥、長青、亞特蘭、衛理等幼稚園

　　95 年高雄市私立幼稚園鄉土語言教學訪視評鑑各分組委員及受評園所名單：

組別	訪視評鑑委員	受評幼稚園（私立）
第一組	李郁青（組長）、鄭正煜、孔令蓉	學成、大成、圓山、何嘉仁、康吉爾、義華、常春藤、而異、河堤、中鋼、慈文、明華、加州、崇德、慈雲、百立、子信、文生等幼稚園
第二組	陳姝嫈（組長）、鄭正博、李德水	禾堡、諾貝爾、百世、高德、陸友、海強、麥米倫、中山大學附幼、日大、油廠、感恩、福瑞斯特、美佳園、育榮、雙鹿、登林肯、民族、培藝等
第三組	黃玉幸（組長）、顏金樹、蔡金柱	光庭、好學村、松柏、龍之堡、啓示錄、明星、巧生慈、聖文、碧優庭、福音、玉成、小群、道明、博士多、春草、愛育、聖愛、名育等
第四組	鍾鳳嬌（組長）、黃志盛、李素貞	心心、立賢、康乃爾、咪咪、臺大、米奇、一現代、巧安哲、興德、育志、快樂堡、牛頓、安德生、學儒、佳欣、海風、柏克來、明倫等
第五組	李再發（組長）、陳惠凰、鄭文川	晶晶、來來、哈利、小豆豆、天才、振才、耀漢、嘉惠、善導、月英、貝多金、華頓、木棉庄、芝蔴街、聖心、達仁、榮華等

伍、訪視評鑑結果

　　高雄市幼稚園鄉土語言教學訪視評鑑工作採分組進行，評鑑委員分組至各幼稚園進行訪視評鑑工作，訪視結果除了有個別園所之評鑑表之外，各組由組長分別撰寫綜合報告，透過這些報告最能反映鳥瞰性的觀念，因此希望先從整理這些綜合性報告的內容來呈現一種宏觀的全貌，並配合各組文字說明加以評述。各組綜合報告的內容除介紹

訪視日期、訪視學校、訪視評鑑結果之外，我們特別介紹的是關於各園所之整體表現、綜合建議、綜合建議評析三部分。。

一、各園所整體表現

　　整體表現乃包括教學活動、教學環境、結合社區與家長等內涵，依據各組評鑑委員依據訪視評鑑表所列項目，分別彙整條列。

（一）94 年高雄市公立幼稚園鄉土語言教學訪視評鑑部分

　1. 鄉土語言的教學活動
　　(1) 各園所能組織「鄉土語言教學推行小組」，其成員包括校（園）長、教師代表、行政人員代表、社區家長、具有專長之人士等，共同推動鄉土語言教學事宜。
　　(2) 各園所校（園）長與行政人員、教師能用心推廣鄉土語言教學。家長對於母語教學的疑惑，園方亦能善作解釋與引導。
　　(3) 多數園所能訂有完善的鄉土語言教學計畫，並能將計畫列入行事曆實施。
　　(4) 各園所均訂有鄉土語言日，除了少數國小附幼自訂鄉土語言日外，多數能與國小部同日實施，當日生活均以鄉土語言應對為原則。
　　(5) 部分園所能編製問卷調查，瞭解幼兒之原生家庭背景及使用鄉土語言狀況。
　　(6) 多數園所表示在推動鄉土語言教學，家長無反對現象，此乃幼稚園推動鄉土語言教學的重要利基。教師也能配合教育政策，積極推展鄉土語言教學。

(7) 多數園所能將鄉土語言教學融入教學主題或活動單元中實施，使幼童在自然情境下學習母語。

(8) 教師積極投入鄉土語言教學：以戲劇、說故事或表演方式進行教學或活動，提升幼兒對鄉土語言學習興趣。。

(9) 各園所積極辦理鄉土語言教學活動，如親子說故事、歌謠比賽、闖關活動、社區巡禮、大家來講古、阿公來講古等多樣化與趣味性的活動。

(10) 教師能透過校外教學活動，帶領幼兒參觀鄉土文物館，經由接觸與認識鄉土文物，進而涵養鄉土文化情懷。

(11) 各園所能鼓勵教師參加有關鄉土語言教學研習或召開鄉土語言教學研討會，增進教師教學知能與技巧。

(12) 幼生大致能聽懂鄉土語言，仍需教師多加指導幼生更主動使用鄉土語言交談溝通。

(13) 大多數的教師能流利的使用母語來教學，幼生能輕鬆快樂的念唱母語歌謠，也能以母語回應日常生活問話。

(14) 教師會透過網路資訊及坊間書籍，編選、蒐集適用的幼兒之鄉土語言教材積極推動母語教學。

(15) 部分園所能自編鄉土語言教材（唸謠、兒歌唸謠、囝仔故事、戲劇扮演……等），豐富教學內涵，提昇鄉土語言教學效果。

(16) 大多數園所之鄉土語言教學，能規劃多元趣味的活動，並透過生動活潑的引導方式實施，豐富幼兒的學習經驗。

(17) 鄉土語言教學推動，能掌握鄉土語言教學原則，力求「生活化」、「普及化」、「趣味化」，培養幼兒運用鄉土語言的能力和興趣，增進幼兒對本土文化的認同。

(18) 多數園所在實施鄉土語言教學活動，能與鄉土文化或鄉土童玩結合，豐富教學內容，讓學習更有趣味性，例如：做糖蔥、煮膨糖、爆米花、做糖葫蘆、演皮影戲、做手拉坯、打陀螺、故事歌謠比賽、演布袋戲。

2. 鄉土語言的教學環境

  (1) 各園所能運用電腦資訊、建置鄉土語言互動式學習網頁，提供生動的教學環境資源。

  (2) 規畫學習步道或教室內外情境佈置幫助母語學習，教師亦能善加利用。

  (3) 情境佈置時能使用正確的拼音文字作為教學資源，有助於親師生學習母語。

  (4) 多數園所之情境佈置，著重結合單元或主題教學之教室或園所情境佈置，更能結合社區資源，著重鄉土氣息之實境佈置。

  (5) 多數園所在鄉土語言教學之環境佈置極為用心、但未能充分呈現特色，有待充實內涵。

  (6) 鄉土語言教學情境佈置能從自身及日常用品開始，也能配合時令節氣，符合生活化。

  (7) 教室內的鄉土語言園地，由教師、家長及幼兒共同參與學習情境佈置，值得肯定嘉勉。

3. 結合社區與家長

  (1) 各園所能結合社區資源，引用專業人士、退休教師、義工家長、阿公阿嬤等人力資源至校進行鄉土語言教學或協助推展鄉土語言教學活動，頗值得肯定。

  (2) 各園所之鄉土語言課程及教學活動安排充實，且能與社區傳統文化及生活結合，豐富孩子的學習內容。

  (3) 教師能透過教學規畫，善用社區資源，讓幼生認識高雄的地名由來、歷史文物及民俗文化。

  (4) 教師依照本地社區環境及教學主題，自編鄉土語言教材與設計學習單，提供幼兒有效的學習。

  (5) 結合社區資源請家長擔任鄉土語言教學闖關活動關主，進行「大家逗陣來講臺語」活動，讓幼兒學習用母語認識日常用品及蔬果名稱。

(6) 能結合社區辦理活動，善用在地社區人力資源，推動鄉土語言教學活動，宣導鄉土文化資產的重要。

(7) 結合教學主題，師生拜訪社區養護之家機構，關懷社區老人，經與老人互動，讓幼生學習敬老尊賢，尊重生命。

（二）95 年高雄市私立幼稚園鄉土語言教學訪視評鑑部分

1. 鄉土語言的教學活動

(1) 各園所園長與行政人員能用心推廣鄉土語言教學。家長對於母語教學的疑惑，園方亦能善作解釋與引導。

(2) 多數園長對於推動鄉土語言教學均具有使命感，並能用心學習有效之作法，不斷創新。

(3) 各園所每週均訂有一日為鄉土語言日，當日生活以鄉土語言應對為原則，惟仍有少數一二所尚未能落實。

(4) 多數園長及教師、行政人員，對於鄉土語言的推動，不論是臺語或是客語、原住民語，都具有強烈使命感、甚至還延伸到本土文化層次。

(5) 各園所大多能積極推動鄉土語言教學，並無拒絕或排斥鄉土語言教學之情形。

(6) 多數園所能結合教學主題或單元，融入鄉土語言教學，使幼童在自然情境下學習，不是外加課程或額外增加上課節數。

(7) 多數園所在推動鄉土語言教學，家長均無反對現象，此乃幼稚園推動鄉土語言教學的重要利基。

(8) 教師對鄉土語言教學具有一定程度的向心力與接納度，對不同家庭背景幼兒亦能隨機施教，提升幼兒學習鄉土語言的興趣。

(9) 教師普遍能在鄉土語言教學日使用鄉土語言教學，與幼生交談、互動。

(10) 多數園所的教師積極參與鄉土語言教學相關研習,也能分享研習心得與所有老師共同討論,規畫鄉土教學課程。

(11) 部分教師本身創意能力頗佳,除自製教具,自編歌曲、童謠外,教師本身也能積極自我提昇鄉土語言表達能力。

(12) 幼生使用臺灣母語之習慣尚未養成,使用臺灣母語能力有待加強。

(13) 幼生大致能聽懂鄉土語言,也能使用鄉土語言彼此溝通。

(14) 大多數園所之鄉土語言教學,能規畫多元趣味的活動,並透過生動活潑的引導方式實施,豐富幼兒的學習經驗。

(15) 部分園所能自編鄉土語言教材(唸謠、兒歌、囡仔故事、戲劇扮演……等),亦能重視母語教學情境佈置,提升教學效果。

(16) 課程設計方面大致已朝生活化、趣味化、本土化規畫,能將鄉土語言融入教學活動,但課程之實施較缺乏規畫。

(17) 大多數園所利用課前集合時間指導鄉土歌謠或俚語、兒歌等教唱,簡易而親切入門、幼童也能在自然情境中學習。

(18) 課程設計活潑化、趣味化、生活化,並能將鄉土語言教學融入單元活動設計中,成為整體課程的一環。

2. 鄉土語言的教學環境

(1) 大多數園所之情境佈置,著重結合單元或主題教學之教室或園所情境佈置,更能結合社區資源,著重鄉土氣息之實境佈置。

(2) 情境佈置與教學活動充滿優質的鄉土語言氛圍。

(3) 教學情境的佈置極為用心,多數教學均能與教學活動相配合,若能將情境佈置生活化,將更有助於幼兒鄉土語言的學習。

3. 結合社區與家長

(1) 各園所善加運用家長與社區資源,邀請義工媽媽及社區人士進駐校園協助推動母語教學。

(2) 能利用教會、家長、社區人士……等社會資源及社區空間作情境佈置，擴展學習空間，豐富教學內容，活化教學的趣味。

(3) 鄉土語言教學與社區民俗、慶典活動相結合，使鄉土語言更與本土環境相結合。

(4) 透過戶外教學認識社區鄉土文物，豐富幼兒對鄉土文化的生活印象。

(5) 能善用親師聯絡簿溝通及宣導母語教學，讓幼兒母語使用融入日常生活中。

(6) 舉辦鄉親舞臺系列活動兼重多元鄉土文化，邀請家長及社區民眾參與鄉土表演，擴大鄉土語言教學效果。

4. 其他

　　部分園所偏重美語教學，對臺灣母語教學之用心較為不足，宜再加強輔導。

二、綜合建議

　　綜合建議乃針對各組評鑑委員與受訪視學校所提問題及建議，做彙整條列。

（一）94 年高雄市公立幼稚園鄉土語言教學訪視評鑑部分

1. 唱兒歌、唸童謠、講古，都很適合幼稚園的小朋友琅琅上口，建議可投入更多人力跟經費，開發這個有價值的區塊。

2. 老師自我充實參加研習的意願頗高，建請教育當局為他們多辦理鄉土語言教學之相關研習，並能增加研習名額，讓每位教師都有機會參加。

3. 部分教師抱怨教材來源缺乏，建請高雄市教育局也能研發出版一套適於幼稚園教學之鄉土語言教材，特別是生動活潑的有聲書。

4. 評鑑委員建議對於能自編教材、用心撰寫鄉土語言歌謠，很認真有熱忱積極推動鄉土語言教學的教師，應予以獎勵表揚。

5. 建議將一些熱心的退休教師集合起來，成為推廣鄉土語言教育的種子，由他們來帶動，更可落實推動鄉土語言教學。

6. 建請訪視評鑑日期能事先公佈，期使訪視者與受訪者受到尊重，也避免校外教學的顧慮。

7. 幼稚園鄉土語言教學推動應設計統整化課程，以生活化、趣味化為原則，勿受國小鄉土語言教學影響，應有屬於園所自己的鄉土語言教學方式。

8. 幼稚園鄉土語言教學應融入活動或主題教學中，落實母語教學及生活用語。

9. 各園所在鄉土語言學習環境之佈置良莠不齊，尚待加強。

10. 部分學校國小部與附設幼稚園之鄉土語言日不同，評鑑委員建議能修正為同一天，效果更佳。

11. 建請研發適用幼稚園之鄉土語言教材與審定標準，以利幼稚園教師教材選擇有所依循。

12. 建請教育局辦理幼稚園母語教學觀摩或設立聯合活動機制，讓各校有機會互相觀摩學習、交換意見，增長教師教學內涵及技巧。

（二）95年高雄市私立幼稚園鄉土語言教學訪視評鑑部分

1. 全園使用母語之氛圍未臻濃郁，教師之臺灣母語素養有待提昇。

2. 教師若能提升對本市與社區文史素養，則鄉土語言教學內涵必能更臻豐富。

3. 鄉土語言教學應與整體教學活動相結合，隨機應用，不必侷限於鄉土語言日實施。

4. 各園在推動鄉土語言教學時能再生活化一點，配合日常生活、節慶，設計教學主題，編輯或蒐集教材，直接從生活用語來學習鄉土語言。

5. 各園可運用評量及家長回饋方式以瞭解實際教學成效，並藉此帶動家長一起學習及推展。

6. 部分園所教學行政規畫未能將鄉土語言教學納入，建請適度調整，以求落實於教學之中。

7. 鄉土語言教學應與整體教學活動相結合，隨機應用，不必侷限於鄉土語言日實施。

8. 部分園所標榜雙語言學習，以美語和國語為主，再加上鄉土語言，又自認是推動多元文化教育，似乎過於穿鑿附會。建議不必落入過於文字與拼音，自然之師生互動，是學習鄉土語言的較佳情境，

9. 各園所普遍缺乏規劃整體推展計畫的能力，也缺乏鄉土語言系統教學能力，建議教育局多辦理教師研習活動及教學觀摩活動。

10. 部分園所建請教育行政單位辦理客語師資培訓研習，以利客語教學之推動。

11. 多數園所反映建請教育單位儘速訂定統一之鄉土語言拼音標準及母語正音版本，提供推動鄉土語言教學援用之依據。

12. 對少數未落實鄉土語言教學的幼稚園，評鑑委員建請教育局發函通知擇期派員追蹤輔導後再作訪視評鑑。

三、綜合建議評析

根據各組之「綜合建議」內容，整理之後當可發現有幾個特點，茲提出探討：

（一）訂定統一之鄉土語言拼音標準以及其教育上的顧慮

這是各組委員共同提到的項目，也確實是訪視之園所共同反映的心聲。其實這種心聲在國小尤其是國中以上學校，反映更是強烈，倒是在不鼓勵教寫字甚至認字的幼稚園階段反映也同樣強烈，確實也令人驚奇。對此，雖然教育部已經有所回應而在本次訪視活動之後定案，不再構成問題，然而我們仍希望檢討為什麼幼稚園也有這麼強烈的心聲？純從小孩子的需要而言，幼稚園階段的小孩不必教寫字認字，拼音系統是否統一應該無關緊要，學校當局認真反映，顯示的並非純粹為了幼生的需要，而是負責教育的成年人的需要，才會提出商榷的意見，擔心這樣會不會因為過於文字化，也就是過於強調拼音的結果反而可能失去語言本身對兒童的魅力，讓鄉土語言的教學過分僵化而失去該有的親切感與趣味性，這確實值得討論。

（二）教師鄉土語言教學能力的提升

各組以不同方式提及教師鄉土語言教學能力問題，有的直接指出問題或提出希望教育局辦理研習或教學觀摩的辦法，有些則希望大學院校幼教系所開設母語課程，這顯然也是各組訪視所得的重點，提出的也都是可行辦法，相信還有更多可行之道值得繼續創發。

（三）整體行政規畫

在整體行政規畫方面，有些評鑑委員是希望將母語列入優先順位，有的認為部分園所缺乏整體推展計畫的能力。關於這種觀感，一般發現國小校長或公立幼稚園園長的行政規畫能力較佳，以致相形之下會感覺私立幼稚園的行政規畫能力與思考的習慣有一定的落差。從旁觀者的角度，我們認為這種落差也不一定就是壞事，因為也可以解釋為讓幼稚園階段的老師及幼兒有更多自然的、自由的發揮空間。不

過有些情況卻又顯得過分「樸拙」，也就是部分園所的領導人之教育專業能力不令人放心，如所選用的教材對於某一物品使用的是北部發音，而我們住在南部（譬如紅毛港社區）卻自有特定發音，學校對此如何抉擇經常感覺困惑，所選俚語或歌謠等明顯與兒童經驗差距過大等等，顯現解決問題的能力有問題，甚至令人懷疑態度並不積極，如此就很難期待他們能考慮到幼稚園小、中、大班乃至及與國小課程之間的銜接等等更複雜的問題了。

（四）多元文化教育的正見與迷思

有些評鑑委員提及部分園所重視美語教學，卻標榜推動的是多元文化教學。比照另一組的說法，他們指出為了因應外籍新移民的社會現象，可以採用「兼容並蓄多國語言之國際化」態度。美語教學卻號稱多元文化教學，而關懷外籍新移民反而宣稱「國際化」，與一般概念不一致，尤其在教育理念上觀感相互倒置，有必要澄清。這種現象可能必須從人權的平等與教育工作應扶助弱小的天職兩方面去評斷。就多元文化教育的原始目的而言，它原本是希望我們的孩子能放眼世界，不要當井底之蛙，能從認識各種文化中體會各個文化的內在價值，擺脫自我中心而願意平等地看待他人，它的大前提是基於人權是天生平等的觀念。其次，教育的本質就帶有扶助弱勢的天賦倫理，譬如兒童天生的軟弱就是值得教育工作者額外賦與愛心，這種愛心當然同樣應該推廣到對弱勢的族群的關懷上。能平等待人，能關懷弱勢，才能體會臺灣現在許多東南亞裔外籍配偶與其子女的處境，她們的孩子與本土兒童在學校裡的互動有可能有某種層面的弱勢，單單這一點就值得教育工作者額外付出較多的關懷，譬如在學習鄉土語言，這些有外籍配偶子女可能對鄉土語言有較大隔閡，我們就是希望這些幼生也能受到老師額外的關注，不希望他們無意中心理受到傷害。如果老師能適當安排，讓小孩子有機會表現，譬如透過媽媽的教導秀兩句東南亞國家的問候語，相信多少能提升他們的自尊心，也才是從鄉

土語言教學推廣到多元文化教育的正確心態。至於美語教學，一般被認為是迎合俗世價值而被推崇的，就像商業機制的賣點一般，經濟與文化弱勢者有可能受到同樣的關懷嗎？多元文化教育不會事先篩選受教育者的強弱，如果要區別誰是正見，誰是迷思，這應該是一個最簡單的標準。

（五）鄉土語言教學的技術性建議

技術性的建議頗為多樣，有的評鑑委員認為應規畫多元有趣味性的活動，並透過生動活潑的引導方式實施，若能鼓勵家長及社區人力資源參與教學活動，更能豐富教學內涵。有的建議運用評量及家長回饋方式，具體做法包括設計回饋單，除了讓家長了解學校當天進度之外，家長也可透過讓幼生吟唱等實際表現來評量學習成果，對於鄉土語言教學，如果家長也不擅長，陪孩子一起學習也是讓鄉土語言教學更落實的具體辦法，回饋單就有這種功效。有些強調師生共同發展課程，在師生自然的互動中學習鄉土語言才是較佳的情境。建議生活化的鄉土語言教學，配合日常生活或節慶等設計教學主題，編輯或蒐集教材，方法可以更多樣。還有希望教師提升社區文史素養，以及鄉土語言的隨機應用，不必侷限於鄉土語言日，觀念都極正確。

陸、輔導與追蹤訪視評鑑

依據高雄市 95 年度幼稚園鄉土語言教學訪視評鑑第 2 次會議決議，訪視評鑑增加追蹤訪視部分，對於部分園所未依本市幼稚園鄉土語言教學推動計畫實施，經各組委員決定，可以列入追蹤輔導後再接受訪視評鑑，亦即 95 年 10 月至 11 月期間，先由本市幼教資源中心

輔導團輔導員到園輔導 2~3 次。95 年 11 月至 12 月期間再派訪視評鑑委員到園進行追蹤訪視評鑑。

　　95 年度訪視評鑑共有 5 個私立園所未能依照規定實施，經指派輔導人員進行輔導之後，依照原訂評鑑表重新進行評鑑，評鑑結果 5 個園所之得分比較第一次評鑑結果，多數有明顯進步，少數則還有再努力空間。從追蹤評鑑結果，大約可以更具體印證如下幾種現象：

一、經營壓力大，鄉土語言被犧牲

　　由於少子化因素影響，幼稚園競爭比其他階段的學校更加激烈，競爭籌碼似乎都以宣揚雙語教學為號召，結果就是拿鄉土語言教學當犧牲品，所以第一次訪視評鑑時態度容易不積極，第二次則能有所改善，表現自然進步。

二、第一年實施，對於政策較陌生

　　由於 95 年度第一次於私立幼稚園實施鄉土語言教學訪視評鑑，園方因為人手與經驗不足，第一次評鑑時難免輕忽，經過輔導後態度改善，進步自然明顯。

三、意識型態並非實施鄉土語言教學考量重點

　　基於民主態度的互相尊重，延伸為多元文化教育的前提，鄉土語言的政治性意識型態其實只是政客的誇大，現實界的第一線教育工作者在這方面的考量其實相當不明顯，連家長與社區人士也很少有阻抗

聲音，反而是可以看到相當多主動參與協助的現象。因此就被列為追蹤輔導的園所而言，很難看出這方面的影響。

四、私立幼稚園行政負責人的教育理論基礎尚待提升

相對於國小校長或公立幼稚園園長素質的整齊，私立幼稚園園長的教育理論基礎似乎較為不足，良莠不齊的程度較高，這也影響到鄉土語言教學推行的成果。

柒、結語——問題與展望

綜合各組訪視評鑑報告發現各園所普遍重視鄉土語言教學活動，也能積極規畫活潑多元的鄉土語言教學，更能結合社區（家長）資源，豐富孩子的學習內涵，建立自己園所教學特色。經過這兩年針對全市公私立幼稚園作全面性的訪視評鑑後，我們深深發現鄉土語言早已悄悄在學前教育萌芽，其成效甚至超越其他階段的學校教育。活潑的教學，多元的方式，雖然沒有文字的應用，但看到許多幼兒已能使用母語對答如流，相信鄉土語言教學成果絕非一蹴可幾的，許多園所早已推動多時了。難能可貴的是在訪視過程裡，遇見許多幼教老師儘管其使用的語言不是我們所稱的鄉土語言，但她們在做中學的努力身影及熱切的教學態度，讓我們深受感動。

透過第一階段公私立幼稚園的全面性訪視工作，除了深入了解幼稚園實施鄉土語言教學現況與困境，我們也獲得很多寶貴的意見，可作為日後更完善盡美的推動參考。未來在幼稚園鄉土語言教學上仍有許多努力的空間，希冀透過訪視評鑑的機制，協助各園所更有效的推

展，達成鄉土語言教學落實紮根於幼教的目標。因為對未來有所寄望與期待，茲提出幾個值得深思的問題作探討：

一、教學內容面臨系統化、階梯化的更大需求

　　從幼稚園階段的鄉土語言教學讓我們發現新的問題，那是只觀察國中小鄉土語言教學所沒辦法發現的。譬如從幼稚園的鄉土語言教學中發現比較缺乏可適用的教材，教學內容和國小有嚴重重疊，以致許多內容對於幼稚園小孩顯得艱深或太早安排。反之，如果比較國小的鄉土語言教學內容，卻又發現與幼稚園階段重複，所以接下來的問題就是國小乃至國中教學內容如何接續並能延續發揮，否則就會產生負面影響，包括重複的教學內容使國小以上的學生感覺厭膩，這是推展幼稚園鄉土語言教學之前所未能想像的，因此，積極研發適合幼教階段的鄉土語言教材與教法是極為迫切的工作。

二、「語」與「文」的差異對教學方式產生區別的要求

　　對於鄉土語言的教學，外行人可能以為讓小孩子快快樂樂學兒歌唱歌謠之類的就夠了，卻不知道教學現場面臨課程內容包括左右聯繫上下銜接的難題，如果只有「語」沒有「文」，教學規畫是一套，有「語」還須有「文」，教學規畫又會是另外一套。教育部最近公佈的拼音系統，原則上似乎只是作為「語」的拼音而已，可是是否有成為鄉土語言（不管是閩南語、客語或原住民語）的「文」之可能，顯然並未能觸及。如果在「文」的層次沒有共識，學校老師可能就依照自己職業性的習性，有些就將上課內容以「文」的規格加以形式化，像教學習知的中文一般，結果連不應該學習拼音符號與文字的幼稚園階段，幼生們也嚴肅地排排坐上課，沒有快樂學習的氣氛。如果只是

「語」，由於課程規畫難免有形式化與階層化的需求，規格上就不是只唸歌謠、唱鄉土歌曲乃至講故事之類的活動能支應的了。制度化之後需要依照學習能力與進度安排課程的轉接與銜接，鄉土語言教學卻因為進入校園的時日較晚，也涉及語言（文）學習的邏輯性不夠完整，教師們如果依照教學國語或英語的成熟課程的方法安排，自然會感覺鄉土語言教學遠不如國語或英語的語言教學項目來的方便，覺得處處窒礙難行，難得有各組「綜合建議」中所提的「教學行政規畫」以及指導幼童學習鄉土語言的「規範」問題，這些是不能完全依賴上級的指示才做，更需要第一線教育工作者的創意與開創。

三、教育現場需要更多解決問題能力與創意

　　有鑒於鄉土語言教學的系統規畫為時尚早，所以我們期待第一線工作者負起更多責任。對此，有些學校或園所在製作情境佈置的教材時常面臨一個問題，在圖畫上要註明文字時，譬如「眼睛」，依照閩南語，常見的是註明「目睭」，這是新創的臺灣字。不要說其他所謂「有音無字」的詞，即使刻意創造出來的字，有沒有必要成為學習內容的一部分呢？雖然幼稚園階段不必強求認字，但考慮到潛移默化的效果，園方經過討論，最後的決定是認為兒童未來所可能學習認識的字還是「眼睛」而不是「目睭」，因此園方就決定只呈現「眼睛」而不用「目睭」，這種決定的是非對錯可能見仁見智，但是看到園方肯用心探討的態度，是很值得肯定與嘉勉的。

　　鄉土語言教學問題不僅是單方面的，鄉土語言專家與教育工作者所關懷的重點也不盡相同，所以鄉土語言的教學不一定要完全依照鄉土語言專家的研究結果，也必須同時兼顧教育第一現場的事實需要，這是教育工作者自己能用心也必須用心的，若能抓住教育精神與原理，透過合作學習與諮詢服務的機制來解決相關問題，相信必能讓這個原本陌生的教育領域有所成長，並能自然融入於我們的生活中。

幼兒母語教材教法之討論

張惠貞

（國立臺南大學國語文學系副教授）

一、緒言

　　臺灣本土文化數年來受到高度的重視，本土母語也隨漲船高，在九年一貫課程中，已逐漸受到重視，不僅有坊編教材，有的縣市還自編教材或編補充教材，或舉辦臺語的說故事、朗讀、演說、戲劇比賽，這都顯示地方政府對母語教育的重視。在學校也逐漸聽到更多的人使用母語來交談，甚至在語文競賽中，母語的演說與朗讀比賽也是各縣市爭取成績的項目之一。

　　臺灣語文涵蓋面是很廣很豐富的，舉凡來自民間口語記錄，或是文人的創作，在內容上有：散文性的故事類、傳說類、韻文歌謠類、諺語類、古典詩或新詩類、或是謎語笑話類等，內容多樣，做為教材，它們的語言文字淺白、形式活潑、通俗易懂、感情質樸，所以從民間文學的範疇來看，具有豐富的生命力，展現臺灣語文的迷人特質，以及臺灣人的生命內涵精神。

　　臺語的母語教學在小學已是納入必修[1]，從各縣市教育局研習的辦理，在師資人員、教材及教法上都顯著的成長。但在幼稚園幼兒臺語教學上，凡是教材或教學上尚需有更專門的推動與設計，以下遂從教材上來做探討分析，談教材如何在幼稚園幼兒這個階段做教學運用。故探討的材料可從臺灣傳統的囡仔歌、謎猜、民間故事等素材做教學上的分析論述。

　　另外臺灣語言在廣義上而言包含了華語、臺灣閩南語、臺灣客家語以及南島語系中的原住民語，本篇論文所探討的母語是以臺灣閩南語為主，另外本文也多處參考了教育部所頒布的課程綱要，可以提供從事臺語教學者做為教學思考的方針指引。

二、教學原則

　　臺語教學是門新的課程，對於師長、學子在教學與學習上都是新的挑戰，臺語教學為配合九年一貫的階段性安排，其原則可參考教育部在 92 年所頒布的《閩南語課程綱要》[2]。從小一至國三的九個年級在分段能力指標上，強調聆聽、說話、閱讀、書寫及創作等基本能力訓練，所以對教材的編選和教材的教法運用，就必須配合這幾項訓練，才能循序漸進，達到一定的要求。比如：

　　第一點：臺語教學以增進對臺語文的聽、說、讀、寫、作等能力
　　　　　　的培養，並配合教育部所頒定的三階段。一至三年級為
　　　　　　第一階段，其學習目標是以「聽與說」為主的學習，並
　　　　　　以生活口語為主，以幼兒而言主要是以生活中的聽說能
　　　　　　力為主，不強調音標的學習與文字的書寫訓練。

---

[1]　本篇論文探討的母語教學主要是以臺灣閩南語為主，故行文上皆簡稱為臺語。
[2]　92 年教育部頒布了閩南語課程綱要定本，其內容包含了數項可提供臺語教學者很好的指引。

第二點：臺語教學為提高孩童的學習興趣，課程內容主要以生活
　　　　化、實用性、趣味化、活潑為主要的教學內容，其次再
　　　　至文學性與知識性層面的延伸。而幼兒的學習還是落實
　　　　在生活化、實用性、趣味化、活潑為主要的教學內容。
第三點：增加活動設計的課程，啟發幼兒的學習興趣，並誘導幼
　　　　兒參與課程活動，從音樂、遊戲中學習。因臺語帶有音
　　　　樂節奏之美，可以跟音樂結合做說唱表演及戲劇角色扮
　　　　演等各項活動，以提高教學的豐富性，比如用臺語文唸
　　　　謠、唸故事、或朗讀短詩等活動。

三、教材編選內容

　　根據九年一貫母語教學，第一階段以「聽」、「說」能力為主要的
教學目標，其對象適用在幼兒與低年級的學童，因此在選擇教材時，
要落實在生活經驗為主的教學設計。在內容上要注重以啟發性、趣味
性、音樂性等來教導幼兒，教導幼兒在說唱、遊戲、看圖中學臺語。
　　另外選擇教材也要配合幼兒的語言發展，強調口語的表達能力，
所以在教材方面兒歌唸謠是最好的選擇，以下針對囝仔歌來做教材教
法上的分析。

四、囝仔歌的教材運用

　　閩南語教學在國小教學上可分為兩個教學階段，第一個階段以落
實在生活中的應用能力，以聽、說為主的施策目標。第二階段除了加
強聽說能力的訓練外，還要以朗讀、書寫做為此階段的學習重點。第
三階段的施策以國中為主，除了聽、說、讀、寫的加強外，更要培養
創作閩南語文的能力。囝仔歌教材之運用教學當然不在二、三階段，

而是要以第一階段聽、說的訓練為主。所以在教學上，不以音標教學為重點，而是強調落實在家庭生活上的實際應用。在教材上，無妨以兒歌童謠做為主要教材，強調肢體上的韻律節奏，加上臺灣的囡仔歌，依內容性質可分類出：遊戲歌、趣味歌、幻想歌、搖籃歌、敘述歌、親子歌等數類。充滿著音樂性與節奏，有童年的樂趣與幻想，可以朗朗上口，所以最適合第一階段的學習。

（一）遊戲歌內容教學法解析

遊戲歌是小孩在邊唸邊玩中唸出的歌謠，不但有歌唱節奏的性質，更有豐富的遊戲性，兒童可以藉著一邊活動身體一邊歌唱或唸謠，是囡仔歌中是最具趣味性的一種。遊戲歌依性質分類又可以分成點數類、擲沙包、拍掌歌、抓迷藏及親子遊戲等歌謠數種。

1. 點數類的遊戲歌

這類的的遊戲歌謠，是孩童用來挑選「鬼」或是在遊戲中擔任重要角色時，所唸唱的歌謠，這類遊戲適合三人以上來玩，遊戲方式相當簡單，大多是唸一字點一人，唸到最後一字所點到的同伴即是孩童所要的角色，以下舉出數首作為參考與說明。

點水缸

點仔點水缸，啥物人放屁爛尻川，

點仔點茶甌，啥物人下暗欲來阮兜，

點仔點茶鼓，啥物人下暗欲娶某，

點仔點叮噹，啥物人下暗欲嫁翁，

點仔點鉛筆，啥物人欲作白賊七，

點仔點滾水，啥物人欲去做鬼。

點嘮點紛紛

點嘮點紛紛，啥人好漢去做軍？點嘮點喝喝，啥人好膽去賊？

點叮噹

點啊點叮噹，油炒蔥。肉堅凍，阿婆舉鐵鏈仔，摃破水缸甕。
點軍點紛紛，啥人食飽去做軍，點賊點乏乏，啥人食飽去做賊。

點官兵

點啊點官兵，點你英雄好漢去做兵。點點豆，豆王三咳嗽，張
飛騎馬，一刀刣倒迄个小也人。

遊戲解析：

以上四首是較為耳熟能詳的點數歌，遊戲法是唸一個字點一人，依順
序唸，唸到最後一字被點到的人，即是遊戲中所要扮「鬼」的對象，
或是遊戲中所需的重要角色。下面這首「烏秋嘎嘎啾」玩法與上面數
數稍有不同，但其目的是一樣，如：

烏秋嘎嘎啾

烏秋烏秋嘎嘎啾，死雞仔肉沾豆油。豆油豆油捧離走，烏秋烏
秋嘛嘛嗲。一支刀，一支劍，看你欲走阿不走，不走抓著走。

或是：

林投戴斗，目蜅家蚤，家蚤無宓，尻頭唧啾。

遊戲解析：

這兩首唸謠的遊戲法較之前介紹的點數歌不同，點數歌大抵一般分成
兩類，一種只單靠點數來挑選角色，另一種則是這首「烏秋嘎嘎啾」
的遊戲法。起先先推派出一人伸出一手，掌心朝下，其他玩伴則邊唱

邊伸出食指頂著推派者的掌心，等唱完最後一字時，推派者立即五指向下抓，被抓住的即是做鬼的角色。

（圖一）被抓到手指的就是鬼
被抓到手指的就是鬼

2. 抓迷藏的遊戲歌

　　點數歌遊戲法，是透過點數歌選出鬼後，接著進行捉迷藏的遊戲，這類遊戲也是昔日孩童們最喜歡的遊戲之一。常唸的歌謠有以下數首。

掩咯雞

　　掩咯雞，走白卵，隨你食，隨你鑽，放咯雞仔，去尋卵，尋若著，放你去，尋無著，拍一个尻川。
　　掩咯雞，走白卵，隨你食，隨你藏，放咯雞，去尋卵，尋若著，放你去，尋無著，鑿竹刺。

欲食清

　　你欲食清，抑欲食濁，欲食清，送你去媽祖宮，欲食濁，送你去逸陶。

遊戲解析：

這首是屬於捉迷藏遊戲前唸的歌，首先，在地上畫個大圓圈當成捉迷藏的遊戲範圍，接著孩童們的捉迷藏遊戲就在這個大圓圈裡面進行，然後選出做鬼的人，再用手帕矇住鬼的眼睛，一人自背後抓住他的肩

牓唸此歌謠，唸完再將鬼往前輕推，其他的人便迅速躲起來，之後鬼才開始抓人。

這類點數的遊戲另外也演變成用木屐或拖鞋排成一排，再用手指邊唸邊點，如唸「煎仔煎甜粿，煎甲臭火焦兼燃火。」被指到那木屐的主人即是當鬼的角色。

3. 擲沙包的遊戲歌

這類型的遊戲歌，顧名思義就是邊唸歌謠邊擲沙包，或用小石子代替沙包，孩童每每拿起石子邊擲邊唸，或邀幾位朋友一齊比賽。

放雞鴨

> 一放雞，二放鴨，三分開，四相疊，五搭胸，六拍手，七紡紗，
> 八摸鼻，九扭耳，十拔起。
> 一放雞，二放鴨，三分開，四相疊，五搭胸，六拍手，七圍牆，
> 八摸鼻，九扭耳，十拔起。
> 一放雞，二放鴨，三分開，四相疊，五搭胸，六拍手，七仔七
> 球球，八摸鼻，九咬耳，十拔起。
> 一放雞，二放鴨，三分開，四相疊，五搭胸，六拍手，七圍纏，
> 八摸鼻，九抱耳，十食起。

「一放雞」　　「二放鴨」　　「三分開」　　「四相疊」
（圖二）　　　（圖三）　　　（圖四）　　　（圖五）

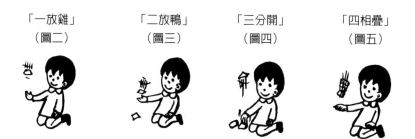

（以上兩圖參考劉英淑編著《兒童的歌唱遊戲》，臺灣國民學校教師研習會出版）

遊戲解析：遊戲法是拿著三個沙包或小石子邊唸謠邊做活動：

「一放雞」是先將沙包，向上拋後，不接它，讓它落在地面。

「二放鴨」重複「一放雞」的動作

「三分開」將地上的兩個沙包分開

「四相疊」拿起地上的沙包和向上拋的第三個沙包疊起來

「五搭胸」放下第一和第二個沙包，向上拋出第三個沙包，在接
　　　　到沙包前拍自己的胸膛。

「六拍手」將第三個沙包向上拋後做拍手動作

「七紡紗」沙包向上拋後，雙手再做紡紗狀

「八摸鼻」沙包向上拋後，在接住前要先摸自己的鼻子

「九扭耳」也是沙包向上拋後，雙手做摸耳朵的動作

「十拾起」沙包向上拋，再將地上的兩個沙包檢起，再接住落下
　　　　的沙包，這樣就完成遊戲。等做完全部的動作，再換
　　　　其他人玩，必須注意的是，三到十的動作都必須在接
　　　　到沙包前完成。

4. 拍掌遊戲歌

　　遊戲歌中最常見的除擲沙包的遊戲外，還有拍掌的遊戲歌，透過
輕盈活潑的節奏，邊唸邊拍。如「炒米芳」

　　一的炒米芳，二的炒韭菜，三的沖沖滾，四的炒米粉，五的五
　　將軍，六的攪團孫，七的七蝦米，八的縖肚縖，九的倒在蠔，
　　十的倚起看。拍你千，拍你萬，拍你一千過五萬，老鼠仔欲啁
　　就緊啁，不啁給你打到啁。

　　一的爆米芳，二的炒韭菜，三的沖沖滾，四的炒米粉，五的五
　　將軍，六的做團孫，七的分一半，八的爬羅山，九的九嬌婆，
　　十的撞大鑼。拍你千，拍你萬，拍你一千過五萬，看你卜講抑
　　不講，不講拍甲予你講。

遊戲解析：

這首拍掌遊戲歌遊戲法相當簡易，只要兩人面對面坐下，邊唸邊拍，可以一次一掌交換或一次雙掌，其實，拍掌遊戲歌變化多端，要如何搭配動作可依遊戲者的程度來調整，用複雜的動作，或是用簡單的動作，速度當然也可以越唸越快，越拍越快，是相當有自由度的遊戲歌，以下便是說解：

1. 先自行雙手互拍
2. 接著和夥伴單手交叉對拍
3. 再換手交叉對拍
4. 最後雙手與對方互拍，再回到第一個動作

拍鐵哥

拍鐵哥，應銅鑼，丈姆唇，好逸陶，逸陶厭，提錢買甘蔗，甘蔗園仔芳芳芳，囝婿騎馬探丈人，丈人無伫唇，姨仔呼狗咬姊夫，姊夫叫毋通，無張遲，後壁予狗咬一孔，又閣咬甲烏朗朗。

拍手刀

拍手刀，應銅鑼，丈姆唇，好逸陶，一哥交、二哥留，請您三姊仔來梳頭，梳也光，篦也光，早早落柑園，柑園柑仔紅燫燫，頂街下街人打鐵，打鐵暝，做人媳婦也艱難，也欲煮飯食，也欲擔水洗灶頭，也欲掘土去糊壁，煩惱天未光，煩惱鴨無卵，煩惱小姑欲嫁無嫁妝，煩惱小叔欲娶無眠床。

遊戲解析：

在唸謠中，「拍鐵哥」與「拍手刀」都同屬於拍掌遊戲歌，它們的相關作品非常多，但多僅是內容文字有些許的變化而已，其遊戲法與「炒米芳」相同。

5. 親子遊戲歌

在現有的遊戲歌中，也有親子一同遊戲的歌謠，是母親帶孩子作肢體活動的遊戲歌，如教小孩推石磨的動作，這些歌謠大多是親子間的遊戲，所以歸類為親子遊戲歌。

尻蝦仔

尻蝦仔，尻蝦仔！尻家蚤，尻三升五斗米。

遊戲解析：

此遊戲是大人坐在椅子上，雙腳伸直，兒童拉著大人的手，踏或坐在大人的腳板上，大人一邊上下晃動一邊唸唱。

挨呀挨

挨呀挨噓噓，刣雞請阿舅；阿舅食無了，申一支雞腳爪，予嬰仔食無夠，滯在後尾門仔嗎嗎嗥。

挨呀挨噓噓，篩米篩粟是閹雞；飼雞好叫更，飼狗好吠暝；飼後生，養老父，飼查某囝別人个。

遊戲解析：

這首童謠的遊戲法有三種之多，第一種，大人和小孩面對面坐著，兩人雙手十指交叉，身體和手掌隨著韻律搖動，就好像兩人中間有個石磨般，推來推去，做著推磨的動作。第二種和「尻蝦仔」有點類似，也是由大人坐著，雙腳並攏，小孩拉著大人的手，坐在大人的腳板上，在唸唱時，大人的腳開始上下晃動。第三種玩法則是適用於孩子還太小，大人則可將小孩面對面抱在腿上，邊唸唱邊前後搖動，好像兩人在推著石磨一樣，這就是挨噓噓的遊戲法。另外如：

挨石磨

　唏噓挨，篩米篩粟來飼雞，飼雞欲叫更，飼狗欲守暝，飼後生欲有孝老父，飼媳婦欲有效大家，飼查某囡別人的，飼大豬掠來刣，飼外孫攏不來。

刣雞請阿舅

　曳曳噓附，刣雞請阿舅，大隻掠來刣，細隻放伊走。
　曳曳噓附，刣雞請阿舅，阿舅若無來，雞仔不免刣。
　這兩首遊戲法同上首的「挨呀挨」玩法一樣。[3]

（二）趣味歌的內容教學法解析

　臺灣地區流傳不少特有鄉土色彩的兒童趣味歌，這些趣味歌的內容大部份以人物為對象，或是社會寫實和描寫社會現象，其內容題材相當廣泛，有順口溜等表現方式，或是誇張的手法陳現，讓人體會到當中的趣味性，在這趣味性當中，充分表現孩童天真嬉鬧的稚子之情，以戲謔、嘻笑或誇張的字句來調侃自己或別人，因為兒童是天真、活潑、無邪的，其內容及形式說明分析如下：

新娘仔

　新娘新噹噹，褲底破一空；頭前開米店，後壁賣米芳；米芳無人買，跋落屎礐仔底。
　新娘嬌嬌，囝婿枵鬼，媒人婆仔不死鬼。

這首念謠本是讚美新娘的美麗，唸謠詼諧有趣，它不在於文字上是否寫實，或是在於一定要言之成理，而是在於可以朗朗上口，動聽就行了。

---

[3] 本類遊戲歌玩法可參考劉英淑編著的《兒童的歌唱遊戲》，臺灣國民學校出版，有遊戲動作繪圖解析。

大頭仔

> 大頭仔一粒珠，相拍唔認輸；舉竹篙，撞金龜；金龜一下飛，
> 大頭仔放風吹；風吹一下沖，大頭仔跋到漏屎症；風吹斷了線，
> 大頭仔家伙去一半。
>
> DoReMi，大頭仔扡田嬰；田嬰天頂高，大頭仔賣肉丸，肉丸
> 苦苦唔好食，大頭仔賣木屐；木屐唔好穿，大頭仔真僥倖。

　　這類的念謠是早期兒童在遊戲時，調侃一些頭大的小孩，隨口念的順口溜，內容不重於文字上寫實的描述，而在一句接著一句類疊的效果，有種令人回味無窮、不易忘記的感覺，以下幾首也有這樣的效果。以下唸謠的逗趣，也能表現念謠的通俗化、生活化。

> 大頭仔，大頭仔生後生；唱歌卜唱 Do Re Mi，Do Re Mi，Do Re
> Mi 大頭仔賣肉羹，肉羹結歸丸；大頭仔講伊卜賣肉丸，肉丸
> 歹食無人買；大頭仔買碗粿，碗粿冷枝枝；大頭仔氣著賣花枝，
> 花枝真臭腥，大頭仔換來賣米糕；米糕燒滾滾，大頭仔講伊卜
> 賣米粉；米粉爛爛真細碗，大頭仔唔知卜按怎。

　　臺灣有句俗語說『食是福，做是祿』，意思是說食是人的本能，工作是老天賜給我們的動力，而且早期農村在農忙時一日吃五頓，對他們來說能吃得飽是一件很滿足的事，比什麼都快樂，也是一種幸福。

> 臭頭仔一枝刺，大港三棚戲；唯新營到嘉義，愛食肉也愛食魚；
> 行到大棚口，食人一碗麵；碗共人咬一缺，無錢食，卜被人掠。

　　「臭頭仔」是指小孩子，頭部生瘡，在以往的臺灣農業社會裡，環境衛生不佳，小孩子常患皮膚病或生瘡，因此就發展出許多和臭頭仔相關的戲謔唸謠。

愛哭神

愛哭神，愛哭神，食飯配塗豆仁；塗豆仁，抓規把，媽祖宮牽電火。

愛哭神，食飯配塗豆仁，早睏晏精醒。

愛哭神，愛哭神，食飯配鹹仁。

愛哭神，愛哭神，剃頭剃一爿。欠錢唔愛還，予虎咬一爿。

油炸粿

油炸粿，燒俗脆，土豆仁抓歸把，媽祖宮牽電火，市場內賣于粿。

這是一首描述愛哭鬼的醜態，來諷刺其愛哭的孩子不要臉。另外一首「油炸粿」，此首和愛哭神有異曲同工之妙。

大箍呆

大箍呆，炒韭菜，燒燒一碗來，冷冷阮無愛。大箍呆，大箍呆，十肥九呆，無呆狀元才。

大箍呆，哎唷白目眉，無人請汝就自己來，來來大箍呆炒韭菜，燒燒一碗來，冷冷阮無愛。嘿！大箍呆，到今汝則知，到今汝才知。

這是描寫一個身材較胖的孩子，有點傻裡傻氣的樣子，別人請客，沒有邀請他，他也不請自來，當個不速之客。說明以前農業社會，物質較匱乏，小孩子很少是胖子，若身體太胖，就會被恥笑，因此便衍生出這樣的唸謠。

羞羞羞

羞！羞！羞！揹籃仔抾魚鰡，攏總抾偌濟？唉喔，攏總抾兩尾，一尾煮來食啊！一尾糊目珠。

這首是嘲笑人的童謠，對著被嘲者，以食指劃自己的臉頰，邊劃邊唸，其內容並無實質上的意義，只是順口說出，以達效果。

ABC 狗咬豬

　　ABC，狗咬豬；阿婆仔坐飛行機，摔一下冷吱吱，去互醫生醫，醫一下跤骨大小支。

這是小孩子頑皮時，和同伴互相遊戲時所唸的歌謠，為了音韻上的配合，因此便會有一些無意義的字句產生，增加其唸謠的效果。

一天過了又一天

　　一天過了又一天，身軀無洗全全銹；跳入溪溝洗三遍。毒死烏仔魚數萬千。

排骨仔隊

　　阮就是排骨仔隊，汝嘛是排骨仔隊；胸坎若樓梯，腹肚若水櫃；雙手金光鏈，兩隻跤草蜢仔腿；人人攏叫阮是排骨仔隊。

以往農村社會生活貧困，因此瘦巴巴的小孩子不少，加上衛生環境不佳，所以會唸這樣的童謠來自我調侃一番，而因此傳誦出來。

一二三四

　　一二三四，囡仔人裼衫無代誌，土地公伯仔來保庇。

這一首是大人常用於對小朋友的安撫，如小孩受到驚嚇就輕輕拍小朋友的胸膛，順便唸出一二三四的字句出來。有時也用在對小朋友洗澡時的唸詞，當把小孩放進澡盆時，大人往往一面唸，一面脫去小朋友身上的衣服，順便用熱水拍拍孩子的身體，這個舉動在於使孩子熟悉水的溫度，不會突然由冷到熱，而適應不良。

烏面祖師公

烏面祖師公，白目眉，無人請，家己來，一個面仔笑哈哈，笑甲喙仔裂獅獅。

這首念謠是取笑不請自來的客人。

阿婆跋一倒

阿婆阿婆無煩惱，行路跋一倒；跋一下倒，疼疼疼，阿婆講伊照鏡；照鏡照勿會著，阿公仔講卜甲伊糊藥；糊藥糊勿會好，阿婆仔氣一下又閣跋一倒。

這是描述老態龍鍾的阿婆和阿公之間的一些趣事和糗事。

趣味性童謠內容豐富，用於幼兒教學的教材需有適當的選擇，不雅的、或諷刺性的總要過濾不宜放在教材裡。所以趣味性的囡仔歌在教學上的應用，可能須多費一番心力，借助生動活潑的方式，來達到認識臺語的目地。

五、囡仔歌在教學中的運用

臺語童謠除了有遊戲類、趣味類還有一些幻想、敘述類的童謠，只要學會便能朗朗上口，因此在教學上的應用便相當容易取材，既是有趣也是認識臺語、學習臺語的好方法，在九年一貫的七大領域中，可靈活的加以運用，尤其用在幼兒階段`可以配合藝術與人文領域。

兒童唸謠本身具有濃厚的語言旋律，這種語言旋律就是音樂性的特質，加上囡仔歌有些是押韻的，唸起來不但通順，而且輕快活潑富於節奏，有些填上曲子後，更助益於教學，都是可拿來做教學的

材料。[4]尤其施福珍說到兒童唸謠有快樂童年的回憶、可以充實日常生活的常識、增強語言學習的能力、啟發想像力與創造力、增進親情的融和以及培養團結合作的精神等功能[5]，所以將臺語的囡仔歌用在幼稚園階段教學，不只學到臺語語言的能力，從中還可以得到其他的功能。

　　藝術與人文領域包含了戲劇、歌曲、藝術創作等內容，囡仔歌的歌詞有很多押了韻，所以唸起來好聽又有音樂的節奏感，有的全首都押了韻，比如：李仔哥從頭到尾都押ㄛ（o）韻。

> 李仔哥，鳳梨嫂 só
> 酸葡萄，絲吉果 kó
> 家己的，家己好 hó
> 別人的，生蝨母 bó

有的是中途換韻，比如：阿婆

> 阿婆來這坐 ts
> 吃飯配田螺 lê
> 田螺鹹督督 tok
> 阿婆生囝大頭額 khok

有的是一句一韻，比如：大頭拈田嬰

> 一粒星，二粒星，大頭拈田嬰 inn
> 田嬰飛懸懸，大頭仔賣肉丸 uân
> 肉丸真歹吃，大頭仔賣木屐 kih
> 木屐真歹穿，大頭仔真僥倖 hng

---

[4]　施福珍在《臺灣囡仔歌一百年》中敘述臺灣囡仔歌的特質，有音樂性與鄉土、教育、趣味、簡易等特性。臺中市：晨星出版社，2003 年，頁 92-99。

[5]　同注 4 頁 99-110。

　　囡仔歌也有很多不押韻的，因為是口語的關係，隨口唸來都是自然成趣 6。加上唸謠的句型有長短，從二字句、三字句、四字句、五字句、六字句到混合句等，從句型結構所發展出來的也就形成節奏特質，這也就是囡仔歌的音樂旋律特性。所以用在幼兒階段，可幫助背誦。而敘述性的歌謠，可以編纂成故事，一段事情或者是一段糗事，讀來令人不禁莞爾一笑，或以戲劇的方式來詮釋、扮演，也是不錯的教學方式。[6]

六、結語

　　臺語語言因聲調的關係本身就具有旋律與音樂性的特質，所以在說講或是唸唱中，音樂的節奏就特別明顯，所以囡仔歌除了在內容上有豐富性之外，還有音樂性的特質。九年一貫七大領域中和囡仔歌最有關係的莫過於「藝術與人文領域」，它融合了視覺、音樂、表演等三種藝術，將三種課程結合為一課程領域，在囡仔歌中絕大多數都有著音樂性與表演藝術性質，因此，將囡仔歌與藝術人文結合教學是最為恰當的，再透過其它的領域教學結合，就連音樂課程中的基礎節拍，也可以透過帶有音樂性質的臺語囡仔歌來達成音樂教學的目。

　　藝術與人文領域的課程多以生動活潑為取向，並結合生活知識，而囡仔歌大多是從孩童的生活狀況中創作出來，兼具人文與音樂藝術，甚至在許多遊戲歌中有著團體遊戲的步驟，可以建立學童團體互動的概念，自遊戲中培養學童群體的互動。就如同囡仔歌的字面意思，這些個歌謠大多是孩子之間玩耍時，唸唱的歌謠，大部分的歌詞都是淺顯易懂，較少有艱深難解的詞彙意義。此外，也不像其他有深層寓意的歌曲，需要去體會歌曲中的寓意，所以在教學上，幼兒確實是最適合的對象。遊戲類的囡仔歌大部分擁有「節拍」這個基本的音

6　同注 4 囡仔歌的押韻說法參考施福珍在《臺灣囡仔歌一百年》中敘述，頁 112。

樂學習基礎，相當適合用來引導幼童進入語言與音樂的殿堂。在教材上兒歌韻文份量可較多，以增強學習效果。另外在黑板繪製圖畫，播放錄音帶或錄影帶。或看圖寫作，可將語詞卡作提示，講解，解釋新詞時，運用具體的方式或用教具、動作、比喻等來指導學童。並介紹臺語和國語之差異狀況，以便孩童運用思考的能力。或善用實際生活情境教學，以學習者的經驗作基礎，設計一個教學情境，然後指導孩童講臺語，並配合場景需要做語調、肢體動作的配合，以達到生活化、實用的目的；或是運用遊戲的方式來指導，或請孩童上臺扮演。

　　囡仔歌是融於我們生活中的鄉土藝術，就算不是常講臺語的人，也都能唸唱個幾句，如耳熟能詳的「炒米香」，大部分的人至今依舊可以朗朗上口，所以現代人和母語之間的隔閡，似乎沒有想像中的那麼嚴重，臺語的聲調之美，絕對在我們想像之上，而以臺語寫成的囡仔歌，更是蘊含了臺灣早期的生活狀況，是我們鄉土教育重要的一環，期望母語從幼兒開始，能有好的展望。

參考資料

（一）專書部分

李獻璋著，《臺灣民間文學集》，臺北：龍文出版社，1989 年 2 月。

簡上仁著，《臺灣民謠》，臺灣省政府新聞處，1983 年 6 月。

方南強編著，《大家來說臺灣母語（閩南語篇）》，臺北市：時報文化出版，1993 年 12 月，初版十四刷。

詞曲－施福珍、撰文－康原、繪圖－王灝，《臺灣囡仔歌的故事》，臺北市：玉山社出版，1996 年 5 月，第一版六刷。

馮輝岳著，《臺灣童謠大家念》，武陵出版有限公司，1996 年 5 月一
　　版刷。

黃勁連編註，《臺灣囡仔歌一百首》，臺北縣：臺語文摘，1996 年。

邱冠福編註，《臺灣童謠》，臺南縣文化局，1997 年。

董峰政編著，《臺語文天地》，臺南市：立誠印刷，2000 年 7 月，一
　　版二刷。

施福珍著，《臺灣囡仔歌一百年》，臺中市：晨星出版社，2003 年
　　初版。

劉英淑編著，《兒童的歌唱遊戲》，臺灣國民學校教師研習會出版。

（二）期刊部分

林曼麗著，〈藝術與人文領域的課程整合初探〉，《翰林文教雜誌》第
　　8 期，2000 年 2 月。

魏金財、黃聲儀著，〈九年一貫本國語文課程規劃之構想〉，《翰林文
　　教雜誌》第 8 期，2000 年 2 月。

朱俐著，〈九年一貫藝術與人文領域課程編輯理念〉，《翰林文教雜誌》
　　第 23 期，2001 年 10 月。

黃坤謨著，〈讓個人秀成為團體舞──協同教學〉，《翰林文教雜誌》
　　第 7 期，2000 年 1 月。

附錄　本國語文（閩南語）

（一）基本理念

1. 培養探索及熱愛閩南語之興趣，並養成主動學習的習慣。
2. 培養學生聽、說、讀、寫、作等基本能力，並能在日常生活中靈活運用、表情達意。
3. 培養學生運用閩南語從事思考、討論、欣賞和解決問題的能力。
4. 培養學生應用閩南語學習各科的能力，擴充生活經驗、認識中華文化，並養成主動學習的習慣，以因應現代化社會之需求。

（二）課程目標

課程目標　　基本能力	閩南語文課程
1. 瞭解自我與發展潛能	透過閩南語的學習，建立自信，以為自我發展之基礎
2. 欣賞、表現與創新	培養閩南語創作之興趣，並提昇欣賞能力
3. 生涯規劃與終身學習	從了解本土文化與語言，擴展生涯規劃空間，奠定終身學習之基礎
4. 表達溝通與分享	應用閩南語表情達意和溝通意見
5. 尊重關懷與團隊合作	透過閩南語互動，關懷別人、尊重各種民族語言和文化
6. 文化學習與國際了解	透過閩南語學習認識本土文化，並認識不同族群之文化習俗
7. 規劃組織與執行	應用閩南語與別人協調聯絡，以執行工作
8. 運用科技與資訊	運用科技與資訊進行閩南語學習和交流，擴充語文學習方式
9. 主動探索與研究	使用閩南語探索並拓展文化視野
10. 獨立思考與解決問題	應用閩南語文獨立思考及解決問題

（三）分段能力指標

　　1.聆聽能力。2.說話能力。3.標音符號系統應用能力。4.閱讀能力。5.寫作能力。

　　〈說明〉

1. 能力指標編號說明：第一個數字代表語言能力，第二個數字代表階段，第三個數字代表流水號。
2. 下列指標內涵請教師依學生、班級及學校現況彈性調整、靈活運用。

（四）略

（五）實施要點

1. 教材編選原則
   (1) 閩南語教材之編選內容以生活化、實用性、趣味性、文學性為原則。
   (2) 閩南語教材所涵蓋的層面以學生日常生活及其未來發展為主要內容。
   (3) 閩南語教材編寫及活動設計應多樣，融入不同體裁。
   (4) 教材之編選還應配合學生的語言發展，由口語表達能力發展到書面表達能力及文學能力。
   (5) 閩南語教材之編選應呼應階段性之十項能力指標。
   (6) 閩南語教材之編選應由國小一年級到國中三年級進行通盤規劃。
   (7) 閩南語教材之編選應包含語音、詞彙、語法、語義、修辭、篇章分析等練習項目。
   (8) 閩南語教材之編選，第一階段以培養聽、說能力為主、認、讀能力為輔，並依學生能力增刪調整。第二階段加強聽、

說能力，並兼顧讀、寫能力之提升。第三階段則培養聽、說、讀、寫、作五項能力均衡發展。

(9) 閩南語教材和教學應該依照各地區學生的語言成度，因人制宜，運用本綱要來進行編選與設計。

(10) 參考本課程綱要來編選教材時，應靈活應用。標音符號系統原則於三年級教授，惟學校得視學生程度及教學進度提前實施。

2. 教學方法建議

(1) 閩南語之教學方法應由教師自主，配合時、地、事、物、人等因素，靈活教學。

(2) 閩南語之教學方法，應配合多元語文教育，加強語文教學原理，得參酌對比教學、直接教學等方式。

(3) 閩南語之教學實施，應該營造閩南語之學習環境，讓學生置身其中，以自然方式接觸學習。

(4) 閩南語之教學實施應配合教學目標，運用多媒體與最新資訊科技。

(5) 教學時應突破教師單向灌輸的模式，透過情境的活動、雙向互動的學習，讓學生從活動中自然習得。

(6) 閩南語之教學宜採用擴展式協同教學法，由教師與教師間之協同教學擴展到教師與家長、教師與其他社區資源人士等之協同教學。

(7) 聆聽教學宜採用有聲教學並宜以討論方式進行，口語教學宜採用溝通式教學法，閱讀教學宜從簡易有趣之故事及短文入手以提高閱讀興趣，並注意閩南語漢字特殊語詞涵意用法，書寫之教學以閩南語特殊用字的學習為主，寫作指導應運用閩南語特有詞彙、句型以表情達意。

3. 教學評量

(1) 宜就學生能力、教學內容及教材內容靈活編定。

(2) 宜就聽、說、讀、寫、作分類、分階段評量。

(3) 評量重點：

    a. 第一階段評量以聽說能力為主，兼及簡單的音標與文字之運用。

    b. 第二階段評量以正確分辨語音和語意為主、兼及短文之書寫。

    c. 第三階段評量其閩南語寫作基本技能。

全母語幼稚園與語言復振

張學謙

（國立臺東大學華語文學系副教授）

一、前言

　　臺灣雖然有不少標榜雙語教育的幼稚園，不過這些所謂的雙語學校，教的是英語和華語，本土語言在幼稚園教育中毫無地位。簡單的說，幼兒語言教育到目前為止還是以華語單語教育為主，缺乏對弱勢語言或瀕危語言的正向語言規劃（positive language planning）。[1]臺灣本土語言正面臨語言滅絕的危機，要是漠不關心、或是只有想法沒有行動，那麼在本世紀末所有的本土語言都將加入語言死亡的名單。

　　重外語、棄母語於不顧，美其名是追求「國際化」，事實上跟日益強調多元文化的國際趨勢，正好背道而馳（張麗君，2004）。聯合國教科文組織早在 1953 年就強調母語教育的重要性，該組織不但建議初期的教育需要使用母語，更建議母語在教育體制的使用應該盡量

---

[1] 正向語言規劃指的是增加或是維持語言活力的語言規劃活動，常用於失去語言活力的弱勢語言或瀕危語言。與之相對的是負向語言規劃（negative language planning）指的是限制、縮小可以選擇的語言項目的語言規劃，常犧牲原住民或弱勢族群的語言權利（Kaplan & Baldauf 1997：230-32）。

向後延伸（UNESCO，1953）。目前國際上幼兒教育課程也普遍的強
調母語教育的重要性（張麗君，2004；柯林貝克，2008；Baker，1997；
Tabor，1997）。臺灣幼兒語言教育的國際化不應該是盲目的追求英
語化，應該是跟隨國際上重視兒童母語的趨勢，將兒童母語視為資
源與權利，拋開華語單語的緊箍咒，解放本土語言，進行母語優先
的幼兒語言教育。

　　學前母語教育不受重視的情況，最近有一些改善的可能跡象。教
育部在「臺灣主體教育推動情形」的報告中，將幼兒語言學習的優先
順序設定為「先母語、後國語、再英語」，並計劃研編幼兒園的「鄉
土語言課程大綱」（自由時報，2007/5/15）。另外，教育部從 2006 年
開始實施「補助公私立幼稚園推動鄉土語言教學」計畫，這個計畫的
目標在於培養學齡前幼兒具備母語能力以及尊重多元文化的素養。[2]

　　「九年一貫」並沒有對幼兒母語學習做出規範，這次教育部提出
的幼兒語言教育政策方向，標誌著母語教育將往下扎根，往後將從學
前教育開始進行母語教學。其中「先母語」的主張就是強調語言學習
應該「母語優先」。這也是正確的方向。考慮臺灣各族群母語流失嚴
重，「母語優先」的主張應當是扭轉語言流失的重要觀念。問題是如
何具體落實幼兒母語學前教育？學前母語教育又如何協助弱勢語言
展開積極有效的母語救援？

　　本文擬從母語優先的角度出發，參考世界弱勢族群語言復振的趨
勢，提出以浸淫（immersion）為基礎的母語幼稚園規劃，希望作為
臺灣幼兒母語學習規劃的參考。李英哲（1995）關於臺灣語言的本土
化的論述，很能說明「母語優先」的觀念，他說：

　　「臺灣語言的本土化就是要求先有母語教育及使用的權利；有母
語才有別的語言，母語是每人感情最深處的需要，國語及英語是工作

---

[2] 補助幼稚園母語教育計畫每校最多七萬元 http://www.epochtimes.com/b5/6/4/9/
n1281775p.htm

上，生活上有時需要的工具，教育上最基本的工作是先保存、提高母語的能力，然後才談其他語言的教育。」

　　母語優先追求雙語現象，而不是以一種語言取代另外一種語言的單語主義（monolingualism）。母語優先主張語言學習應當是添加式的（additive），保有母語對其他語言的學習絕對有幫助；母語優先反對犧牲母語、學習第二語言的削減式（substractive）雙語現象。[3]

　　浸淫式教育（immersion education）是具體落實母語優先的一種語言教育規劃。浸淫式教學的想法很簡單，就是以最年幼的小孩為對象，提供密集接觸單一語言的環境，透過有意義的內容，學習語言（Johnson & Johnson 2002）。浸淫式教學也是族語復振相當有效的方式，愈來愈多的社區採用浸淫模式作為挽救語言流失的方法，現在已經成為弱勢族群語言復振的趨勢（DeJong，1998；Swain & Johnson，1996；Johnson & Johnson，2002）。浸淫式教育提供密集接觸原住民語言的機會，較能有效率的抵抗強勢語言的衝擊。Holm 和 Holm（1995：156）說得最為直接了當「唯有浸淫式教學才有希望讓學生習得社區語言」。

　　本文的結構如下：前言之後，第二節討論臺灣語言流失的狀況，並檢討臺灣的語言教育政策；第三節討論學前幼兒浸淫式教育的理論基礎並介紹夏威夷的語言巢；第四節為結論與建議。

二、臺灣語言流失與語言教育政策的檢討

（一）臺灣的語言流失狀況

　　臺灣本土語言流失的情形相當嚴重，已經接近滅種的階段。根據鄭良偉教授的觀察，臺灣人母語滅種的徵兆，表現在母語使用的人口

---

[3]　添加式雙語現象指涉有助於保存、發展母語，同時允許第二語言學習及使用的情形；削減式雙語現象則指涉偏向第二語言的發展，卻危及母語生存的情形（Lambert，1977）。

減少、母語使用的場合縮減以及使用母語的能力減退（鄭良偉，1990）。族群語言流失是臺灣各族群普遍的現象。

母語「生病住院」的比喻成為流行的說法，原住民族語言被說成「住在加護病房」，福佬話和客家話則分別在「掛號」以及被送到「急診室」。內政部 1995 年的調查顯示，移入都市的原住民，在家中主要使用的語言，並不是族語（只有三成五左右），而是國語（六成左右）。家庭是弱勢語言使用的重要領域，要是家庭不再使用母語，母語存活就成問題。聯合報（2002）曾調查 Holo 話和客家話使用的情形，結果發現 77%的 Holo 人在家說 Holo 話，19%在家說華語；41%的客家人在家講華語，超過在家講客家話的比率（37%）。根據黃宣範 1989年對在臺北讀大專的原住民學生做的調查，原住民族語到他們這一代已經流失了 31%，父母那代流失 15.8%。如果將來都是族內結婚，後代會講族語的剩 47.6%，如果是和外族通婚，流失率一定是更加嚴重。原住民的語言可以說已經走向滅種之路（黃宣範，1995）。一般認為 Holo 人人數眾多，不用擔心語言流失的問題。這種想法或許過於樂觀。「2004 臺灣羅馬字國際研討會」就有位來自比利時的學者，發表論文指出只有 61.5%的大學生在家說臺語（這些學生的家庭至少有一位家長會說母語），同時只有 60.5%的大學生打算將來教小孩臺語（Gijsen et al.，2004）。

臺灣過去是以維持雙言現象的方式，保存母語。也就是說，一般人會說母語並不是因為學校教育而是在家庭社區的環境中，自然而然習得母語。不過我們已經逐漸失去家庭這個母語最後的堡壘。臺灣的語言復振運動將希望放在學校的母語教育。問題是學校能否承擔起這樣的重責大任？下一節本文探討現行學校母語教育的限制，並思考可能的出路。

（二）學校母語教育的檢討

　　近年來臺灣各族群母語流失日益嚴重，母語教育於是成為母語復興運動的主要訴求。臺灣過去的語言教育視本土母語為學習國語的障礙，因此推行獨尊國語、壓制本土母語的單語教育政策。結果各族群的學生學會了國語，卻喪失其母語。2001 年九年一貫正式實施，將母語提升為正式的一門學科，不過還是脫不了國語中心主義，母語教育的時數少得可憐，一星期只有一節課。母語雖然已經成為教學科目，但是時數不足，母語也還沒有取得教學語言的地位（張學謙，2003、2004）。

　　學者普遍認為現行的母語教育不足以復興母語。曹逢甫（1997：126-27）認為少量的母語教學對於嚴重流失的母語，起不了什麼作用，建議要「從根救起，自幼稚園開始實施雙語（母語－國語）教育。」鄭良偉（1973；1990；1996）更早在 1970 年代就主張實行雙語教育，希望下一代有機會了解、使用社區內自己以及別人的語言。在幼教界也開始注重幼兒的母語教育，張麗君（2004）根據雙語學習理論並參考語言學習關鍵期的相關研究指出：

　　「臺灣幼兒在第一語言（無論是國語或母語）發展尚未成熟時就急於學習外語－英語，在環境、師資等重要條件無法配合下，不僅無法達到家長贏在起跑點的期望，甚至對其認知發展可能是有害的。」

　　她認為臺灣的母語學習環境優於英語，要是讓進行幼兒的母語、國語的雙語教育，應當有助於幼兒認知上的發展。臺灣幼兒的母語教育才剛剛起步，母語浸淫的時間相當不足。由段慧瑩等人（2007）對原住民地區幼兒園母語教學的調查可知，就算原住民地區的幼兒園，兒童說國語的機會還是多於族語，另外，調查也顯示幼兒園並不是很重視族語教學，雖然園方會鼓勵族語教學，也會宣導族語家庭化的重要。

　　從以上的討論可知現行的臺灣母語教育無法挽救滅種中的臺灣本土語言。從小學開始很顯然已經太晚了。挽救母語流失的工作必須

儘早進行，學校現階段可以做而且必須馬上做的是學前的母語教育。學前階段應當拋開母語作為學科的做法，改採浸淫式教育提供幼兒完全的母語環境。

三、浸淫式教育的理論與實例

　　浸淫式教育是雙語教育的一種。浸淫式教育在 1960 年晚期起源於加拿大，後來發展成各式各樣的浸淫模式。以下（一）討論浸淫式教育的定義、緣起、類型、特徵和背後的理論基礎；（二）討論浸淫教學與族語復振的關係；（三）以夏威夷的語言巢為例說明浸淫式教育對語言復振的貢獻。

（一）浸淫式教育

　　雙語教育有許多不同的類型，浸淫式教育是其中的一種類型。表一是幾種雙語教育形式及其語言目標。由表一可知，不同的雙語類型對兒童的第一語言有不同的印象，其中以同化為目的的浸沒式和過渡式教學，不但無法扭轉語言流失，反而造成兒童母語的流失。浸淫式、保存式和雙向雙語式的教學法則能成就添加式的雙語現象，兒童不但能保存母語，同時也能學會第二語言。這三者皆將母語放在至少與第二語言平等重要的地位，並不主張放棄母語，向主流語言靠攏。

　　社會、政治和經濟的變遷通常會引發語言教育的相關變革。加拿大首先發展的浸淫式教育就是一個例子。隨著語言政策的轉向，1960 年代晚期在魁北克的英語人士已經逐漸體認到法語的經濟、政治和社會價值。法語不但是魁北克最主要的語言，也是官方語言。不過英語人士不大會說法語，學校的法語教育效果不彰，家長為了讓孩童學會法語因此提出完全法語浸淫的課程（Swain & Johnson，1997）。

表一　幾種雙語教育及其語言目標

語言課程	教學語言	L2*教學	對兒童 L1 的影響
浸沒式	L2	有	只會第二語言的單語使用者
過渡式雙語	L1－〉L2	沒有－〉有	只會第二語言的單語使用者
浸淫式：			
語言復建	L1	沒有	雙語使用者
保存式雙語	L1－〉L1 & L2	漸進的	雙語使用者
雙向雙語	L1&L2	有	雙語使用者

* L1＝母語、非主流語言或第一語言；L2＝官方語言、主流語言或第二語言；
　L1－〉L2＝教學媒介語從母語轉換到第二語言；L1－〉L1 & L2＝教學媒介語
　從母語轉換到雙語
資料來源：Beykont（1997：91）。

　　加拿大法語浸淫式教育相當特別，這個課程視為了強勢語言學生學習少數語言而設立的浸淫教學。教育當局在 St. Lambert 學區進行浸淫式教學實驗。幼稚園一開始就以法語教導只會說英語的孩童，直到二年紀才教英語的讀寫，以英語教授的學科也延後在高年級才開始，到小學六年紀一半的課程使用法語，一半使用英語。後來浸淫式教學衍生不同的組合方式，早期部分浸淫，從一年級開始法語和英語各占一半，中期浸淫課程四、五年級才開始，晚期浸淫課程從六年紀開始。目前約三十萬學生（7%）參加浸淫式教育（Swain & Johnson，1997）。

　　加拿大浸淫式教育成為許多浸淫課程仿效的對象，鼓舞了許多後繼者，因此發展出包括不同目的、社會經濟環境和執行方式的模式。Swain & Johnson（1997：4-6）將浸淫式教育分為以下的四種類型：

- 外語的浸淫教學；
- 強勢語言學生學習少數語言的浸淫教學；
- 為了語言支持與語言復振的浸淫教學；
- 通行語或強勢語（language of power）的浸淫教學。

　　通行語和外語分別作為國內以及國際溝通的工具。加拿大的法語浸淫是強勢族群學習少數語言的例子。弱勢族群追求語言復振常會進行族語浸淫教學，如夏威夷和紐西蘭，本族語的浸淫涉及學生自我族群認同的建構，和通行語或外語的浸淫教學不同。Swain & Johnson 極為推崇弱勢語言的浸淫教學，他們認為以瀕危語言作為教學媒介語，是讓下一代能說流利的族語的有效方法。

　　浸淫式教育可以有不同的搭配組合，不過這些不同的模式，還是具備一些共通點，Swain & Johnson（1997：6-8）將典型的浸淫式教育的核心特徵歸納為以下八點：

- 第二語言作為教學媒介語；
- 浸淫的課程和本地的第一語言課程平行；
- 明顯的支持第一語言；
- 浸淫課程的目的是添加式的雙語現象，不是取代式的雙語現象；
- 第二語言的接觸主要限制在教室；
- 學生一開始第二語言的能力都一樣有限；
- 教師本身是雙語人；
- 教室的文化是當地第一語言社群。

　　上述的核心特徵有助於我們區分浸淫式教學和浸沒式教學（submersion）。浸沒式教學同樣以目標語為教學媒介，不過並不支持第一語言，常造成削減式雙語現象。臺灣的語言教育就是浸沒式教學的一例。臺灣的國語教育是以犧牲母語換來的，語言教育的過程就是「如何學習國語，忘記母語」的過程（Mair，2007）。這和強調添加式雙語現象的浸淫式教育不同。

（二）浸淫教學與族語復振

　　推行母語浸淫教育常遇到的質疑是母語應當是家長的責任，家庭傳承母語即可，不需要學校的母語教育。這個看法雖然注意到家庭傳

承母語的重要性，卻忽略了目前母語失傳，許多家長本身就不會說母語，無法傳授母語給小孩。因此，學校族語教育就成為唯一可能的選項，其中又以浸淫式教育被視為最有希望成功的方法（DeJong，1998；Swain & Johnson，1996；Johnson & Johnson，2002；Holm & Holm，1995）。DeJong（1998：5）認為：「為了復振將近滅絕的語言或是保存現存的語言，需要能有效達成目標的典範。語言浸淫是相當迅速有效的方法，它能讓所有的學生主動積極的參與語言學習過程。」

當然，推行族語浸淫教學不是否定家庭母語的重要，而是當弱勢語言在家庭失傳的時候，透過學校的母語浸淫學習能有效的提振母語活力，讓母語重新成為有活力的家庭語言。DeJong（1998：3）提出的建議值得參考，他說：「長久以來母語透過家庭環境傳承，現代社會學校環境則成為語言主要的習得場所。今日，學校和家庭這兩個環境必須攜手合作打造語言接觸環境，提升語言學習成效。」

我們可以用雙語發展制衡模式說明家庭和學校對於瀕危語言的重要性。根據 Landry & Allard（1992）的雙語發展制衡模式，家庭環境、學校環境和社會制度的環境是構成個人的語言接觸網絡的三個重要環境。這個模式認為這三個環境隨著語言社區延續力的高低不同，在促進添加式或削減式雙語現象上扮演不同的角色。由圖一可知，弱勢族群的添加式雙語現象只有當母語在家庭和學校環境的使用超過、抵消第二語言在社會制度環境的優勢力量的時候，才有可能發生。

雙語發展制衡模式也可以處理第二語言學習的問題。弱勢語族如何學得第二語言呢？由於第二語言是社會上的強勢語言，弱勢語族通常無需密集的學校教育就能學會第二語言能力，第二語言的溝通能力可以透過經常的接觸社會制度環境（朋友、鄰居、社會活動）和媒體習得。第二語言的認知學業的語言能力可經由第二語言作為學科的教學得到發展，這方面的能力有很多可以由第一語言轉換至第二語言。

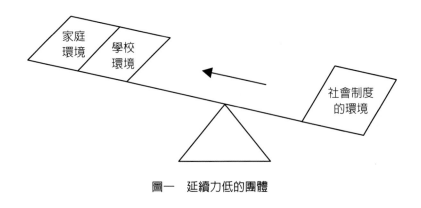

圖一　延續力低的團體

　　學習轉移之所以可能是因為第一語言和第二語言之間的存在著相互依存的關係。Cummins（1979）的語言相互依賴假設指出：第二語言的學習總是建立在母語的基礎上，母語非但不是學習的負擔，反而是任何語言學習的資源。譬如說，研究發現母語及第二語言的讀寫能力息息相關：母語的讀寫能力可以有效的支持第二語言的讀寫發展；從母語學到的學術語言能力也可以轉移到第二語言。有些人認為盡早讓兒童脫離母語，愈早學習第二語言成效愈大。近年來在歐美國家所作的研究並不支持這種說法。第二語言的學習能力並不會突然消退。其他的研究則發現母語讀寫能力好的兒童，學習第二語言讀寫的速度也會快些（Beykont，1997）。總而言之，母語是任何語言學習的基礎，它有學習轉移的功效，在心理上、社會上及教育上母語都是寶貴的學習資源，不是語言學習的阻礙（張學謙，2000）。

　　我們知道語言學習無法一蹴可幾，一定要有足有的語言接觸時間（exposure）才能達到流利的程度。Greymorning（1997）估計小孩需要 600 至 700 小時的接觸時間才能將母語說得流利，也就是說，在學校上課的時候，每天至少要有 6 小時的母語時間。浸淫式教育提供密集接觸弱勢語言的機會，較能有效率的抵抗強勢語言的衝擊。因為弱勢族群通常缺乏語言的世代傳承，無法從家庭得到足夠的族語接觸，

因此，母語浸淫教育通常從年幼的兒童開始。另外，學前母語浸淫模式還有以下的優點（Johnson and Johnson，2002）：

- 比較容易突破制式教育的限制；
- 課程發展較自由，可以融入更多的文化面向；
- 提供社區所需的幼兒照顧，切合家長需要

　　全母語幼稚園能讓族語得到充分的發展又能保有高水準的其他語言能力。Wilson & Kamana（2001）指出有許多地方都成功的以母語浸淫教學法達到良好的教育效果，例如說荷蘭及其 Frisian 地區、丹麥及其 Faeroe 諸島嶼。這些地區的日常生活以及學校活動都以各自的地方語言進行，結果學生學業成績優良，包括英語（第二語言）讀寫能力也有高水準的表現、學生通常還學會第三語言。將族語作為教學媒介語也為美國原住民語言法案所認可（Wilson & Kamana，2001）。

　　Angela Wilson 提到一些設立浸淫教育需要注意以下事項（引自Johnson and Johnson，2002）：（1）誰來當老師？（2）如何進行師資培訓？需要什麼樣的師資培訓課程？（3）如何發展課程？（4）幼兒的家長在學校扮演什麼角色？（5）所在的社區擔任什麼角色？（6）對這所學校什麼教學法可能最有效率？

　　Johnson & Johnson（2002）收集並整理原住民族浸淫式教育的相關文獻，將原住民學前浸淫式教育的相關主題歸納如下：

- 愈來愈多的社區採用浸淫模式作為挽救語言流失的最有效方法；
- 家長及社區扮演重要的角色。家長除了常常作為語言巢的發起人，也是語言巢重要的參與者、協助者。社區的行動參與及思想觀念的支持也是成功的關鍵；
- 建立和實施族語浸淫計劃不免發生衝突，需要努力行銷語言巢，說服大眾以贏得社區的支持；

- 傳統和外來的教學理念和做法可能存在一些緊張的關係,雙方需要保持開放的態度,兼容並包;
- 許多語言巢都再三的強調在浸淫式課程中維持族語單語環境;
- 族語浸淫教學常遇到師資招募和師資培訓的問題。需要從長老和年輕人當中募集以及訓練師資,兩者可以在語言能力和教學方法互相搭配。
- 需要原住民語言教材。可以改編、創作、翻譯閱讀教材。書面語提供重要的語言支援,能促進讀寫發展。
- 需要進行原住民母語幼稚園的研究以及資訊傳播工作。參與原住民浸淫式教學的各個計劃可以彼此學習,參與人士儘量分享經驗,協力合作共同努力。

(三)浸淫式教育實例

　　紐西蘭和夏威夷的語言巢是兩個學前浸淫教育成功的典範。二者都在 1980 年代早期發展,當時家長、社區領導者以及教育家積極的參與建立學前浸淫教育以挽救語言流失。這兩者都成功的建立從幼稚園到大學的雙語教育(Johnson & Johnson,2002)。臺灣關於紐西蘭毛利語言巢的介紹已經很多(悠蘭・多文,1999;吉娃詩・叭萬,2006;黃麗容,1999;張學謙,1996),本節將介紹夏威夷語言巢與語言復振的關係。[4]

　　南島語系是世界分布最廣的語族之一,這個語系有超過一千多種語言,使用者超過兩億五千萬人(Hinton,2001)。夏威夷語和臺灣原住民語一樣都是南島語系的一份子,兩者也都面臨語言嚴重流失的困境,並同樣展開語言復振的工作。不過,夏威夷原住民很早就感受到語言流失的嚴重性,早在 1970 年代就開始進行語言復振的工作,而臺灣南島語的復振,則在 1996 年行政院原住民族委員會成立候,

---

[4] 紐西蘭語言巢和夏威夷的原住民浸淫式教育的相關文獻可供參考 Kahikina(2005)。

才進行語言復振工作。夏威夷是美國原住民語言教學最為發展的地區，學生可以從幼稚園到研究所接受以夏威夷語為教學語言的教育（Wilson & Kamana，2001）。夏威夷語言復振的經驗，值得其他瀕危語言學習。

　　夏威夷語的語言流失和政治無法獨立自主有極大的關係。1893年夏威夷王朝被非法推翻，夏威夷共和國規定英語為教學語言。美國併吞夏威夷後，1900 年通過的 Organic Act 規定所有的政府行事都以英語進行。1996 年全面禁止夏威夷語一百年，1993 年夏威夷王朝被非法推翻一百年。這兩個事件是夏威夷人被外來統治者在政治、文化和語言壓迫的重要歷史指標事件，短短一百年夏威夷的語言文化的活力和聲望急劇下滑。夏威夷人的認同從失去土地主權開始、接著失去語言、讀寫、知識、歷史和祖先的連接，最後在自己的土地上成為陌生人（Warner，2001）。

　　另外，夏威夷語的流失也和繁榮的神話有關（Warner，2001）。一方面，學生說母語會被處罰、羞辱，母語因此失去聲望。另一方面，認為放棄夏威夷語改學英語就能帶來普遍的繁榮和進步也在當時深入人心。家長因此不跟小孩說母語，小孩對母語學習也興趣缺缺。夏威夷語因此在二十世紀早期就嚴重流失，不過英語並沒有因此成為夏威夷人的第一語言，取而代之的是夏威夷克里歐英語（Hawaii Creole English，HCE），HCE 同樣的受到歧視，放棄夏威夷語學習英語就會帶來繁榮的夢幻滅，失去語言文化，並沒有增進夏威夷人的福祉，反而淪為社會最底層（Warner，2001）。

　　夏威夷的文化復興運動於 1960 年代晚期開始，一開始將重點放在音樂及舞蹈，1970 年代逐漸將焦點放在語言復振的議題，促成夏威夷語言文化權的建立。這個復興運動除了造就一批透過學校教育學會說夏威夷語的學生之外，也成功的爭取到夏威夷語的語言地位，在1978 年州憲法通過將夏威夷語和英語同時列為夏威夷州的官方語言（Warner，2001）。夏威夷語的地位雖然提升了，但是會說夏威夷語的人很少，當時估計只剩下兩千位夏威夷族語者。1982 年除了 Ni'ihau

社區之外，夏威夷兒童差不多都不會說母語。1981 年 Richard Benton 就預測夏威夷可能成為第一個被英語完全取代的南島語（引自 Wilson & Kamana，2001）。

　　1982 年受到紐西蘭毛利語言巢的激勵，一群夏威夷教師和社區人士開始建立夏威夷的語言巢。夏威夷的語言復振運動得力夏威夷語言巢組織（Aha Punana Leo，APL），成立於 1983 年。第一家夏威夷語言巢（Punana Leo）就是 APL 於 1984 年在 Kauai 的 Kekaha 成立，當時並非合法的組織。是完全母語浸淫的幼兒學校，學生為 2 至 5 歲的兒童。夏威夷的語言巢是美國第一個原住民語言浸淫計劃（Wilson，1999）。

　　語言巢的設立並不順利。早期遇到兩個主要問題：法律禁止夏威夷語教學以及會說夏威夷語的長老因為缺乏教師資格而無法任教。[5] 支持語言巢的家長經過三年的遊說才移除上述的法律障礙。夏威夷語言巢原先的構想是為下一代創造一個類似家庭傳承夏威夷語言文化的環境。夏威夷語言巢有明顯的家庭取向，以傳統擴充家庭的方式，讓兒童得以和家庭成員以母語互動，學校也要求家庭參與，家長除了需要付學費外，一星期至少要參加一小時的夏威夷語課以及參加一個月一次的家長會（Wilson & Kamana，2001）。

　　常見的夏威夷語言巢一開始大概只有 10 到 12 位學生，年紀 3 至 5 歲。從星期一到星期五上課，每天從早上 7 點半上到下午 5 點，採混齡上課。語言巢強調族語的使用，清楚的將學校塑造成夏威夷的空間，在語言巢內不管是訪客或是家長都只能說夏威夷語。語言巢的學生從進來學校的第一天開始就被要求只能使用夏威夷語。新同學要是聽不懂，老師及其他學生會幫忙，新同學也需要背一些常用的日常語句，也學習自我介紹，一般而言，只要三至四個月新同學就能以夏威夷語溝通（Wilson & Kamana，2001）。

---

[5] 1896 年夏威夷語就被禁止作為教學語言，一直到 1986 年才解禁。

　　夏威夷語言巢的數目不像紐西蘭的毛利語言巢那麼多。1993 年只有六家夏威夷語言巢，在紐西蘭卻已經有 600 家語言巢。到了 1999 年有 11 家夏威夷語言巢，為 209 位孩童服務。一開始語言巢的經費來自募款和學費。1990 年夏威夷語言巢組織才得到聯邦政府的經費贊助，每年一百萬美金，1995 年之後聯邦政府根據夏威夷原住民教育法案（Native Hawaiian Education Act）每年撥款四百萬給夏威夷語言巢組織，1997 年增加到 7 百萬，1999 年則得到一千八百萬的經費。這些經費除了支付教師薪資、學費補助、學校設備外，也用來發展課程，成立語言巢。夏威夷語言巢組織有兩個課程教材部門負責教材、教具的發展：（1）印刷的部門出版書籍、卡片、標籤、海報以及翻譯書籍；（2）非印刷的部門則出版影音教材。語言巢的成立促使教育部在同一學區或附近學區設立夏威夷語浸淫學校（Papahana Kaiapuni Hawai'i）（Warner 2001）。夏威夷語言巢組織在語言復振的成就以及語言巢對學生的影響可以歸納如下（Wilson & Kamana，2001：152-53）：

1. 語言巢的學童有良好的夏威夷語溝通能力，語言巢的存在鼓勵並支持家庭說夏威夷語；家裡說夏威夷語的小孩優先入學；
2. 成功的發展年輕家長的關聯團體參與語言復振；
3. 大眾普遍接受夏威夷語廣泛公開的使用，認同其價值及相關法令。
4. 語言巢學生有豐富的夏威夷文化知識以及強烈的夏威夷認同；
5. 語言巢學生也學會一般幼稚園教導的一些技能，如團體互動能力、做好讀寫的準備（literacy readiness）、對許多學科領域有了初步的導覽。

四、結論與建議

　　本文已經對臺灣本土語言嚴重流失的情形做出警告，認為要是缺乏積極的語言復振運動，臺灣將在本世紀失去所有的本土語言。本文

建議臺灣的母語教育要向下延伸到幼兒園階段，從根救起母語，成立各族群的母語幼稚園。

　　母語作為學科的教學方式無法挽救母語。母語一定要成為教學語言，需要完整的母語使用空間，才能存活。目前臺灣母語流失已經提早到幼兒階段，就算會說母語的小孩，一上幼稚園，不到一個月，就轉向使用華語了。本文提出的全母語浸淫方式，能將過去削減式的語言學習轉變成添加式的雙語學習，這是世界各地弱勢語言復振的經驗，值得臺灣幼兒教育積極投入建構臺灣的母語幼稚園巢。

參考書目

Allard, R., & Landry, R. 1992. Ethnolinguistic vitality beliefs and language maintenance and loss. In W. Fase, K. Jaespaert, & S. Kroon (eds.) *Maintenance and loss of minority languages.* 171-195. Amsterdam: Benjamins.

Baker, C. 1997. *Foundations of Bilingual Education* (2nd edition). Clevedon, England: Multilingual Matters Ltd.

Beykont, Zeynep F. 1997. School-Language Policy Decisions for Nondominant Language Groups, in Nielsen, H. Dean, and William K. Cummings, eds. *Quality Education for All: Community-Oriented Approaches.* pp. 79-121.　Garland Publishing.

Cummins, J. 1979. Linguistic interdependence and theeducational development of bilingual children. *Review of educational Research.* 49: 222-251.

DeJong, D.H. 1998. Is immersion the key to language renewal? *Journal of American Indian Education*, 37(2), 31-46.

Gijsen, Johan: Yu-chang Liu & Yea-ru Tsai. 2004. "Language use in Taiwan and Belgium: A comparison between vernacular, vehicular and referential language shift in the Minnanyu and Flemish Dialects."《2004 臺灣羅馬字國際研討會論文集》，pp.14：1-14：14，臺南：國家臺灣文學館，2004.10.。

Greymorning, S. 1997. Going beyond words: The Arapaho immersion program. In J. Reyhner (Ed.), *Teaching Indigenous languages* (pp. 22-30). Flagstaff, AZ: Center for Excellence in Education, Northern Arizona University.

Hinton, Leanne and Ken Hale, eds. 2001. *The Green Book of Language Revitalization in Practice.* Academic Press.

Holm, A., & Holm, W. 1995. Navajo language education: Retrospect and prospects. *Bilingual Research Journal.* 19: 141-167.

Johnston, B. & Johnson, K. A. 2002. Preschool immersion education for indigenous languages: a survey of resources. *Canadian Journal of Native Education*, Vol.26, No.

Kahikina, Krissy. 2005. *Indigenous Language Immersion Education: An Annotated Bibliography of Resources for Te Kohanga Reo and Punsns Leo.* A Plan B Thesis, Graduate Division of the University of Hawaii at Manoa.

Kaplan, R.B., & Baldauf Jr., R.B. 1997. *Language planning-from practice to theory.* Bristol, PA: Multicultural Matters.

Lambert, W. E. 1977. The Effects of Bilingualism on the Individual: Cognitive and Sociocultural Consequences. In Hornby, P.A.(ed.) *Bilingualism: Psychological, Social and Educational Implications.* 15-27. Academic Press.

Mair, Victor H. 2007. How to Forget Your Mother Tongue and Remember Your National Language. http：//www.pinyin.info/readings/mair/taiwanese.html 擷取時間 2008/2/19。

Swain, M., & Johnson, R.K. 1996. Immersion education: A category within bilingual education. In R.K. Johnson & M. Swain (Eds.), *Immersion education: International perspectives* (pp.1-16). Cambridge, UK: Cambridge University Press.

Tabor, P. O. 1997. *One child, two languages: Children learning English as a second language.* Baltimore: Paul Brookes.

UNESCO. 1953. *The use of vernacular languages in education.* (Monographs on fundamental education, 8.) Paris: UNESCO.

Warner, S.L.N. 2001. The movement to revitalize Hawaiian language and culture,. in L. Hinton and K. Hale (eds.), *The Green Book of Language Revitalization in Practice.* San Diego, CA: Academic Press.

Wilson, Bill 1999. SSILA Bulletin. *The Society for the Study of the Indigenous Languages of the Americas* 93: 4-5.

Wilson, W. H. & Kamana, K. 2001. "Mai loko mai o ka 'i'ni: Proceeding from a dream. The 'Aha Pūnana Leo connection in Hawaiian language revitalization" in L. Hinton & K. Hale (eds.) *The Green Book of Language Revitalization in Practice.* San Diego, CA: Academic Press.

內政部統計署編印。1997。《中華民國八十四年臺灣地區都市原住民生活狀況調查報告》。

吉娃詩‧叭萬（Ciwas Pawan）。2006。〈從紐西蘭毛利族的語言巢看臺灣的原住民母語教學〉。《臺灣國際研究季刊》。2（1）：163-184。

李英哲。1995。〈二十一世紀臺灣語言的本土化〉。收於曹逢甫、蔡美惠編《臺灣閩南語論文集》頁297-306。臺北：文鶴。

柯林貝克。2008。《雙語主義Q&A：雙語兒童父母與教師領航手冊》。吳信鳳、張銀玲、陳瓊娟（譯）。東西出版事業股份有限公司。

段慧瑩、張碧如、蔡嬿娟。2007。〈臺灣原住民地區幼兒園母語及鄉土教學之現況調查〉。教育資料與研究，96，131-146。

張學謙。1996。〈紐西蘭原住民的語言規劃〉。施正鋒（編）《語言政治與政策》。前衛出版社。267-292。

張學謙。2000。〈母語教育 e 趨勢 kap 基礎概念：拍倒語言歧視建立母語教育〉。《Taiwanese Collegian》。22。Denton,Tx, U.S.A.

張學謙。2003。〈回歸語言保存的基礎：以家庭、社區為主的母語復振〉。《臺東師院學報》。14：97-120。

張學謙。2004。〈結合社區與學校的母語統整教學〉。《臺灣語文研究》。2：171-192。

張麗君。2004。〈國客雙語幼兒語言能力與創造力之關係〉。「2004 客家知識論壇」。行政院客家委員會。

悠蘭・多文。1999。〈從 Maori 母語教育制度的發展經驗，觀照臺灣原住民母語教育的可能契機〉。發表於《「1999 臺灣原住民國際研討會」》。中央研究院民族學研究所主辦。1999/5/1-3。

曹逢甫。1997。《族群語言政策：海峽兩岸的比較》。臺北：文鶴。

黃宣範。1995。《語言、社會與族群意識──臺灣語言社會學的研究》。臺北：文鶴出版社。

黃麗容。1999。《紐西蘭毛利語教育之研究：以小學完全浸滲式毛利語教學為例》。臺灣師範大學教育學系碩士論文。

鄭良偉。1973。〈論雙語式語言統一理論與實際：兼論臺灣需要語言計劃〉。《大學雜誌》。68 期，42-47。

鄭良偉。1990。《演變中的臺灣社會語文──多語社會及雙語教育》。臺北：自立。

鄭良偉。1996。〈民主化政治目標及語言政策：七十年代的一個臺灣語文計劃草案〉。施正鋒（編）《語言政治與政策》。前衛出版社。1-20。

聯合報。2002。〈母語的傳承與流失〉。2002 年 4 月 29 日，第 14 版。

母語融入幼稚園學習領域之探討

林麗黎

（高雄市樂仁幼稚園教師）

摘　要

　　母語融入幼稚園學習領域也就是國中小學所謂的「運用鄉土語言實施統整教學」。臺灣是多種族多語言的混合區域。數十年來由於政治人為因素造成一些社會經濟與人文的扭曲狀況，臺灣原生鄉土語言受到不當擠壓日趨式微，目前成為唯國語獨尊的現象。然而有極佳理論及教學策略支持母語教學融入幼稚園學習領域，臺灣幼稚園的教學者都表贊同。走訪教學現場，很多園所呈現母語融入學習領域的型態，國小附幼或私立幼稚園都在進行中；以採用蒙氏教學法的高雄樂仁幼稚園為例，介紹教學的互動方式和自製教具。希望能拋磚引玉，讓幼稚園教師發揮創意，把母語融入幼兒各學習領域教學，使說講母語成為日常生活的普遍習慣，作為母語文學的根基，而不要把學校課程的母語僅限於唸謠或母語歌曲的部分。

　　本文以臺語為目標研究在幼稚園教學中使用的情況。透過實地觀察、訪談，蒐集文件、照片等資料，歸納整理及分析當前幼稚園實施母語教學的情況，探討母語融入各學習領域的方法及實施效度。

　　高雄市教育局辦理幼稚園母語訪視促使各個園所實施母語教學，不論是踏實的進行或勉強安排母語科目時間，若訪視成為常態性，幼稚園母語教學將不致一曝十寒，草草了事。市面上母語教材不少，但是專門供幼兒使用的為數極少，有心人士或出版界能從製作精美的幼兒母語繪本著手；這會是幼兒母語與藝術、與文學的結合，更是母語扎根的良方。紐西蘭毛利人的母語幼兒園（Te Kohanga Reo）是復甦一種瀕臨滅絕語言的最佳經驗，有熱忱的幼稚教育業者可以以此為鑑與行政主管單位配合規畫母語幼兒園，大家一起努力為臺灣塑造保存母語的幼兒園。

關鍵語詞：母語，閩南語，臺語，幼稚園，教學，課程，學習領域

一、前言

　　民國九十二年元月教育部發布九年一貫課程，含括語文、健康與體育、生活課程、社會、綜合活動、藝術與人文等領域。其中語文領域分為本國國語、鄉土語言和英語三部分。這是為國中小宣布的課程，但是許多幼稚園托兒所紛紛沿用自動加入幼兒母語教學，或增加母語教學的比重。幼兒期的學習方式是統整而非分科，如何在教學者認為缺乏教材教法的情況下將母語教學「明顯的隱藏」於幼稚園課程的各領域裡就成了很有趣的研究論題。

　　從收集幼稚園階段幼兒的語言教學的資料，例如有哪些教學方式及教學策略可以應用在當下多元的幼稚園教學模式又能符合幼兒教育精神，與藉由訪談與實地觀察發掘一些融入式的作法，探討在幼稚園的課表中沒有列出「母語」課卻能以母語作為學習及交談的工具，這種可能性是否確切可行。高雄市幼稚園公私立都歷經一輪的母語教學訪視，其中應該有可做為借鏡的部分；而沒做或做得不足的園所正好成為探討其實施效果不彰的原因。

　　母語本應自幼在成長環境中自然習得。第一環境當然是家庭，無奈在臺灣由於時代、政治等人為因素，臺灣各原住民語言、客家語、閩南母語流失的情況嚴重。教育政策近年才明定實施母語教學實在已經是補救措施。補救教學的時機當然是年齡越早越好，往下扎根，往後才有機會持久延續，所以除了學校教育中使用鄉土母語，也呼籲家庭中照顧幼兒的成人經常使用母語與幼兒講話。如果沒有特別註明，以下本文所指的母語和鄉土語言是以臺灣地區使用人數最多的的閩南語（又稱臺語）為代表。

　　在幼教「英語瘋」之後，教育部鼓吹幼兒的語言學習順序應為「先母語，再國語，後英語」。從文化傳承觀點來看語言學習，無疑這是正確的方向。高雄市為落實公私立幼稚園推動鄉土語言教學，增進各園親師生運用鄉土語言的能力，達成共識傳承鄉土文化，涵育關懷鄉土文化之情操，函令各公私立幼稚園實施鄉土語言教學，並於民國九

十三學年開始實施鼓勵性的鄉土語言教學實況訪視。續優幼稚園可獲得一至三萬元的獎金。訪視日在各園自訂的「母語日」當天進行，訪視委員由專家學者組成，到幼稚園實際察訪各園母語教學成效。各園為此平日多有一些與母語教學做連結的活動，以達到母語日最大效度。

訪視委員在訪視教學現場之後依例會和學校行政人員以及教學者座談，以明瞭實施現況及教學中的困難處。每所幼稚園教師都表示有推行母語教學，最容易呈現的方式就是請小朋友唱一首「母語歌」給來賓聽，或者兒歌唸謠「白鷺鷥，車畚箕」……。訪視委員關心實施母語教學的困難點時，多數幼稚園教師都提到的問題為缺乏母語教材，以及不知如何將母語教學與其他領域結合。有教師建議由教育主管單位編定共同教材，提供教師使用；有些幼稚園則自編教材請人印刷，花費不貲。大部分幼稚園礙於經費而由教學者自行四處張羅教材，然而這又關係到每位教學者的能力和偏好，同時影響到是否能有完善的教學材料及方法。

二、有關語言學習發展的理論

課程、教學法設計良窳對於教師教學成效有直接關聯。教師對語言發展的認知則是影響教學態度的關鍵。科學不斷發展，人類對幼兒大腦和語言發展有更透徹的理解，昔日部分語言發展的論點已受到質疑或被重新修定，但這些理論確實為幼兒語言發展提供極寶貴的文獻資料，亦為關心孩子的父母提供了很多極具參考價值的資訊。以下是幾種對近代教育較具影響力的語言發展觀點。

1. 行為學習理論——學習動機

行為學習理論（behaviourist theory）強調外在的學習動機能影響個人的學習進度或成果，其理論的推動者為斯金納（B.F. Skinner）。

所謂外在的學習動機包括正面增強的獎賞或負面增強的處罰。理論認為幼兒語言能力的獲得，是由於周遭環境給予孩子的正面增強作用所產生的反應成果，簡單來說，斯金納相信幼兒的語言學習全是由模仿而來的。斯金納又指出，語言的獲得是經過一系列的刺激和反應連結而成。如果孩子的語言在使用過程中獲得肯定，感受到所使用的語言是正確的，當遇到類似的情境時，就會繼續使用此語言。它印證行為學習理論中的正面增強原理（principle of positive reinforcement）。而孩子是否會把該行為持之以恆，就要看這項增強行為出現的頻率或次數。相對地，若孩子每次說話，父母都以負面的態度回應，如對他不理睬或任意批評他的說話，久而久之，孩子便會變得沉默，減少說話，以免講多錯多，這樣會嚴重影響他在學習語言方面的進度。

2. 認知理論——基本行為模式

瑞士兒童心理學家皮亞傑提出認知發展論（cognitive develop-ment theory），他相信語言能力與認知發展有緊密的關係。皮亞傑認為幼兒出生後會運用與生俱來的基本行為模式對四周環境作出反應。當他遇到某些事物便使用某種對應的認知結構予以核對和處理，這行動稱為「基模」（schema）。基模不是先天的，也不是後天經驗中取得的，而是透過行動建構出來的。在適應環境的過程中基模會透過同化、調適及平衡等方法來達到知識的擴大。這些行為模式經過不斷整合，形成網狀結構，稱為「認知結構」。認知結構會隨著主體的認知發展而改變，這一系列的改變就累積形成「認知發展階段理論」。

根據皮亞傑的分類，人的成長分為四個不同的認知發展階段，各階段皆有其年齡層和基模的功能特徵。例如：零至兩歲是感官動作期（sensory-motor period），幼兒憑感覺和動作發揮功能，由本能性的反射動作到目的性活動；兩至七歲是前運思期（preoperational period），幼兒的語言能力已能表達概念和以符號來代表實物的階段。

3. 先天論——學習語言的本能

美國的語言學家喬姆斯基於一九五六年提出先天論（nativism theory）。他不認同學習模仿理論，他相信語言學習並不全是由模仿而來。他觀察到孩子能利用學會的字彙併合地說出一些從未聽過的話語，從而推論語言並非全是模仿而來。他提出先天論，主張孩子的語言是與生俱來的。

喬姆斯基認為語言習得是一套內在的歷程。所謂語言習得是指小孩在自然的情境之下模仿、觀察學習到語言的方法，而大腦內則具備一套負責控制語言習得的裝備——「語言學習器」。人透過 LAD 的運作便能自然地發展出一套適用於母語的規則。

他強調當孩子的腦部遇到外來的語言刺激時幼兒就能夠經由 LAD 把它加以修正，並融合成體內的語言系統。因此可以說只要是正常發展的孩子天生就擁有學習語言的本能，只要有環境的刺激與父母的適當引導便能學會說話。

4. 社會學習觀——社會文化的影響

俄國心理學家維高斯基的社會學習觀（culture theory）認為語言的學習是社會化行為，幼兒透過與周遭人的互動，語言智能便可以超越現有的水準。維高斯基的理論同時認定了老師或啟導者在幼兒語言發展的重要性。維高斯基相信個人學習是受四周的環境所影響，當中包括語言、文化、社會風氣等。在他的理論下，學習是一種由外而內的看法，透過使用語言改變個人心智功能的運作，使個人的思考由較低的生物性層次轉變為較高層次。

從維高斯基的觀點來說，要分析兒童的心智發展，就要去分析他所處的社會和文化環境或在這個環境中的社會互動。此外若要更深入地了解孩子與其他人的互動，亦即是深入分析他在人際溝通中所使用的語言符號。因為在不同的社會或文化圈子裡有些字彙有不同的意思，若不了解孩子置身的文化環境，就難以真正了解他的說話語言背後的實際意思。

維高斯基的研究亦提出幼兒的學習與發展有兩種水平，一是真正發展水平，也就是說幼兒已經建立之現有水平；另一種則是幼兒的潛在發展水平，也就是說經由教師或啟導者所指引或同儕中較有能力者一起合力溝通、合力解決問題的過程，可達到更高一層的水平，從而把個人語言能力提升。維高斯基提出「最近發展區」（zone of proximal development）的概念，並建議採用鷹架（scaffolding）學習理論，即經由啟導者的活動引導，讓幼兒在有趣、有意義的情境中探索學習。若孩子在學習過程中獲得同伴以及老師的支持鼓勵，他的語言學習將能獲得成功的經驗，進而提升其語言能力。

5. 全語言

全語言（Whole language）從孩子學習語言歷程的相關研究發現孩子透過日常生活事物參與學習語言。孩子的語言學習必須從完整的語言開始，也就是在孩子所處的生活情境中，當孩子必須使用語言來達成自己的需求時學習才有意義，才能發揮功用。

全語言原本是透過許多語文研究而建立的語文認知學習理論，但以此概念進行的教育強調語言是生活的一部分，重視語言傳達意義的功能，並主張語言的學習以理解為中心，學習歷程中應考量孩子的心智發展、興趣與需求，讓學生在真實且有意義的情境下有自主權及責任來決定自己的學習。所以全語言教育除了可以使用在語文教學上，也可廣泛運用在非語文的學科，如數學、自然。全語言教師必須熟悉學習和教學理論、設計課程、選擇教材、作教學設計了解幼兒，其享有絕對的專業自主權，是一位全方位的老師（李連珠，民 90；曾月紅，民 89）。

全語言的目標在於培養兒童對語言和文字的敏感性，促進學習者的成長，提高語言能力，擴展知識範圍，增進對周圍世界的瞭解。目標的重點是兒童對課程有參與選擇權，語言學習跨科目，以主題式單元架構課程活動。

　　全語言課程有雙重內涵：學習內容是第一個層次的目的；在完成第一個層次目的過程中提供機會讓學習者參與實際的語言經驗是第二個層次的目的。教師在組織學習者的活動中是以幼兒為主導角色，教師起支援、督導、鼓勵和催化的作用。

　　全語言之父 K. Goodman（1986）指出孩子在學校裏應有機會透過實際使用語言的機會談論他們學習的事物：要求孩子問問題，聆聽對方的回答，對回答的內容做回應或是問更進一步的問題；建議孩子記錄生活裏發生的事，與他人分享經驗；指導孩子為取得資訊而閱讀，注意生活週遭的文字，或欣賞一則美好的故事（李連珠譯，民87）。除了要達到基本目的聽說讀寫之外，特別強調互動、閱讀與寫作是個人對外人際互動溝通與跟自己說話思考的工具。

三、語言的教學與課程

1. 語言教學考慮的面相

　　依照教學原理（H. Douglas Brown，2000）每一位教學者都應學習過兒童一般發展及個別差異，也應瞭解學習者的學習起點，然後利用情境、或教材、或教具來進行教學。然而，語言教學並不容易分析出哪種教學法最有效，也沒有個別的研究顯示哪一種教學法適合哪些類型的學習者。因此把母語當成第二語言教學的現階段，每一位幼兒教師更應該參考道格拉斯關於第二語言教學兒童的心智發展論點以及兒童的專注力，善用感官的輸入方法以及在學習中涵蓋情意因素，利用真實有意義的語言和幼兒做互動。

　　每一名幼兒都具有其特質，每位老師也各具獨特的教學特色，因此每位老師在面對不同個體或群體的幼兒都必須用心設計活動教案及教學方式。以下是道格拉斯所敘述的摘錄，可做為教師語言教學的寶典。

■ 智能發展

　　千萬不要用抽象的名詞來解說文法，盡量避免使用抽象的術語來解說規則。對年紀較大兒童而言，有一些文法概念可以藉著某種句型和例句來加深印象。有些較困難的概念或句型兒童比大人需要更多重複練習，例如：若是要讓兒童的大腦和耳朵開始協同運作，則必須不斷重複某些句型（避免無聊），而且要讓兒童了解意思和重複的相關性。

■ 注意力的持久性

　　因為兒童的焦點都集中在此時此地，所以，活動設計必須能符合他們當下的興趣，一節課內需要穿插各種不同的活動，一來增加趣味性，二來也能讓兒童的注意力維持下去。老師需要動感十足、活潑生動，而且還必須醉心於所教的科目，兒童會因此，精神飽足，保持清醒。幽默感會讓學生在歡喜中學習。但兒童的幽默感和大人完全不同，老師必須用兒童的眼光去看待事物。兒童天生好奇，只要隨時掌握這點，就能幫助他們維持注意力和焦點。

■ 感覺輸入

　　利用肢體活動讓課程更出色，例如：讓學生角色扮演，或是做肢體回應的活動。讓兒童做實驗，或其他『動手操作的活動』，都能幫助他們內化所學到的語言。隨時利用『感官性的協助』幫助兒童內化一些概念，例如：聞花香、觸摸植物和水果、嘗食物……，這種實際的經驗都很好，這是兒童語言教學非常重要的元素。老師的肢體語言（nonverbal language）很重要，因為兒童對老師臉部的特色、姿勢和觸摸等動作都很敏感。

■ 情意因素

　　盡量幫助學生互相欣賞，並輕鬆看待大家所犯過的錯誤。用耐心和支持幫助學生建立自尊，但也必須堅持老師對學生的期待。盡量鼓勵學生開口說話，尤其是較安靜的學生更需要給予他們嘗試的機會。

■ 有意義的語言

　　兒童很容易判斷哪些是真實的語言。任何矯揉造作的語言
都很有可能會令他們排斥。語言絕對需要融入情境，故事、熟
悉的劇情和人物、真實的生活對話、意義豐富的語言使用目的
等都能幫助建立語言情境。在此情境內，語言吸收和發送，也
提升孩子的注意力和記憶力。兒童的心智無法忍受『無情境』
之語言，因為獨立而不相干的語言對他們來講過於抽象。教學
特別忌諱把語言分解為枝枝節節，學生會見樹不見林，只知其
然而不知其所然。老師也必須強調不同的技巧，善用聽說讀寫
之間的協調和相關性，否則學生無法明白這些技巧之間的重要
關聯。

2. 教學課程綱要與課程標準

　　課程綱要或課程標準對於教學內容、實施與評量訂出基本範圍或
方法。目前與幼稚園的語言領域相關的綱要或標準有下面幾種：（1）
幼稚園課程標準；（2）九年一貫課程綱要語文領域；（3）幼兒園教保
活動課程大綱（草案）。

■ 現行「幼稚園課程標準」

　　幼稚園的課程標準於民國七十六年所訂定，強調以健康教
育、生活教育及倫理教育為主，並與家庭教育密切配合。其基
本理念是培養一個健康、活潑、積極正面、能獨立思考解決問
題，同時也是能融入團體，對環境、對他人發揮關愛的社會人。

　　幼稚園的課程標準強調幼兒的學習方式是統合的，不分科
不分節，因此只把學習方式分為健康、遊戲、音樂、工作、語
文、常識六大類。每天從幼兒來園開始一直到離園回家都是學
習活動，也不分上課下課時間，所以整個在園的學習老師都與
幼兒不分離，連戶外活動也是學習時間。

　　這個統合概念一直是世界幼兒教育的主流，各種籠統或專
門分科的教學方式幾乎都能套用，給教師發揮教學能力的彈性

很大。現行課程標準中沒有明訂適用的教學法和教材細節，是優點也是缺點。能靈活運用變化生活教材的教師對啟迪孩子的智能或社會價值助益會非常大，內容非常豐富。教學方式呆板或較權威的教師就極有可能扼殺某些類型孩子的創意力與天賦。

■ 九年一貫課程綱要語文領域

　　因為幼稚園課程標準之公佈距今已十五年，基於社會快速變遷及教育理念之革新，有必要加以重新修訂，目前教育部已委託學者進行新課程綱要的修訂。（黃富順，民89）幼稚園新課程綱要在修編中，迄今沒有教育部頒訂的母語教學課程綱要，因而大部分幼稚園借用語文領域國小低年級的部分作為語言教學的依據。

　　九年一貫課程綱要是目前國民義務教育的六法全書。基本上教育理念由過去的威權時代中央政策統領改成自由民主的開放式思想。然而課程其實與數十年前的國民學校課程標準架構差異不大。以語文領域來說，課程由注音符號領軍，然後學認國字，寫字，作文，沒有一樣改變。不同的是現代民主氣焰高張，所以增加了鄉土語言學習的內容。

　　現在臺灣的國民義務教育九年從六七歲進小學起至十五六歲國中畢業止。不談其他學習領域，光從語言領域來看，九年一貫課程把學齡前階段的知識、學習當成空白，課程內容編排從六歲才算語言學習的正式起點。不只語言中的國語部分是這樣，鄉土語言的閩南語、客家話、原住民語，所有語言課程架構都如此。很明顯，與我們一般人的實際生活經驗大相逕庭。

　　幼稚園本來籠統自由的發展課程逐漸趨向提早借用九年一貫低年級的語言、智能發展課程，由此造成幼小銜接的複雜度不言可喻，解決此問題的難度與國小老師面對英語程度天差地遠的學生不相上下。

　　九年一貫鄉土語言課程和外國語英語課程的綱要十分相像，也就是說整個九年一貫語文領域始終沒有打破國語至上的觀念，對「母語」沒有明確的定義，對待臺灣各種鄉土語言如同學習外國語。

　　由上面分析可以看到教育政策與生活的脫節現象；專家、教師或一般人的教育觀念與態度仍需要調整。如果吳祥輝的『芬蘭驚豔』所述為真，比較之下我們各行其是的教育政策可能使孩子花費比別人多的學習時間，教師教學比別人辛苦，世界競爭力排名卻遠遠落在別人之後。

■「幼兒園教保活動課程大綱」草案

　　因應幼托整合，教育部委託學者研訂「幼兒園教保活動與課程大綱」，已初步完成草案。和現行幼稚園課程標準不同的是新訂課程大綱領域區分方式以幼兒發展為主而非學科掛帥，希望藉此保有幼兒教育的本質。在領域區分上分為身體動作、認知領域、語文領域、社會領域、情緒領域、美感領域。領域區分與現行課程標準有不同，而其教育本質並無二致，所不同的只是因應社會生活形態、觀念、工具的改變。

　　新課程大綱以培養各領域能力為目的，而不是以傳授知識為目的，同時納入文化概念，讓幼兒學習在多元文化社會生活的能力。

　　在幼兒園教保服務實施準則（960521 草案）中第十二條（語文教學）明定幼兒園應配合主管機關之語文教學政策，推動幼兒在家說母語，在幼兒園學國語。幼兒園教學涉及外語時，應以探索不同國家之語言，了解不同國家之文化為目標，且教材內容應符合幼兒生活經驗，不得全日、半日完全以外語進行教學之型態。以招收外僑子女之幼兒園則不在此限。

　　原來的課程標準制訂時代唯「國語」獨尊，自從社會風潮及母語教育政策明朗化趨向提升鄉土語言的地位之後幼稚園自動或被動加入鄉土語言的內容。新課程大綱語文部分已明確

推動幼兒在家說母語，在幼兒園學國語。如果只是原則性的描述，與現行課程標準近似，沒有訂立國語或鄉土語言的分別內容與細則，那麼幼稚園母語教學的趨勢就會隨著社經政治的走向亦步亦趨。幾十年來鄉土語言被主流傳播媒體排除在外，現在的中年人以及青少年幾乎都把「國語」當母語，各種鄉土語言未來不必然會成為時尚或主流語言。

3. 蒙臺梭利教學法

上述各種教育理論或語言研究應用於教育或教學領域裡，歷史都沒有蒙臺梭利教學法（Montessori Method）來得久。凡對蒙臺梭利有研究的人都宣稱蒙臺梭利不只是「教學法」而已。這個教育界的異數自一九零七年蒙臺梭利博士在羅馬開始「兒童之家」的實驗至今蒙臺梭利教學法剛過完一百零一週年生日。一百年來蒙臺梭利教學法所遭受的誤解與批評超過任何一種教育理論與教學體系。它可以是一套教具體系，商業炒作仿冒因它而獲利；可以是教育哲學，人人有各自表述的自由；可以是心理實驗，用它來探測人的潛力有多深。它平實卻又難以捉摸，因為它涉及的根本問題是「如何形成人」和「人怎樣教育人」。

蒙臺梭利教學中的基礎語言部分就足以寫成一部專論。探討其立基點，是以文化傳承為中心目標。所以在嬰幼兒期學到的語言即為母語。母語是「無論是否受過教育者都具有的……一個人可完全掌握的唯一語言。語言和膚色、體型一樣可顯示出其所屬的國家與民族。」

蒙臺梭利的基礎語言教學架構從人的出生時起，延伸至小學低年級，分為口述語言、書寫、閱讀、文法四大區塊。前三項分別對應至語言的音、形、義。文法則是口述語言和書面語言（共同或個別）形成語意的結構。不論口語或文字，都是廣義的「母語」的元素之一。母語的習得對人的發展具有非常重要的意義。他不僅滿足人與人的交談，而且還使兒童透過語言的學習而獲得精神的發展，成為會思考的人。甚至不僅僅成為單一的個人，而是成為一個民族文化的一員。對

人來說，具有如此重要意義的母語的學習只有幼兒才可能完成，其他人即使付出數倍的努力也是難以完全掌握。對任何一個人，「能夠完全表達思想的唯一語言即是母語」。

　　發展智慧並吸收文化甚至創造的過程中，語言產生十分重要的作用。然而，只靠口語詞彙是不夠的，人的文化發展的傳承與創造有賴於文字。文字與口述語言不同，不能自然地習得。文字的學習是人的天性必須屈從於文明的制約的困難問題，為了文明生活，無論如何艱辛也必須學會使用文字。

　　在兒童之家，蒙臺梭利以他對兒童的觀察為基礎，依實際需要設計了包含文字的語言教育的卓越方法與教具。在一百年前這幾乎是驚天動地的事件。依據蒙臺梭利女士的觀察，她認為兒童學習文字的過程最佳年齡（敏感期）是四歲。她指出，兒童到六歲才開始學習文字的後果是耽誤了寶貴的敏感期，以致於對往後的學習增添了難度。

4. 鄉土語言教學原則與技巧

　　雖然愈來愈多人把親鄉土愛母語掛在嘴邊，實際上做起來仍然困難重重。紐西蘭毛利人長期的復甦族語運動還不算真正成功，還需要與很多社經政治問題抗爭，對比之下我們臺灣的鄉土語言復興運動就顯得卑微衰頹雜亂。

　　上一節蒙臺梭利語言教學中敘述基礎教育的語言就是「母語」，包括口語和文字。現在很多鄉土語言學者對於母語文字如何呈現也有許多爭議，包括怎樣定義正式通行的文書，文字和發音之間的糾葛關聯。在語言混合地區如臺灣這其實是正常現象，混亂只有靠每個人表現民主風度，尊重彼此，各退一步，靜待時間融合這些問題。從很多網際網路資訊，如各種語言版本的 Wikipedia，我們可以發覺歐美各國的地區語言仍然很活躍，並不是每一個國家只存在明訂的一或數種官方語言而已。我們對「語言」，甚至「國語」，都應該重新審慎定義。

幼兒語言教育從母語、國語到英語的學習階段需要照「真實」的人生發展與需求訂一個寬鬆的原則。

中國自古五方之民言語不通（禮記）。秦之後中國才有統一的文字（其實是只有字形統一，字音字義仍各地有別）。漢唐宋漢字文化圈有輝煌的文化卻沒有統一的言語。這些紀錄在在顯示語言的口語部分變異、歧異是與時俱進的。語言的內涵與如何從事語言教育仍有待我們推敲琢磨。

幼兒最初學習語言的地方是家庭，大約三歲來到幼稚園，從兩歲開始是幼兒大量語言的爆發期，因此幼稚園階段是豐富詞彙及學習語言極佳的時機，幼稚園老師體認此階段的重要性，掌握語言教學的原則與技巧，在幼稚園裡不以一節課來教語言，而是設計活動，以生動有趣、遊戲式、生活化、融入式的方法，以母語來學習其他事物，來與人溝通。

學比教重要（Michael Lewis，Jimmie Hill）。教學是要教學生，不是要教書。把課教完是教書，而教育真正重要的在讓學生經歷學習過程，學到知識或增長能力。不要教學生已經知曉的知識，所指的不是復習而是重彈陳腔濫調。教學時對學生的話表示反應，傾聽學生的發言。讓學生有練習的機會，需要練習的是學生，不是老師；多給學生學習的機會。對於比較有難度的部分教師要變化內容和方式，想辦法化難為易。

給予學生選擇的空間，課堂活動與關係的改變，老師幫助學生自我學習，學生需要學習「如何學習」（learn how to learn）。有用和有趣同樣重要，不要只為了引起學生的興趣而變得空洞沒內容，需要寓教於樂。放輕鬆沒有壓力的學習的時候，學習效果最好，有一些學生就算不開口，也能繼續參與學習，教師不要放棄，就好像努力的老師在幼稚園的母語日裡一直用臺語和學生交談，而學生不停的以國語來回答。悲觀的老師說，為何我的學生這麼久了還學不會使用臺語的習慣。樂觀的老師說，沒關係，至少他聽懂了才會回應。雖說這是樂觀，但是這種被動式的使用情形很難學好一種語言，之後也很快消失殆

盡。老師還是要積極鼓勵學生養成使用母語的習慣，這樣對於推動鄉土語言復甦才有實質的作用。

四、母語教學現況

「幼稚園課程標準」中語言融入式的學習方法就是透過遊戲來進行，在生動有趣的活動中，讓幼兒自然的學習，並培養關心週遭人、事、物的興趣。因此，我們將活動遊戲生活化，以使幼兒喜愛參與，容易學習。

高雄市於九十四年度實施兩階段幼稚園母語教學實況訪視。第一階段為國小附設幼稚園，全市六十七所附設幼稚園分成四組，邀請專家、學者、實際工作者代表於九十四年五月至六月親至各園訪視，與校長、行政人員及教學現場的老師當面訪談，聽取簡報，到各班級了解母語教學現況。九十六年十月及十一月期間完成第二輪公立及國小附設幼稚園「母語日」實施現況訪視評鑑。

訪視內容包括教學表現（鄉土語言的教學活動，含校長與行政人員對鄉土語言日的態度與作法、鄉土語言日教師使用鄉土語言上課情形、幼生使用鄉土語言的能力、鄉土語言課程安排與活動情形、其他；鄉土語言的教學與環境包含鄉土語言學習情境布置、鄉土語言的教學資源與應用；結合社區與家長推動鄉土語言活動）及特殊優良事蹟。

研究者有機會參與其中一組，能與行政人員及教學者當面訪談，並看到幼兒活動實況，逐一詳實記錄，從中分析探討，做為可參考之資料依據。

1. 訪視過程及結果

研究者與黃教授、國小孔校長從九十四年五月十八日至六月十五日止共訪視十七所國小附設幼稚園的鄉土語言教學情況。

　　訪視當天可以看到情境布置的部分,還能看到教學實況的片段;訪談部分比較屬於自述方式,簡報中照片的呈現則能佐證訪談內容的部分,以及各園當天不能呈現的活動記錄。有電子簡報的幼稚園其訪談內容較有依據,有些園,雖沒有電子簡報,但是有一些平面檔案、書面資料,也可佐證訪談內容;另外有些園所不僅沒有電子簡報,而書面資料僅是薄薄幾張紀錄,不能完整呈現他們所說的。而他們所談的如屬實,則是做得多,記得少,記錄不夠完整呈現該園教學情況,實屬可惜,也不足令人完全採信。

　　本組謹就各園的自述、簡報、教學實況、情境布置及特殊優良表現等方面的呈現,將所見做一彙整寫成報告,優點可視為給各園的肯定,缺點及待加強之處可作為探討、改進及再努力的目標。

　　在每次的訪視座談會中,訪視委員本著誠心、有禮、懇切的態度傳達鄉土語言教學訪視的目的,對於各園的優點讚美肯定有加,對於有缺點及待改進之處則委婉、確切、精準,但立場堅定的提出建言。

2. 績優幼稚園的共通點

　　在這次的訪視中,訪視委員共同評定等第,遵照教育局所定名額選出特優、優等、甲等,根據教育局 94 年鄉土語言訪視實施計畫第六點第一項訪視項目來探討這些被列為績優的幼稚園都有其共通點:

■鄉土語言的教學與活動

　　　　幼稚園教師竭盡所能蒐集教材,運用策略,全時段或大部分時段以閩南語來溝通、來教學,教室內各學習主題,都能透過活動,以母語為學習語言來進行,真正將母語教學融入於各學習領域。

　　　　在活動方面,校長、主任、行政人員支持幼稚園的學習的活動,讓來訪的人感受到整個學校的組織氣氛極佳。特別是這些附幼都能共享整個國小的人力、物力與行政資源。例如,在母語日,全校廣播系統除了行事的廣播以外,還能現場直播母語故事劇或諺語教學,這點是小型私立幼稚園比不上的。

■ 鄉土語言的教學環境

　　續優園都有豐富的學習情境布置，無論是教室的學習區，或戶外種植區、遊戲區也都注意到情境教育，這一點，幼稚園比國民小學是有過之無不及，在統整方面真的比國中小的分科教學更統整。

■ 各園結合社區與家長推動鄉土語言教學

　　幼稚園的小朋友年齡小，辦活動時需要協助，家長會來支援。幼兒不識字，老師會善用家長資源，來進行協同教學，常常將主題進行中或進行後的學習單由小朋友帶回，和家長一起分享。設計合適的學習主題，親師生一起出門和社區的人士有互動，如參訪鄰近社區，如拜訪老者。。

■ 特殊優良事蹟

　　這是讓各園各自表述在母語教學方面除了上述三項之外，有何特殊之處，這幾家續優幼稚園都能具體提出特殊優良事蹟，包含：教師踴躍參加鄉土語言教學研習會，記錄研習心得，分享研習及教學心得，辦理大型母語活動，自編鄉土語言教材，運用資訊科技，製作網頁教材，透過媒體上課，能讓孩子如同親身體驗一樣。傳達鄉土相關資訊與宣導政府政策，將教學與行政資料製作成光碟、錄音帶，宣導鄉土相關資訊，以達資訊共享之目標等等。

3. 高雄市樂仁幼稚園母語教學

樂仁幼稚園是天主教聖功修女會所創辦的，有 56 年歷史。全園採用蒙臺梭利教育方法。在一個預備好的環境中幼兒自由選擇想要學習的工作項目。在一個混齡編班的教室內外可以看到什麼樣的方式學習母語，教師如何與幼兒互動，這裡以幾張 2005 年至 2006 年期間所拍攝的幾張代表性照片重點呈現母語融入各個領域學習的情況。

2005 年 11 月日星期一

這一天是樂仁幼稚園自訂每週一天的母語日，踏進校門，導護老師在門口迎接每位幼生，老師小朋友彼此鞠躬以臺語相借問：「小朋友交早」「老師交早」。

左圖：日常生活用語

大門邊掛一張活動看板，提醒師生家長今天是母語日，記得要講臺語。

右圖：母語日提示

辦公室裡進行每天早上的行事會報。園長和老師以臺語報告行事及討論事項，彼此提醒今天的全園活動。

左圖：晨間會報

小朋友在操場上進行戶外活動。這也是老師和小朋友交談互動的時間。有小朋友和老師一起玩跳橡皮筋。老師特別提示活動中使用的臺語關鍵字。

右圖：體能活動中使用臺語。

教室內的工作時間。模型與字卡配對。兩名小班小朋友跟隨老師做認識名稱的活動，這是高麗菜，番麥，蒜仔……

左圖：這是蒜仔

用臺灣地圖熟悉縣市的名稱。也將拼圖板的每個小塊描在色紙上，自己製作一張地圖。對於認識自己居住的高雄，或者附近的地理位置都建立更深刻的印象。老師的故鄉南投縣是中間不靠海這一塊。我和爸媽上週去墾丁玩，是在屏東縣這一塊。

右圖：用母語學地理

小朋友選出各個位數的數字卡排出6758，用臺語告訴老師：我拿的是六千七百五十八。老師也可以請他念給別的小朋友聽，這樣增加幾次練習的機會。

左圖：用母語做算數

秋高氣爽，老師帶著小朋友在愛河邊漫步，認識愛河周邊的生態與生活環境。小朋友發現到愛河裡的水母群，幾百隻水母在水中跳舞，大的宛如大碗公那麼大。

右圖：善用社區地理環境資源

教室內語文區有故事書，牆壁上有布置。這是烏鴉和狐狸的故事。老師把故事改寫成押韻的短句，小朋友念會這首念謠就等於說完一個故事。

左圖：情境布置講故事

臺語的顏色名稱大多是借用某種東西來比擬，如茄仔色，柑仔色，咖啡色……

右圖：茄仔色

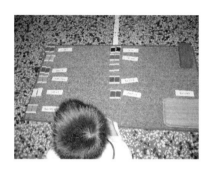

語文教具櫃。每個托盤是一份教具，小朋友可自由拿取，到桌上或到地毯上自由操作，學習臺語。

左圖：臺語教具櫃

這是講健康的圖畫書，告訴小朋友營養要均衡，不可偏食。小朋友可自由拿取閱讀。

右圖：自製小書

「營養飲食的金字塔」。小朋友藉由圖片說出五穀類是我們攝取最多的東西，蔬果類要多吃些，脂肪適量，糖果要少量。

左圖：健康教育圖表

教室內外都有很多的臺語羅馬字來提示讀臺語，從最簡單的母音開始，以有趣的圖案幫助小朋友記憶。

邀請高雄醫學大學精神科柯巧俐醫師對家長演講。講題是「以母語教育培養出更資優的孩子」，對家長宣導母語教育的重要，除了學校之外，家庭裡的母語環境更是基本且功效宏大。利用擴展式親師協同教學來推動母語教學。

左圖：親職講座

老師帶領小朋友參觀醫院。念囡仔歌給阿公阿嬤聽，送上自己畫的卡片，唱臺語歌，念歌謠給阿公阿嬤聽。

右圖：與社區結合──生命教育關懷
　　　行動

4. 母語融入各領域成功的因素

　　觀察樂仁幼稚園母語教學融入各領域實況,從課表上並沒有看到有任何一堂課是母語課,但是從整個園區的情境布置看得出母語教學的熱絡,在每個教室的教具櫃擺設的教具,讓幼兒於每天自由選擇工作當中,可以重複使用教具來自我學習,有自製的臺語閱讀小書,音樂活動中的臺語歌曲,每個活動與活動轉銜間的對話,都聽得到臺語。因此在 94 年度高雄市教育局主辦的鄉土語言訪視得到極高的評價。在訪視報告中,訪視委員鄭教授的評語是:本次訪視之私立幼稚園整體表現比公立幼稚園好,如樂仁幼稚園入園感覺如置身德國,整體環境營造令人印象深刻。

　　除了現場觀察之外,還和園長、行政人員及教師做開放式唔談總共有行政人員四位,教師八位,探討其成功的因素有:園長行政決策正確、行政人員支援教學、教師善用教學策略、善用資源推展母語活動;以下分項說明。

■行政決策正確

　　　　樂仁自民國 41 年由德國籍白克滿修女創園,當時修女從德國引進很精緻的恩物,園長強調,可以有國外的教具,可以有引進的概念,但是不能沒有本土的精神,我們要與本地的人心靈相通,要用本地的語言作橋樑,因此當時融入在教學中最大的部分就是音樂活動教唱母語歌曲,每年的音樂發表會中必有此部分。但是在園裡無論教學、無論溝通都講國語。及至 80 年代,國中小課程綱要修訂,因應社會多元變化,小學生語言課程方面將有英語課納入,也有鄉土語言的學習。有鑑於此,園長覺得首要培育母語師資,於是鼓勵教師參與母語教學知能進修,園裡當時由園長帶頭及老師共八位參加高雄醫學大學開辦的母語種子師資培訓,然後全園老師一起研習,並開始在樂仁內實施母語教學,而此階段強調母語除了教唱兒歌、唸謠之外,還應是師生間溝通的語言,更應是用來學習的語言。

　　樂仁特殊優良事蹟之一，是多次承辦高雄市幼教師鄉土語言教學研習，辦理研習受惠最多的當然是樂仁教師得到最多研習機會，計有：90 年 9 月承辦高雄市幼教師鄉土語言教學研習，91 年 7 月在左營人力發展中心協辦世界臺語文化營，92 年承辦高雄市幼教師鄉土語言教學研習，93 年承辦高雄市幼教師鄉土語言教學研習，94 年 9 月承辦高雄市幼教師鄉土語言教學研習，95 年 9 月承辦高雄市幼教師臺灣羅馬字拼音研習 30 小時，96 年承辦高雄市幼教師母語教學觀摩會，提供 140 人次參與教學現場觀摩，同年 11 月臺南幼教輔導團也來園觀摩母語教學。

　　除了承辦教育局的幼教師研習，園裡的母語種子老師也支援其他園所推展母語教學，在他們自辦的研習會中擔任講師，把實施的心得分享其他園所。

　　辦理研習之外，樂仁幼稚園網頁上也建置鄉土語言專區，將教師的創作分享大家，內容包含母語教學理念，教學照片，教學材料；材料方面有囝仔故事、故事放映短片、謎猜、母語俗諺、母語唸謠、母語歌曲，以及如何傳遞母語教學的理念給老師及家長。

■行政人員支援教學

　　在母語日，從行政部門到教學部門，至接聽電話人員，接送幼生的園車司機、隨車人員都要意識到今天母語日，以臺語發音。園裡播放的歌曲或故事也是母語，導師會報也是母語，如此營造一個意識化的語言學習環境，使用久了，自然會跨越母語日的限制，否則一個人講話還要看星期幾來決定我要使用何種語言，實在是很奇怪的現象。當初全園開會決定哪天為母語日的時候，有的老師就有這樣的反應，大家覺得應該每天都是母語日，每天都要講一些母語，當然這是理想化，假如現在連一天的母語日都不訂出來，如何幫助大人意識化的營造母語環境，讓孩子有一個浸潤式的學習環境。

■ 教師善用教學策略

　　幼教師本身具備極佳的幼教專業知識，即使母語能力普通，藉由一些合宜的教材，善用策略引導幼生學習，以下是母語融入各領域的教學實例之一。

■ 示例：自然領域與語文領域的統整教學

　　幼稚園裡有一棵臺灣欒樹，臺灣欒樹的外觀在每個季節變化極大，春天長新葉，夏天滿樹翠綠，開黃花，秋天結實開始轉紅再轉棕色，然後落葉，風大的時候會吹落一些豆果。小朋友在樹下玩，會撿拾小豆子。最熱鬧是冬天接春天之際，樹上樹下滿是紅色的椿象，如螞蟻般小小的體型，到稍大一些會飛的情景，小朋友觀察得仔仔細細，戶外活動時間，經常看到小朋友圍成一簇一簇在討論椿象，有的孩子說椿象很臭，有的說，我們來養椿象，他們真的抓椿象放在飼養箱中，然後再問，椿象吃什麼，是不是吃臺灣欒樹的葉子？或者吃果實？他們會實驗、觀察，形成很多問題，這些都是自然課的好教材。新來的朋友害怕椿象，已經熟悉的小朋友會告訴他：「免驚，臭清龜仔袂共人咬！」；剛開始孩子會問老師，椿象的臺語怎麼說，「臭清龜仔」老師藉機會告訴孩子，椿象在遭受敵人時會分泌異味，藉以保護自己。臺灣欒樹是臺灣樹種，臺語是「苦楝舅」。老師和孩子一起參與觀察討論，並以自編的兒歌來加強孩子的記憶。孩子會唸以後，再畫在紙上，這也是語文領域與藝術領域的結合，畫好了帶回家與家人分享。年輕的父母親非常驚訝也學習到原來「椿象」、「臺灣欒樹」都還有這樣原生的名稱。把這段備註也放在學習單上，提供家長與孩子有共同的話題。

■ 善用資源推展母語教學活動

　　在幼稚園實施母語教學，雖說時間較彈性，但實際上單靠學校的時間來學習，成效是非常微薄的，因此特別要宣導家長多多協同，在家製造母語環境，行有餘力，邀請家長來園擔任

義工爸爸、義工媽媽，培訓他們學習講臺語故事的技巧，到班級協助語文活動，園所也邀請專業講師對家長辦理鄉土語言親職講座，推廣積極正向的母語觀念。同時幼兒的母語學習單也能成為親子之間良好的母語交談題材。

樂仁位處苓雅區，西鄰愛河，面對高雄女中，經常運用豐富的愛河景觀及女中的特殊多元植物進行母語教學，有時更與家長一起移師戶外，進行大型活動，例如壽山公園健行，除了知性學習之外，也促進親師生之間良好互動，有助於教學的推展。

95 年也榮獲教育部補助經費六萬五千元推動鄉土語言教學，樂仁善用此經費辦理了整個學年相關推動母語教學的研習及教學活動。

■母語實施上的困難處

觀察樂仁幼稚園，看到全園用心推展幼兒母語教學，與現場教師訪談中，他們表示母語教學中，並非一帆風順，經常也會碰到阻力，最常遇到的幾個問題，歸納如下：

■年輕教師（年齡層約三十歲以下）自覺本身臺語能力不足

雖說我們都能聽懂臺語，也會說一些短句，但是平常沒有使用臺語的習慣，每到母語日，自己覺得要全程講臺語是一件困難的事情，但是經過這幾年的調適，已經漸漸習慣，面對小朋友我們還能大方的講短句，遇到年輕家長，我們又改成國語，遇到不會講的語詞，就以國語代替，或者換個方式說。總是還在適應邀請家長說臺語的不自然表現。遇到年長的阿公阿嬤，我們就能比較自然一些，即使講得不夠完美，也努力嘗試。

■缺乏幼兒母語教材，要花很多時間心力去搜尋

在教學上，最得心應手的就是現成的歌曲或唸謠，常常借用國小低年級的鄉土語言課本，挑選其中幾首來教，或者同事間彼此分享教材，一直覺得教材不夠。參加鄉土語言教學研

習，有很大的幫助，研習手冊會有一些教材，也常常是我們教學的材料之一。

■ 大環境使用臺語的習慣太少

　　真的要借助母語日的意識化學習，否則大環境中講臺語的習慣真的太少，連一般人認為說臺語的菜市場也不見得都說臺語，雖說有些電視臺有臺語節目，但是真想看臺語節目時還不一定抓得準時段。最好像客家電視臺一樣，有一個臺語電視臺，讓有心學習的人隨時可得。

■ 家長使用臺語的能力落差太大

　　幼稚園的家長幾乎都是初為人父母的年輕人，有的家長說，我的臺語太爛了，不敢和小朋友說臺語，是藉口，也是事實，只有多鼓勵，請家長有空也要進修，建議可以參加社區大學的臺語課程；國小的鄉土語言讀本可以讓不會講臺語的家長與孩子共學，幼稚園的家長，藉由小朋友帶回加的學習單，和我們的小朋友一起念兒歌，或者讀臺語故事，藉以提昇母語能力及親子共學的樂趣。

五、結論

　　本文所探討的母語融入幼稚園學習領域也就是在國中小學所謂的「運用鄉土語言實施統整教學」，藉由收集文獻、母語日訪視、到園觀察、與教學者晤談、記錄分析等所獲得的資料得到幾點結論：其一，有極佳理論基礎及教學策略支持母語教學融入幼稚園學習的領域，教學者都表贊同，但同時也強烈的表達，各縣市已有合適地方特色的國小母語教材，希望高雄市也能有局版的幼兒母語教材。其二，實地走訪教學現場，被評定為績優的園所已經呈現母語融入各學習領域的型態，無論是國小附幼或私立幼稚園都已踏實進行中。其三，被觀察的樂仁幼稚園採蒙氏教學法，能將母語教學融入在互動型態，也

藉由自製教具呈現在教室內供幼兒自由學習。因此，無論各園採用何種教學模式，母語教學融入各學習領域都是極佳的學習方法。

值此地球村、國際化的當下，幼童家長對於美語學習趨之若鶩，有關於美語融入幼稚園教學的研究也不少，截至目前為止，很難找到關於母語融入幼稚園各領域的研究，本研究得到的啟示是：母語流失與從小失去學習機會有很大的關係，母語融入幼稚園教學是可行的，重要的是要有心，有人、有資源來支持。隨著母語教育政策的明確，關心母語教育的有心之士也逐漸多起來，關於母語融入幼稚園教學的研究也逐漸受到矚目，這是值得鼓勵的。

我看到非常多積極、熱心的幼教工作者，除了運用教學原理原則及技巧外，還發揮創意，在缺乏現成教材的情況之下，將母語教學發揮得淋漓盡致，實在令人佩服。希望藉由本研究能拋磚引玉，讓更多幼稚園教師發揮創意，在實施母語教學時，融入幼稚園各學習領域，不要僅作唸謠或母語歌曲的教學。在本文末也提出幾點建議：

給教學者的建議：針對實施母語教學時遇到的困難，年輕教師自覺本身母語能力不足，只有透過多練習、參加研習、在職進修等方法增強功力。教材方面，在沒有現成教材的情況之下，當然要費心搜尋，建議可以自編、改寫故事、唸謠、劇本等方法，也可上網搜尋，近來已經有越來越多的優良母語網站可供參考。至於大環境使用臺語習慣太少，則盡量鼓勵家長及老師多多營造母語情境。有朝一日，若能有國營的臺語電視臺，製作優良的臺語節目，媒體的效果驚人，那時臺語的學習效果是其大無比。

給出版業者的建議：期盼有心人士或出版界能多製作精美的幼兒母語繪本，這也是幼兒母語與藝術、與文學的結合，更是優美的母語扎根的良方。

給教育主管單位的建議：高雄市教育局在推動母語教學可說是領先其他縣市，而幼稚園的「母語日」訪視也是開各縣市先例，其用心應給予肯定，因此歷年來在教育部的全國各縣市母語教學評鑑中總是獲得績優，因為有教育局辦理鼓勵性的訪視工作，每個園所積極準

備，也確實實施母語教學活動，若能將此訪視工作成為常態性年年實施，則母語教學不致一曝十寒，草率行事，讓孩子都能有機會好好學習母語。

最後，奢盼有行政主管單位或者有熱忱的幼稚教育業者願意規劃創辦母語幼兒園，招募有教學專業知能的幼教師一起努力，以紐西蘭「毛利人」的母語幼兒園（Kohanga Reo）的經驗為例，也能有臺灣的母語幼兒園。

母語教學融入幼稚園各學習領域，具體可行，本文僅陳述一小部分，未來期盼對於小學各領域下的科目及教學法有更深入的探討，也能編寫出教學參考資源。全語言或蒙特梭利教室實施母語教學的景況如何提供教學觀摩，給幼教師增進教學知能，給家長知道教學情況，善用家長資源，做擴展式協同教學。

參考書目

方南強、吳美慧（2001）《國民中小學閩南語教學——教學型態、活動設計與評量方法之研究》。臺北：教育部國教司彙編。

朱惠玲（2000）〈九年一貫制母語教育之探討〉。《國教輔導》，39（6），45-48。

林慶勳（2001）《臺灣閩南語概論》初版一刷臺北。心理出版社

施炳華（2002）《談鄉土語言融入領域統整教學》。第四屆臺灣語言及其教學國際學術研討會論文集。高雄中山大學

張屏生（2003）〈母語教學面面觀〉。《研習資訊》，2月份。

張屏生（2001）〈當前母語教育實施的困境〉《國文天地》，17（7）22-27。

林曼麗〈藝術與人文領域的課程整合初探〉《翰林文教雜誌》2000年2月第八期

曹逢甫、蔡美慧（1995）《臺灣閩南語論文集》。319-336，臺北市：
　　文鶴。

梁淑慧（2002）《「幼兒臺語班」的教學實務 kah 成果》。臺灣羅馬字
　　協會。

曾金金（2001）〈九年一貫課程中的閩南語教材教法〉，《國文天地》，
　　17（1），8-13。

湯廷池（1997）〈母語教育的理論與實際〉。《華文世界》，86，51-61。

黃宣範（1993）《語言、社會與族群意識──臺灣語言社會學研究》。
　　臺北市：文鶴。

趙涵華（1995）〈認識全語文教學全語文教育的精神〉。《教育心》。

趙順文（2002）〈臺語教材的方向〉。《國家語言與臺語教育政策論文
　　集》。

歐用生（1995）〈母語教育的理念與設計〉《母語教育》。漢文書店。
　　13。

鄭良偉（1990）《演變中的臺灣社會語文－多語社會及雙語社會》臺
　　北：文鶴。

鄭良偉（1995）《現代臺灣話研究論文集》。臺北市：文鶴。

鄧運林（1993）《臺北縣母語教學實施現況調查研究》。臺北市：臺灣
　　書店。

魏金財（2000）《九年一貫課程中有關鄉土語言課程的爭議和再思》。

何三本（2002）《九年一貫語文教育理論與實務》，五南圖書出版公司。

李勤岸（1996）《語言政策與臺灣獨立》，前衛出版社。

許極墩（1988）〈臺灣話流浪記〉。《臺灣語文論叢》，臺灣語文研究發
　　展基金會出版。

郭為藩（1984）《人文主義的教育理念》。臺北：五南圖書出版公司。

郭峰淵（2001）〈與曾部長談母語與生命〉。自由時報，6.17，15 版。

謝國平（2000）《語言學概論》增定二版二刷臺北三民書局

姚榮松（1993a）《母語教材教法》。臺北市教師研習中心編印。

黃宣範譯（1999）《語言學新引》，臺北：文鶴出版。

鍾榮富（2006）《當代語言學概論》，臺北：五南出版。

鍾榮富（2003）《最新語言學概論》，臺北：文鶴圖書出版有限公司。

李連珠譯（1998）《全語言的「全」在哪裡？》，臺北：信誼出版社。

陳淑琴（2000）《幼兒語文教材教法：全語言教學觀》，臺北：光佑文化。

陳伯璋（1990）〈教育研究方法的新取向〉：《質的研究方法》。臺北：南宏。

市丸成人、松本靜子（1993）《蒙臺梭利教育的比較研究與實踐》臺北：新民。

甘為霖 Campbell（1997）《廈門音新字典》臺南：人光出版社十九版。

瑪利諾會 Maryknoll（2001）Taiwanese-English Dictionary，臺中：瑪利諾語言中心。

道格拉斯‧布朗（H. Douglas Brown）（2002）《第二語教學最高指導原則》；余光雄譯。臺北市：臺灣培生教育出版集團。

http：//www. ppes. hcc. edu. tw.

Banks, J. A. (1994b). "The stage of ethnicity:implications for curriculum reform," In J. A. Banks, Multiiethnic Education:Theory and Practice (3rd ed.) (pp. 222-231). Boston:Allyn and Bacon.

Brown, J. S. , Collins, A. & Duguid, P. (1989a). "Situated cognition and the cultural of learning." Educational Researcher, 18 (1), 32-42.

Chiou, G. F. (1992). "Situated learning metaphers and computer-based learning environments." Educational Techhhnology, 32 (8), 7-11.

Elliott, J. (1991). Action Research for Educational Change. Milton Keynes: Open University Press.

Ken Boothe & Roland Walker (1997). "Mother Tongue Education in Ethiopia:From Policy to Implementation." Language Problems and Language Planning. 21 (1). pp. 1-20.

Peshkin, A. (1982). "The researcher and subjectivity:Reflections on an ethnography of school and community." In G. D. Spindler (Ed.),

Doing the Ethnography of Schooling: Educational Anthropology in Action (pp.48-67). New York:Holt, Rinehart and Winston.

UNESCO (1968). The Use of Vernacular Language in Education. Paris:UNESCO. 165.

幼稚園母語教材的選取與教學

——以兩所幼稚園為例

蔡雅泰

（高雄市立民權國小教師）

一、前言

　　語言是文化的基礎，文化的存續與興亡可說與語言的發展有著千絲萬縷的關係，語言的沒落，往往是文化流失的警訊，甚至可能是一個民族或國家的存亡危機。1992 年，在 Quebec 舉辦一場國際語言學大會，語言學者發表一段聲明：「任何一種語言消失，於人類全體皆是無法彌補的損失。」美國加州大學柏克萊分校的馬提索夫表示：「我認為，保存罕見語言的價值大多是人文的。語言是社群文化最重要的元素。語言死亡了之後，那個文化的特有知識就喪失了，觀察世界的一扇獨特窗戶就關上了。」（引自王道環譯，2002）由此可見語言保存的重要性與必要性。

　　臺灣有著精緻且獨特的本土文化，在過去，即使是殖民時期也充滿活力，由各族群流傳下來的歌曲與戲劇等可看出，各族群用語，在生活溝通與各項藝術表現都得以順利發展。但，隨著政權的轉移，國

民政府雷厲風行推行「國語」運動。首先糟殃的便是族群人數較少的原住民語，許多部落能操流利母語的往往是上了年紀的長輩，年青人與兒童與長輩間存在的不僅是語言的障礙，更是文化與觀念的鴻溝。這種語言與文化流失的危機同樣出現在其他族群上，客語或臺語因使用人口相對的較多，雖不致有立即消失的急迫性，但相對於「國語」有著政策的維護與推動，處於弱勢的族群母語發展，長時間受到壓抑，已使得新生代在母語的使用上漸漸出現斷層。臺灣本土語言流失的情形其實相當嚴重，李壬癸（1997）表示，臺灣原本有二十幾種不同的語言，但是有一半已經死亡了。而現存的本土語言一樣存在使用人口流失的危機。

根據語言學家的調查，世界各地的弱勢語言都面臨語言流失的危機。語言危機的癥兆顯現在母語傳承的衰微，當兒童不再學習母語時，這個語言就是瀕臨死亡的語言（endangered language）。而當一個語言缺少母語使用人口，不再成為社區日常生活溝通工具，並且不再經歷正常的語言變遷時，就變成死的語言（dead language，Thomason 1982，轉引自張學謙，2003）。幸而隨著本土意識的覺醒與對保存傳統文化的重視，近年來母語的維與復興逐漸受到重視，不論是國家政策的改變或民間力量的推動都如雨後春筍般生機勃勃。

母語學習應以環境為優先，如家庭中即以母語為主要溝通語言，則幼兒在入學前應已具備流利的母語聽說能力。但是，戒嚴時期的「國語」運動，雖成功的以「國語」取代日語，成為臺灣主要共通語，但同時也壓迫了其他語言的生存空間。洪惟仁（2002）指出，高階語言的勢力繼續膨脹，往往由高層逐漸向中層、低層擴張，謂之「向下擴張」。高階語言不斷擴張語言地盤的結果就會造成弱勢語言的「向下萎縮」的現象。當「國語」成為眾多家庭的共通語時，幼兒接觸母語的機會相對減少，甚至完全斷絕，使得幼兒無法使用其母語，不僅造成親代間的代溝，且是文化流失的一大警訊。為免臺灣眾多且豐富的多語言環境消失，政策的支持與學校系統的母語教學已是母語維護與學習的兩大支柱。

　　語言的學習愈早著手成效愈佳，為能了解幼稚教育階段母語教學情形，本文即透過文獻探討方式，以了解影響幼兒母語教學的相關因素；並以高雄市兩所公立幼稚園為對象，探其母語教學的的理念實務。主要研究目的如下：

　　1. 探討影響母語教學的主要因素。

　　2. 探討幼稚教育階段母語教學的實施情形。

　　閩南語為研究者所持母語，且兩所幼稚園所在社區學童母語亦以閩南語為主，故本研究所言之「母語」，以下皆指閩南語。

二、研究對象與研究方法

（一）研究對象

　　本研究為了解幼稚園母語教學情形，故針對高雄市兩所公立小學附設幼稚園進行教師訪談與教材蒐集工作。本文中將此兩園簡稱為「臺甲」與「臺乙」；為了解母語教材選取與教學情形，研究者訪談了兩所幼稚園的三位老師，此三位老師皆為正式老師，且都有十年以上幼稚園教學經歷，本文中簡稱為「臺甲 A 師」、「臺甲 B 師」、「臺乙 C 師」。

　　兩所幼稚園皆位於高雄市區，所在社區除「國語」為共通語外，主要母語為閩南語，故學校母語教學亦為閩南語教學。

（二）研究方法

　　本研究採用文獻探討法以了解影響母語教學的主要因素，並分析幼兒母語教材的內容；再透過訪談教師、分析教材以探討兩所幼稚園母語教學的情形。

　　訪談的進行依研究者預設之研究目的，進行半結構式訪談。主要訪談內容為「母語教材的選擇歷程」、「母語課程的實施情形」、「母語教學評鑑的影響」。隨研究報告之發展，及相關資料之分析，若發現資料有所不足時，再與老師連繫，進一步的了解相關問題。

　　為使所蒐集的資料更有組織、更有系統的呈現，以利研究分析及報告撰寫，資料蒐集和資料分析是交互進行的。資料分析時，為避免研究者主觀因素影響，故採多元資料的校正分析，即以相關文獻探討所得，對照訪談資料、文件資料，進行資料濃縮（data reduction）、資料展示（data display）、結論推衍與驗證（conclusion drawing and verification）（Miles & Huberman，1994１：10-12）。這些程序在資料分析的過程是持續、周而復始的進行，乃至研究的完成為止。

三、影響母語教學的主要因素

　　語文學習一般分為聽、說、讀、寫四大範疇，其發展順序主要為先聽說後讀寫，閩南語目前的書寫問題，雖有諸多論述與實踐，但一直仍無法有效推展。幼稚教育階段的母語教學亦以聽說能力培養為主，以下即就影響母語教學的主要因素加以探討。

（一）政策發展

　　語言的發展是使用族群與環境交互作用的結果，原本處於弱勢的臺灣鄉土語言，語言政策的基本原則是主持正義，保護弱勢語言的使用權、避免語言死亡發生。依目的之不同，語言分配可以分為「維護傳統語言地盤」和「保護少數民族語言」兩種，前者是當弱勢語言地盤被強勢語言入侵，或勢均力敵的語言為維護各自的地盤所採取的立場，後者是強勢語言對境內少數語言所採取的立場，立場的不同所採取的策略也不同，但是原理原則是一樣的（王雅萍，2006）。自1994

年教育部實施新課程，頒布《國民小學鄉土教學活動課程標準》，其中總目標明列須增進學生對鄉土歷史、地理、「語言」和藝術等的知識，並培養保存、傳遞及創新的觀念。

　　從八十五學年度（1996 年）起，在國民中小學裡實施本土語言教學。2001 年配合九年一貫課程的實施，依據教育部公布之「國民中小學九年一貫課程暫行綱要之實施要點」出：「國小一至六年級，必須就閩南語、客家話、原住民語等三種鄉土語言任選一種修習，國中則依學生意願自由選習。學校亦得依地區特性及學校資源開設閩南語、客家語、原住民語以外之鄉土語言供學生選習。」顯見鄉土教育語言教學之重要性，藉此培育未來國民中小學具備人本情懷、本土在幼稚園階段，教育部在 2006 年通過「教育部補助公私立幼稚園推動鄉土語言教學實施計畫」中，雖未強制規定幼稚教育需將母語列為必授課程，但配合幼稚園評鑑的與視察推展，並因應社會的需求，各園所仍會將母語教學列入其課程設計中。

　　「教育部補助公私立幼稚園推動鄉土語言教學實施計畫」中明列其目標為：「培養學齡前幼兒對於鄉土語言具備「聽」與「說」之能力。」及「提升學齡前幼兒了解自己家鄉、體驗不同族群之文化及語言，尊重多元文化素養。」由此可見，教育部將幼稚階段的母語教學目標設定為具備聽、說能力，並進而能培養其愛鄉情懷及尊重多元文化的素養。

　　李勤岸教授認為一個現代化的語言政策及語言計劃要符合有五個原則：人本化、民主化、多元化、科技化、國際化。一個重視語言權的國家，才能確保國人可平等的獲取國家資源。維護語言資產，建立多文化社會，推行真正的雙語教育才能讓臺灣成為一個真正民主又有人權的國度（李勤岸，1997）。在未來母語教育的推動，除了應本著延續母語與普及母語的應用外，更應著力於對不同語言的關懷與尊重。

　　綜而言之，臺灣母語教育已從戰後的獨尊「國語」，轉而要求將母語列入學校正式課程，這樣的轉變，除了肯定母語的價值外，也有

效提升了母語的地位。使用母語不再是隱諱且低俗的，反而可以得到
學校系統支持與鼓勵。

（二）環境刺激

人類從出生直至擁有語言溝通能力，其歷程是漫長的，且影響因
素甚多，除了健全的生理機能外，創造良好的語言學習環境是很重要
的。許多學者研究皆證實，語言刺激缺乏環境下長大的兒童，不僅
語言發展與溝通能力較同年齡兒童遲緩，對其認知發展也會造成負
面影響。

過去因政策的壓制，使得原住民語產生嚴重斷層，而閩南語和客
語的使用人口也不斷流失。使得這一代年青父母當中，有許多是以「國
語」為主要家庭通用語，兒童能聽、說母語的機會相對減少。許多祖
父、母常會感嘆孫子不會說臺語，或者孫子聽不聽阿公阿嬤的話，形
成世代間的代溝。

紐西蘭的毛利語（Maori）在 1970 年代的調查中只有 23.3％的
Maori 人會說 Maori 語。會說 Maori 語的人又大都超過四十歲，很少
有四十歲以下會講族語的人。幼童的情形更加嚴重，五歲的學齡兒童
不到 1％會講族語（Douglas & Douglas 1983，轉引自張學謙，1996）。
會造成這種狀況主要原因為當時毛利人父母在家主要是說英語，很少
對孩子講 Maori 語，使得毛利兒童無法從環境中獲得母語刺激與學習
機會，母語面臨語言流失與死亡的威脅。

張學謙（1996）的研究指出：

Maori 人積極展開母語復興運動以保存族群的語言和文化。除了
在 1982 年建立 Kohanga Reo（母語幼稚園）教育學前兒童以外，又
透過文化政治運動爭取語言權。1987 年通過的 Maori 語言法案將
Maori 語提升到官方語言的地位，同時設立 Maori 語言委員會，負責
推廣 Maori 語的使用。Maori 透過自發性的社區運動建立家庭－鄰里
－社區（home-neighbourhood-community）的母語傳授中心，有效地

改變語言流失（language shift）的趨勢，走向語言保存（language maintenance）。

　　Hinton（1999：75）指出：如果學校是母語學習的場所，又要想達成語言復振的目的，那麼就得把母語帶出教室外，帶回家使之成為社區溝通的語言……這意味著學校的語言課程必須是社區活動的一部分，不能只是學校自己設計、推行而沒有社區積極的參與。（轉引自張學謙，2004）學校與社區的結合在目前的體制下，並不容易推行，因這有賴於相關法令與制度的鬆綁、教師觀念的改變與社區對教育參與的加強三方面並方得見效。即需要讓輔助教學人員更有制度的引進，讓老師更願意帶著學生走入社區，此外讓社區居民也能透過各項活動主動參與兒童教育。

　　在政策上，政府推動「國家語言發展法」，承認所有臺灣本土語言均是國家語言（National Languages），即所有母語皆得到平等地位，並透過教育措施加強母語教育，但家庭中使用母語的普及性仍需更積極的推展與鼓勵，讓孩子能從家庭中自然而然學會母語。

　　此外，坊間四處林立著「雙語幼稚園」、「全美語幼稚園」，卻未曾看過各族群成立其母語幼稚園，私立幼稚園或有其市場與成本考量而不願投資嘗試，但政府或可參考毛利母語幼稚園及其結合家庭－鄰里－社區的母語學習措施，成立各族群的母語幼稚園或者全母語實驗班，讓兒童得以有更自然且完整的母語學習環境。

（三）教材選擇

　　幼稚園的課程設計與教材編選向來由老師主導，在母語教學方面亦是如此，坊間可供老師選擇的教材早期母語教育尚未受到應有重視時，老師們多是自編，蒐集相關的兒歌、童謠或俚俗語及生活用語，做為教材（2008/1/17 臺甲 B 師訪談）。當時教育廳有發送一套「歡喜念歌詩」的河洛語教材供老師教學參考，此教材是以書卡方式呈現，以兒歌與童謠的呈現方式，分別讓孩子練習「我是好寶寶」、「身體」、

「衛生保健」……等計二十六個單元內容，老師們在教學時可以方便的抽取書卡，帶領兒童唸唱。

　　而後，隨著母語教學日受重視，政府單位與民間的相關教材陸續出版，有些是蒐集傳統兒歌、童謠、繞口令等，有些則是新的創作，如臺北市政府教育局（2000）編印之「臺北市幼稚園鄉土教學母語補充教材（一）河洛話－歡喜念歌詩」教師手冊、「臺北縣母語教材系列：臺語讀本（首冊、第一冊、第二冊）」（1993）、臺語鄉土讀本「咱的故鄉臺北縣」（1993）、「臺北囡仔鄉土情——臺北縣幼稚園河洛語教材」（2000 初版）、《彰化縣鄉土教材系列：河洛語讀本（第一冊到第六冊）》（1994）等，這些各縣市政府所出版的教材廣泛為幼稚園教師所採用。除此，民間出版社亦有極豐富的母語兒童讀物出版，除傳統兒歌童謠外，也有蒐集、改寫或創作一些故事，如「廖添丁傳奇」（洪瑞珍，2001）、「哪吒鬧東海」（洪瑞珍，2002）。或者直接採用傳統幼兒啟蒙教材，如「臺灣三字經（河洛話讀本）」（康啟明，1995）。

　　由政府或坊間所出版的教材來看，大多以貼近兒童經驗的兒歌、童謠為主，比較需要注意的是，這些兒歌與童謠與日常用語是有差異的，如果老師僅參考這些教材，讓兒童能琅琅上口，是否便能讓兒童自己轉化為日常用語，這是值得進一步探討的。

　　目前，母語教材的選擇性雖然增加了，但同樣也出現一些爭議與難題，主要為母語的音標與書寫系統的建立。雖然幼稚園階段不需教識字，但許多教材因無法表達母語中獨特的字詞，或自創新字，或以拼音方式書寫，造成教師在選用與教學時的困擾。而音標系統爭議多時，更是讓老師無所適從，致使許多教材需要標示兩種以上的拼音。拼音系統的混亂，使得國中小老師與學生往往看著拼音，也不容易拼出正確的讀音。

　　綜而言之，母語教材往往需要老師精心的選擇、設計才得以付諸實施，這些教材要能讓兒童喜歡，且能達成既定的教學目標。在未來，我們更希望在書寫與標音系統能有共識，讓老師能更有系統的教學。

（四）師資培訓

母語教材不論質與量比之過去都有快速的成長，但教師是否適任母語教學，是母語教育推動的一大關鍵，因此，除了在師資培育過程中，加入母語教材教法相關課程外，亦有民間機構推行「母語教師師資班」並組成「母語教師協會」，以支持國中小的母語教學。但在幼稚園部分仍主要以現職老師進修為主要的母語教師培訓管道。

參與研習或培訓的老師，除了可以對母語教材教法有更深入的了解外，也可與他人分享、討論母論教學的相關理念與經驗。

目前幼稚教育並未強制規定母語教師的資格，但相信，隨著對母語教學期望與要求的提升，證照制度的建立是必然的趨勢。鼓勵現職或預備教師透過研習、培訓或檢定，以取得母語教學證照，除可提升母語教學成效外，也可進一步兼顧文化的傳承。

此外，如何引進社區資源，建立如毛利語幼稚園般的輔助教學人員制度，也是母語教師師資培可納內考量的方向。

（五）教學的策略

如以聽、說與文化傳說為母語學習目的，那麼臺語不應該只是一個教學科目，每個星期固定時間來上一至二節母語課，更應以全語言的理念，讓兒童得以全面且自然的接觸母語。如洪惟仁（2002）所言：兒童初級教學中應該以母語為主要語言，而不是華語教育的陪襯。如果在學校教育中完全排斥母語，即使有所謂「母語課」或「鄉土語言」的課，也只有聊備一格，沒有功效。

語言的學習如果僅依靠每星期少數時間的分散學習，其效果是有限的，如果兒童家中也不使用母語，那母語教育更是難竟其功。目前公立學校均有推動「母語日」的活動，鼓勵教師與學生能在這一天，盡量使用母語溝通、教學。非母語課也可以用母語做內容教學，以擴充母語的文化內涵。

　　就過去「國語」教學的成效及語文教學理論而言，母語教學策略可參考「直接教學法」。即母語課程，甚至其他主題課程都直接使用母語教學、分享討論。此教學法為現有教師所熟悉，易於推廣，且可讓學童完全處在母語環境中，自然而然熟練母語的聽與說。如果無法所有課程皆實施直接教學，則可選部分主題或單元，讓老師與學生慢慢習慣此學習方式。

　　在余伯泉、朱阿莉、趙家誌、高培倫（2003），以三階段一轉換方式實施臺語直接教學法的個案研究中發現，小一學童的羅馬字母能力，全班 82.85％達 90 分以上；聲調評量能力，全班也有 82.85％達 90 分以上；全班家長 96.88％贊成拼音教學，只有一位不贊成。陳美瑩＆康紹榮（2000）以直接教學進行的實驗教學，顯示臺語教學對學童的學習成就、社會和自我發展皆有正面影響。即結合母語和學科的教學除可提升學生母語學習成效外，也有利於學科學習成果。

　　除了教學上採直接教學外，老師亦應在課程中設計更多讓學生分享、討論與發表的活動，配合問思教學與討論教學及同儕分享，建立教與學積極且良性的互動，方能使學生更熟練運用母語。

四、兩所幼稚教育母語教學的實施情形

　　為了解幼稚園母語教育實施情形，研究者訪談了兩所公立國小附幼的老師，以了解其母語教材的選擇、母語教學情形及母語教學評鑑的影響。

（一）母語教材的選擇

　　訪談的三個老師（兩所學校）在選擇教材時有兩個相同點，即：
1. 會從坊間的教材去蒐集選取，整理成上課內容。
2. 教材內容以兒歌、童謠為主。

> 我們都是看要上課的老師自己去蒐集材料，選擇適當的整理後，再拿來上課。（2008/2/13，臺甲 A 師訪談）

> 我們以前有用教育廳的那一套教材，它每一課可以抽出來看，後來有其他教材，我有時也還會拿出來用。（2008/1/16，臺甲 B 師訪談）

> 我們都是把出版社送的或去書局蒐集的材料，然後所有老師再一起討論，看要用那一本為主。（2008/2/10，臺乙 C 師訪談）

　　在研究者所蒐集，這兩所學校的教材內容，幾乎都是童謠與兒歌，如他們共同參考了「阿嬤兜」（巧兒文化）一書內容。不過，如臺乙 C 師所言：「基於規定，幼稚園不能直接採用坊間的教材」（2008/2/10，臺乙 C 師訪談），所以老師通常還會再延伸或補充其它教材內容，並融入日常生活會話。

　　不過，兩校老師在教材的決定是有所差異的，臺甲校是由上課老師自行選取做決定，所以各班間教材可能會有所不同。而臺乙校則是將教材彙整後，再由所有老師一起篩選、整理，因此有較統一的上課內容與進度。

　　由此差異可看出，幼稚園母語教材的選擇老師有著極大的自主權，而因此更凸顯出任課教師的影響，與提升教師母語教學知能的重要性。

　　此外，在選擇教材時，老師也會考慮到教學目標，以選擇適合學生程度的教材內容。如臺乙 C 師所言：「母語教學的目標，我們就是定位在能夠應對，就是在家裡能跟阿公、阿嬤有辦法溝通。」（2008/2/10 訪談）這樣的定位，使得其教材的選取較生活化，上課時可配合主題來進行。

（二）母語教學情形

　　兩所學校的母語教學比較固定的是配合學校的母語日來上，不過，平常還是會機會教育，補充與主題相關的日常用母語。

> 「通常一星期至少一節課 40 分鐘會上鄉土語言，不過主要是配合主題來上啦！」（2008/2/14，臺甲 A 師訪談）

　　上課時主要是配合主題活動，配合教具（海報、CD 等）引導孩子讀熟、唱熟。

> 「通常會先讓孩子讀熟，先帶著唸再不斷練習，然後會有一些講解和活動。學生熟了以後，我們會把海報貼在教室裡，隨時可以再做練習。」（2008/1/16，臺甲 A 師訪談）

> 「我們可能會以故事來講，或帶活動，再來上。……通常海報還是會需要，會認著海報指字來唸，或者聽音樂，用唱的方式。」（2008/2/10，臺乙 C 師訪談）

　　不過如果以教學策略來看，臺乙 C 師表示「如果一堂課要完完全全用臺語來教，功力上還是有點困難，不是每個人都可以做到，所以通常是國臺語雙聲帶。」（2008/2/10 訪談）可見如要採直接教學法，在目前教育環境將面臨兩個問題：一是母語教學時間較少；二是教師或因不習慣或能力不足而難以全母語教學。

（三）母語教學評鑑與影響

　　這兩所學校在去年鄉土語言訪視皆是優等（分特優、優等與甲等），訪視內容中的「教學表現」占百分之九十，其中鄉土語言的教學活動百分之五十，鄉土語言的教學與環境百分之二十，結合社區與

家長推動鄉土語言活動百分之二十；另外,「特殊優良事跡」占百分之十。

　　兩所學校老師皆對訪視委員的標準有些質疑:

> 評鑑結果我們是優等,不用複評了,不過,其中有一個委員一直說我們的字寫錯了,還有發晉不標準。我們就覺得奇怪,那到底什麼地方的才是標準。還有,那個委員說沒有字的要用拼音字母寫,那誰看得懂啊!而且幼稚園又不教寫字的,幹嘛要寫那樣!(2008/1/16,臺甲 A 師訪談)

> 以前評鑑委員來,他們只是說是來訪視,他們來就跟孩子聊,所以也是 OK 啦!這次來他們就說是評鑑,那些人一個是去年評鑑優等學校代表,一個是＊＊國中主任,一個本來是專家學者,後來那個學者有事,臨時補了一個退休校長來,那個就一直都在＊老師班上,聽說他一直糾正說在個字要怎麼寫才正確,那個＊老師的發音不標準(笑)。那我們就覺得馬上「三條線」了(無奈、苦笑),＊老師已經是我個臺語教學的「一姊」,我們臺語教學很多事都是由她帶頭,還可以被批評說「發音不標準」……連國語每個地方都不太一樣,那臺語那一個才是標準?」。(2008/2/10,臺乙 C 師訪談)

> 我們會把上過課的海報貼出來,結果有那個阿嬤來接孫子,看到上面的拼音字,告訴我們那要怎麼唸啊!(2008/2/10,臺乙 C 師訪談)

　　由此可見,訪視委員對訪視內容與標準有著不同認定,如臺甲 A 師所言,幼稚園不用教寫字,且依「教育部補助公私立幼稚園推動鄉土語言教學實施計畫」所示,幼稚園母語目標應是具備「聽」與「說」之能力。故老師們對委員要求把字寫「對」感到質疑。此外,兩校老師皆提到有委員質疑老師的閩南語發音不標準,他們覺得本來每個地方的腔調就會有差異,委員所言「不標準」的依據為何?

　　從「教育部補助公私立幼稚園推動鄉土語言教學實施計畫」所衍生的鄉土語言訪視本應是鼓勵與原則性質，其內容其實頗具代表性，也符合母語教育的理念與原則，但訪視委員的標準卻不太一致，且讓老師覺得無法認同，這部分是相關單位在持續推動此訪視活動應再做改善的。

　　此外，到底老師所用教材的書寫文字要如何才恰當也值得再進一步探討與研究。

五、結語

　　語言是有機的，隨著時代與環境的演變，語言也隨之消長。許多語言消逝在歷史長河中，部分語言在時代夾縫裡苟延殘喘。語言的興衰存歿相關因素甚多，今日臺灣的母語想適當的保存與發展，有賴正確的政策、有效的提升使用意願、合宜的教材教法並配合足夠的師資培育。這當中所衍生的母語音標與書系統的建立及教學配套措施的調整都是我們仍需努力的方向。

參考文獻

王雅萍（2006）。**臺灣多元文化政策的理念與實踐——以鄉土文化與鄉土語言教學為中心的檢視**。論文發表於加州大學聖塔克魯茲分校 Kresge 學院舉辦「第十二屆北美臺灣研究學會年會」（**NATSA 12th Annual Conference**）。

王道環譯，W. Wayt Gibbs 文（2002）。搶救瀕臨滅絕的語言。**科學人雜誌，2002 年 10 月**。

李勤岸（1997）。語言政策與臺灣獨立。**共合國雜誌，創刊號**。取自 http：//www.wufi.org.tw/forum/policy.htm

余伯泉、朱阿莉、趙家誌、高培倫（2003）。**論臺灣語直接教學法：三階段一轉換**。論文取自 http：//taiwantp.net/eternity/R-05.htm

洪惟仁（2002）。母語教學的意義與方法。**國文天地，210**：4-15。

洪惟仁（2002）。**臺灣的語言政策何去何從**。論文發表於淡江大學主辦「各國語言政策——多元文化與族群平等學術研討會論文」。

張學謙（2003）。母語讀寫與母語重建。**東師語文學刊，13**：97-120。

張學謙（2004）。結合社區與學校的母語統整教學。**臺灣語文研究，2**：171-192。

陳美瑩、康紹榮（2000）。臺灣的母語和國語雙語教育。論文載於花蓮師範學院多元文化教育研究所編印「**多元文化教育的理論與實際學術研討會論文集**」，頁 415-440。

Miles, M. B., & Huberman, A. M. (1994). Qualitative Data Analysis (2nd ed.). California: SAGE Publications.

教學活動設計原理及
幼兒母語融入教學活動示例

黃文樹

（樹德科技大學師資培育中心教授）

楊麗仙

（高雄市立裕誠幼稚園教保主任）

一、前言

　　學校教育工作有了正確的目標、優秀的師資，及良好的制度之後，就應提供適當的教育內容讓師生進行教學活動。學校教育的實質與核心就是課程與教學活動，教師的「教」與學生的「學」的材料就是教材，而如何把教材與教法予以活化以達成百分之百的教學效果，師生兩者成功的教學活動，乃是主要關鍵。本文旨在概說幼稚園教學活動設計原理，說明教學活動安排與教材選用，分析幼稚園教學的因素與原則，以及提供幼稚園母語融入教學活動的示例，盼有助於教育伙伴的相關教學事宜。

二、幼稚園課程之發展

在介紹教學活動設計原理之前，有必要先釐清其先備概念——課程之意涵及發展歷程。「課程」（curriculum）一詞源自拉丁文「Currere」，意指跑馬道或馬車跑道，含有行進所遵循的路線之義，引申到教育領域來，「課程便是師生在教育過程中教與學的進程」（黃政傑，1990：341）。課程的定義很多，大體可分成四大類：科目、經驗、目標、計畫。首先，傳統概以課程為科目，指稱學習或訓練之科目，抑或是科目有關的大綱、教科書與其他教材。再者，有視課程為學生的學習經驗，亦即學生與周遭環境的人事物產生交互作用的歷程和結果。另外，有謂課程乃達成教育目標的手段，包括課程工作者意圖或希望達成的結果。最後一種定義，將課程界定為教學計畫——教學行動系統，可包含目標及內容活動的安排。課程這四類定義，各有特點和貢獻：把課程視為科目，強調各科實質內容及各科之價值，有功於教材之發展；將課程視為經驗，重視學習環境中人事物的整體性；將課程視為目標，關切學習結果的分析，並以之作為教育的引導，進而建立教育績效觀念；將課程當做為教學而計畫的行動系統，凸顯教學規劃的重要性（同上：342-343）。

至於「教材」（subject matter）乃是教學活動的資料，在實質上是課程編製的具體化，其涵義可歸納為二種：一是指教師用以協助學生學習的各種材料，例如教科書、講義、學習手冊、操作單、透明片、幻燈片、影片、錄音帶、圖形繪作、樂器、積木等。二是指各種教學材料包含的題材或內容。前者指物品，後者指內容（同上：354-355）。可見，教材是課程的重要部分，課程設計與教材編選二者關係密切，不可須臾離也。

課程發展一般指課程要素如何選擇與組織的歷程，它是將個體成長發展的觀念用在課程設計上，意味課程發展並非一次定型，而應反覆試用、實驗、評鑑、修訂，才能臻於完善（同上：352）。課程要素意即課程的重要成分，可包含下列各項：

1. 目標（指預期的最終結果）

2. 內容（指所要學習的概念、原理、事實、方法、技能、價值、態度）

3. 活動（指學習的方式如聽講、觀察、實驗）

4. 方法（指教與學的整個過程）

5. 資源（指學習所需的器材、設備、書籍或指導人員）

6. 環境（指學習時物理環境及社會環境的安排）

7. 評鑑（指確知學習狀況及成效的方法和工具）

8. 其他（指不包含於上述七項的有關因素，例如行政配合措施等）

　　上面這些課程要素每個要素都可視為一個體系，不過它們不是孤立的體系，而是相互依存、相互貫串的。課程各要素的設計都有其重要原則，不論各要素的小體系也好，或是所有要素組成的整個大體系也好，都需要遵循適當的程序來發展，這便是課程發展工作了（同上：353）。

　　課程發展程序雖然言人人殊，各有見解，不過，大體上可歸納為「研究」、「發展」、「推展」、「採用」四個階段（如圖一）。

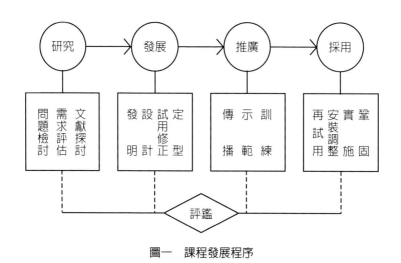

圖一　課程發展程序

　　課程發展先要針對所要設計的課程主題，進行研究，包含問題檢討、需求評估（含兒童與社會）、文獻探討等工作。其次，課程發展人員必須發明或設計課程要素，加以試用修正，最後又予定型。為了推廣整個課程，必須進行傳播、示範及訓練工作，爭取可能使用者的接納。當使用者決定採用時，他可能再試用、安裝調整、實施，最後達於鞏固（同上：354）。

　　論者將幼稚園教學活動的發展分為計畫、設計、發展、實驗、評價五個階段，若評價修正後覺得可行性高，就可以確定計畫，否則就需要不斷反覆進行。每個發展階段有其主要的工作項目要完成，內容請參考下圖（張翠娥，1998：36）。

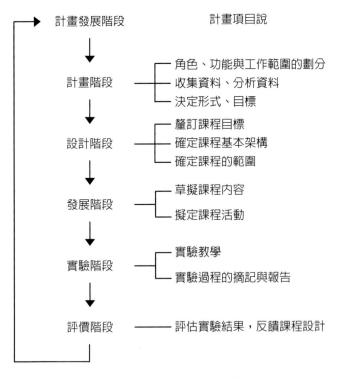

圖二　幼稚園教學活動計畫的發展圖

三、幼稚園活動安排與教材選用

幼稚園教材的型態包括遊戲（game）、工作本（worksheets）、操作物（manipulatives）、媒體（media）等。遊戲通常屬於團體活動，工作本則傾向於個別活動。遊戲提供幼兒學習各種知識和技巧的機會。工作本允許兒童利用最少的時間和材料去做學習，常用來做的是空間、數的刺激和反應，幼兒階段不宜過度使用工作本，最好能以實際操作方式來代替紙筆練習。操作物主要是提供兒童在操作中學習，包括科學實驗的操作及手工的製作。媒體則常包括教學和感覺的要素，如卡帶、卡式錄音機、幻燈機、影片等軟體和硬體（參見張翠娥，1998：45）。

在幼稚教育實務上，課程發展與設計的主軸要素乃是將遊戲、工作本、操作物及媒體等教材予於活化的教學活動。課程設計的再完整，若無法以生動活潑的方式進行活動，或引不起兒童的學習興趣，都將付之東流。課程計畫如何邁入實際的教學活動，學者建議在活動設計前應考量下列事項：

（一）考慮幼兒個人和團體的需要

每位幼兒的發展速度、興趣、能力不同，當然會有差異。班級與班級之間，也會因每個班級不同的組成因素而有分別，這些因素受幼兒年齡、人數、家庭背景、生活經驗等的影響，如都會區的幼兒團體與鄉村型的幼兒團體，其團體需求與生活經驗背景就會有所差異。所以在課程設計中需要同時考慮個體和團體的需要，注意幼兒目前發展階段為何，下一個發展階段是什麼，如何協助他們進行這個階段的發展。

（二）考慮短程計畫和長程計畫的銜接

短程的課程計畫應能反映長程的計畫目標，考慮如何承先啟後？是否須配合季節、節令、特別節日？活動呈現型態是單項或連續發展？

（三）考慮可使用的資源和如何將資源充分發揮的方法

計畫課程的同時需要想到有多少可用的資源？教師人力？可支援的義工人力？書籍、玩具、材料是否充足？場地利用是否有問題？設備器材夠不夠？能利用的社會資源是什麼？若要安排參觀活動，地點的選擇、人員、交通及與對方的聯繫協調都要一併考量。

（四）考慮室內和室外環境在季節與天氣狀況下，可行的活動方式

雨天若要進行體能活動、韻律活動、戲劇扮演，室內場地夠嗎？參觀活動、戶外活動、障礙賽、園遊會、郊遊等活動，受季節、天氣的的影響甚鉅，所以要特別考慮多種因素條件下可行的活動方式，或事先有預備方案，以免臨場手忙腳亂。

（五）考慮可使用的教學方法與時段的安排

用何種方法最能引發孩子的興趣？一天中活動型態要如何搭配？團體討論時間多長？小組、角落、個別活動、韻律、體能等活動型態的選擇搭配，時間的彈性等，都應在教學活動設計時同時考量。

（六）行政的溝通與協調

　　有些教學活動需要行政的支援，如經費的補助、場地的協調、公文的發送、交通工具的安排、人力的調動、設備器材的申請、時間的運用等，均需要事先與有關人員溝通協調，否則活動的進行將會碰到困難，甚至無法進行（同上：37-38）。

　　至於幼稚園教學活動選取的步驟，論者提出下列三個步驟：

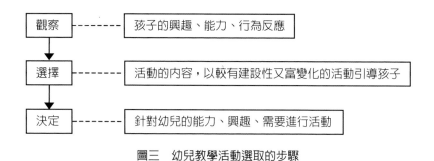

圖三　幼兒教學活動選取的步驟

1. 觀察

　　觀察的主要目的在瞭解個別及團體幼兒的興趣、能力和行為反應的真正狀況。觀察時要保持客觀的態度，以找出幼兒需要協助的地方。舉例而言，四歲的小傑正在跳格子，他有時用雙腳跳，有時用單腳跳，一直不斷來回跳格子，仔細觀察其動作就可以發現，當他雙腳往前跳時，並不是雙腳同時落地，而是一前一後。單腳要也無法連續跳，而是舉起一隻腳，跳一下，另一隻腳就採地了。這可發現他在肢體動作的協調有困難，無法確實做到雙腳跳與單腳跳的正確姿勢。如果未經客觀觀察，他可能會被認為學習不專心、調皮故意不做好動作，或被認為有毛病。小傑一直不斷來回練習，顯示其對跳格子有高度興趣。若教師能在活動設計中考慮到他的需求，多指導他跳躍的動作，提供機會讓其多練習，並適時鼓勵，相信應能真正幫助他。

2. 選擇

由觀察活動瞭解孩子的需求、能力和行為反應後，教師就要思考選擇何種活動來幫助孩子？運用何種方式以引起孩子的興趣，並能真正促進其行為發展。上面的例子中，可以考慮讓幼兒經由不斷練習達成目標。但一昧地反覆地練習，幼兒可能沒有興趣，或許可以變化活動的方式，但仍維持相同難度的動作，以引起孩子學習的興趣，接著等其較熟練後再增加活動的難度。這些活動安排都需要老師做選擇。

3. 做決定

可以安排的活動很多，方式也可以是多元變化的，但老師最後還是需要做決定，安排最適合幼兒的活動計畫，以進行活動（同上：38-39）。

掌握教學目標、課程與教材、活動與教法的連結關係，吸取教材的精神，才能駕馭教材，也才足以靈活替換和創新發明有用的教材。目前坊間出版行銷的幼兒教材，種類繁多，品式複雜，故今日教師面臨的問題不在教材製作，而在如何選用教材。基本上，教材的選用要考量兒童的發展特性與需求、教學目標、活動型態、教學方法、環境空間、資源設備等條件相應的程度。而教材本身的品質當列為優先考量因素。表一可作為教材之篇製、評鑑與選用的參考。

綜觀上述，幼稚園課程的發展與設計以及活動的安排與教材的編選和運用，環環相扣，鈎連在一起。課程要素是多元的，在發展與設計上必須兼顧各要素，依適當的程序與步驟，循有關的原理原則妥善為之。而如何以生動活潑的方式呈現教材、進行活動，引發兒童的學習動機與興趣，亦有其要領。至於教材的選用同樣可取資相關的評鑑項目。

表一　幼稚園教材評鑑表

教材名稱：					
教材來源：					
編製者：					
使用年級（班別）：					
評鑑類別	評　鑑　項　目	評　鑑　等　級			
		優	良	可	劣
內容	1.是否配合教學目標？				
	2.是否符合認知意義？				
	3.是否符合道德的可欲性？				
	4.是否具有價值性？				
	5.是否反映時代精神？				
	6.是否符應課程標準？				
	7.是否客觀處理社會論題？				
	8.是否能激發學習的興趣？				
	9.是否能增進學生的知能？				
	10.是否能持續吸引學習？				
	11.是否允許不同的學習型態？				
	12.是否提供好的學習方法或工具？				
	13.是否提供學習者實際操作或演練的機會？				
	14.是否適合學習者的特性？				
呈現方式	1.印刷是否清晰？				
	2.字的大小是否便於閱讀？				
	3.圖片是否能說明文字？				
	4.字和圖表是否配合學習者程度？				
	5.書寫風格是否有助於學習者的理解？				
	6.紙張是否適當？				
	7.裝訂是否適當？				
使用性質	1.在學校內良好的教學地點安排是否可能？				
	2.教師手冊是否與學生教材內容吻合？				
	3.是否同時提供個人使用與團體使用？				
	4.學生習作內容是否與教材連貫？				

※評鑑日期：年月日※評鑑者：

四、幼稚園教學的因素與原則

「教學」（teaching）乃達成教育目標的主要手段，也是學校教育的核心工作，學校一切行政之運作無非在支援教學，促使教學的進行得以順利產生成效。何謂「教學」？簡單言之，它是教師「教」的活動加上學生「學」的活動的合一體。進一步來說，教學是指擁有特定知識、技能、情操等內容的人──教師，指導缺乏這些內容的人──學生習得這些內容的互動歷程。

幼稚園六大課程領域，雖然健康、遊戲、音樂、工作、語文、常識等領域性質有別，但是教學活動卻有許多共同的特質與原則，諸如教學應儘量提供具體與真實的經驗、教學情境應與生活密切結合、採取遊戲化與多元型態進行活動等。影響教學良窳的因素極為複雜，舉凡社會環境、制度行政、課程教材、方法技術、教師素質、學生條件、教學目標與教育目的等，均是教學所應考慮的因素。社會文化環境會影響教學的內容和重點；行政制度與課程教材會影響教學的性質和功效；方法技術的運用會影響教學的品質；教師專業知能與精神的高低直接攸關教學的成敗；學生的動機與條件會影響教學的績效；教學目標與教育目的會引導教學的走向（參見郭為藩、高強華，1988：204）。圖四顯出了教學各因素之間的交互關係。

以學生的條件言，一般的學校班級當中，學童來自不同的社區、家庭，年齡、性別、身心發展、人格特質、學習式態、生活與學習經驗等都不同，呈現個別差異的事實。這些差異，均會影響教學，例如，年齡小的學童，注意力集中的時間愈短，長時間的溝述法對他們是不宜的；再如學習式態有所謂視覺型、聽覺型、視聽覺型、體覺型等，視覺型學童擅於透過觀察、閱讀而學習，聽覺型則敏於有聲媒體而學習，教師若能配合學童的學習式態教學，則效果必然可期。

圖四的繪製者郭為藩與高強華二人，係採取綜攝統整的角度，視教學為教師督促學生實現教學目標，完成教育目的的過程。依他們的觀點，教學目標與教育目的需是師生共同認可的學習方向或歸趨，教

師如果能在社會環境與制度行政的影響下，慎擇課程教材，善用方法技術，便是正常的教學；反之，師生對於教學的指向盲然或曲解，教師受到制度行政與社會環境的限制，無力於課程教材的選用，無心於方法技術的改進，教學的歷程便會衍生問題，偏弊與失誤將遺患無窮（同上：206）。

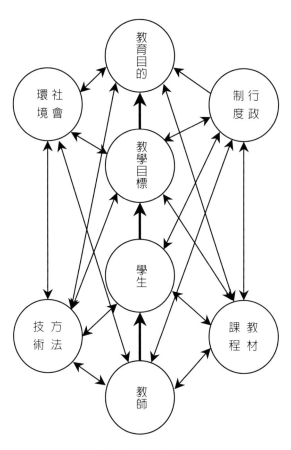

圖四　教學因素關係圖

　　傳統的教學向以教師或課程教材為中心，學生處於被動地位，教學氣氛嚴肅，教師權威高高在上，學生只能唯唯諾諾，「聽師講授，不許妄言辯難」，呈現出一種「封閉的教學系統」。不過，隨著時代的向前推進，現在已是民主開放的社會，今日的教學多改採「開放的教學系統」，注重學生的主體性與學習權，教學多元化、活潑化，反映出進步的教學觀。表二將「封閉的教學系統」與「開放的教學系統」做一對照（修改自郭為藩、高強華，1988：206-210），從中可知這兩個教學系統的差別所在。

表二　封閉的教學系統與開放的教學系統對照表

類別 項目	封 閉 的 教 學 系 統	開 放 的 教 學 系 統
特徵	1. 教師或制度為中心 2. 嚴密的、僵化的系統 3. 以控制為手段	1. 學生為中心 2. 鬆散的、彈性的系統 3. 以啟發為手段
社會背景	1. 傳統農業社會、工業社會 2. 獨裁政權、財閥專制、老年化的權力結構 3. 靜滯的、單純的社會	1. 後工業社會、知識經濟社會 2. 民主政權、功績政治、自我更新的權力結構 3. 動態的、多元的社會
教學的信念	1. 教學決定學習，怎樣「教」便決定怎樣「學」 2. 學習包括訓練、背誦、記憶等，是痛苦的經驗 3. 教師是知識唯一來源，學生是被動的吸收者 4. 資賦優異只限於少數人	1. 良好的教學促進學習，不良的教學妨害學習 2. 學習是基於興趣，學習是一種愉悅、享受 3. 知識來自多方面，同儕之間互相學習，學生是主動的參與者 4. 所有的人蘊藏無限潛能
行政制度	1. 輸入導向的（Input-oriented） 2. 階層體制的領導	1. 輸入——服務——利益導向的（Input-service-benefit-oriented） 2. 多元參與式的領導

課程教材	1. 範圍偏窄、固定，重歷史、回溯的知識 2. 以經籍、典章、真理、事實、格言為主 3. 由教師或教室外在的權威決定教學內容 4. 編序的單元計畫，依進度實施 5. 要求團體的整齊劃一 6. 西方文化為主流，強調我們——他們間之差異	1. 範圍較寬廣、變動，重當前、未來導向的知識 2. 重方法、原理、創造、直覺與適應社會情境 3. 由教師和學生共同設計教學的內容 4. 彈性自由的學習，教學計畫僅供參考 5. 依需要和興趣個別化教學 6. 人文的、泛文化的、重視彼此間之相似
師生關係	1. 視學生為一集合體 2. 權威——隨從的關係，控制是工具性的手段 3. 情感有所抑遏，我——它關係 4. 單一教師包班教學	1. 視學生為獨立自主的個體 2. 教師是促進學習的人，學生是資淺的同事 3. 情感自由表達，學生評量老師 4. 協同教學、運用資源人士
學生的規範	1. 強迫出席、點名 2. 違規行為一律要受責罰 3. 學生無權申訴 4. 中途離校是學生的過錯，學習不良是學生的羞恥 5. 既定的規則和程序	1. 自由出席、不點名 2. 依困難或性質諮商輔導 3. 可以依法申訴 4. 學習失敗的原因包括環境因素、制度因素和個人因素 5. 民主地發展出規則和程序
回饋與獎勵	1. 形式的、機械的、標準的答案 2. 強調數量化的評量 3. 評定名次和等第，固定的淘汰率 4. 競爭中發掘優秀人才 5. 重學習之職業的、外在的、實用的價值	1. 多向度的、開放性的答案 2. 必要時才藉助量化評量 3. 只評定通過與否，不排列名次 4. 不重視競爭，鼓勵多元發展、自我競爭 5. 重學習之自我的、內蘊的價值
目標趨向	1. 個體的社會化 2. 道德文化的傳承 3. 知識份子的培育 4. 終結性的教育	1. 個別化的、全人的教育目的 2. 道德化的批判選擇與創新 3. 全民大眾的教育 4. 終生的教育
課外活動	1. 有所限制的，以父母為中心的 2. 學業與生活脫節 3. 學校與社會隔離	1. 開放的，以同儕為中心的 2. 學業與生活密切連繫 3. 沒有圍牆的學校

環境空間	1. 結構嚴密、秩序井然的校舍建築 2. 固定式的儀器設備 3. 教師指定或排列座位 4. 在教室內學習 5. 忽視教室外的學習	1. 擴散性、開展性的空間設計 2. 彈性設施，可以自由選擇 3. 學生自由選擇座位 4. 教室、資源中心、家庭、社區、世界各地皆可學習 5. 鼓勵非正式的學習
作息時間	1. 集體一致的作息時間 2. 固定課表，上課時數與學分有邏輯次序與結構 3. 直達車式的學校教育，畢業以後一條鞭式的工作與就業	1. 個別調整的學習速率 2. 彈性課表，隨時可以調整變換 3. 學習與工作、就業交迭影響，兩者均是終生的過程

教學效率的提高，有正確原則的指導，和適宜方法的靈活運用。依朱敬先的觀點，幼稚園教學的原則有下列十項：

（一）準備原則

包括教師對教學的準備及幼兒對學習反應的準備，且前者的準備是以後者為依據的。教師施教時當然希望幼兒有適當的學習反應發生，若幼兒對某項教學在心理上並無準備，就不易達到學習效果，若幼兒對教師引發的動機有濃厚的興趣，就會全心全意的去討論、研究、探索、發現，因此教師必須就教學的有關部份作充分準備，使幼兒在新學習、新經驗上求得充分的發展。例如教學活動的單元是「家」，教師可引起幼兒敘述自己家庭情形，由幼兒自由發表意見，教師加以歸納整理，然後據以準備教學材料，指導幼兒創設一個家庭應有的人物和用具，教師只站在準備和輔導地位，讓幼兒體驗理想中的家並欣賞愉快生活，這樣才能產生理想效果。

（二）自動原則

此原則是指讓幼兒自由活動，從自由活動中去求得學習反應，它同時包括幼兒身體動作、心理和思想情感在內。技能方面的學習，教師應讓幼兒自己嚐試，並給他充分示範和指導；至於知識欣賞方面，要發現並試探幼兒是否有反應，任何活動不宜太快或太慢，太快幼兒不易領會，以致食而不化，太慢幼兒不努力從事工作，尤其聰明的幼兒興趣會降低。通常練習工作和具體材料不妨稍快，思考和欣賞的材料宜稍慢。有經驗的教師會用適當動機去引發幼兒的活動，也會以教育觀點去糾正幼兒自動的錯誤活動，這「自動原則」運用的正確與否都在指導人身上。

（三）興趣原則

學習要想奏效，一定要學習者對學習有興趣，教師教學先要使幼兒感興趣，才能達到教育的目的。幼兒的學習興趣可分為天然傾向和心理基礎兩方面，前者以幼兒自然衝動作探求學習的驅力，例如一個喜歡冒險的幼兒，他的傾向是追求、思索、勇敢的行為；一個好表現的幼兒，則熱心服務、領袖慾強、喜受人稱讚，教師應注意幼兒個人的天然興趣傾向，於活動給予表演的機會。後者仍根據幼兒的心理基礎，由教師引起動機的活動，例如教學活動的單元是「蔬菜」，教師可帶領幼兒上菜市場實地參觀，幼兒會發現各種新的東西，教師應及時和幼兒討論，讓幼兒以自己的興趣報告他的見聞，教師記下幼兒共同的興趣，若是大部分幼兒都對水果有興趣，那麼不妨放棄蔬菜，將單元改成水果也未嘗不可。在幼兒工作中，應讓幼兒以自己的興趣去選擇材料及工作方法，這樣可使幼兒獲得更新的經驗和興趣。

（四）類化原則

即以幼兒原有的經驗為基礎去接受新事物之意。每個人對新事務所產生的意義，大半根據其舊經驗及原有學習態度而定，由於每個人的舊經驗各異，其對新事務的認知也不相同。教師選擇新教材時，要審查幼兒對新教材是否具備必要的經驗，若幼兒缺乏舊經驗基礎，他接受新經驗的效果必較差，要想教學有效，必先供給幼兒實際的經驗。但若舊經驗有錯誤則不可應用，以免阻礙幼兒新學習。所以教師在教學前，必須審查幼兒舊經驗是否有價值，對新學習是否有幫助，施教時隨時提醒幼兒回憶舊經驗，使他對新教材更能瞭解。例如教學活動的單元是「種牛痘」，幼兒幾乎每人都有此經驗，教師可先和幼兒討論種牛痘需要用些什麼？幼兒一定會提到醫生、護士、針、痘苗等，同時還可以討論為什麼要種痘？種痘有什麼好處？不種有什麼不好？這時有的幼兒回答問題，有的注意聽或回憶過去的經驗。醫生和護士大多為幼兒所經驗的可怕人物，教師此時可用故事方式說明醫生和護士對人類的貢獻，也許可以改變幼兒的觀念，培養幼兒正確的價值觀念。所以教學只要取材得當，運用得法，自易達成教學目的。

（五）個性適應原則

即考察幼兒個性差異的程度以因材施教，使個人得到充分發展機會。幼兒個性差異至為明顯，可分為：（1）智力差異；（2）性向差異；（3）性格差異；（4）學習方法差異等四種，因而幼兒教學應設法使他們個別發展而不致互相牽制，其法為：

1. 分組學習：為適應幼兒不同能力起見，可分為若干小組去學習，使幼兒能得到個別發展。
2. 個別指導：關於知識技能的學習，若要每個幼兒達到相同的教育目的，應施予個別指導，即教師依據幼兒個性，對不能達到

學習標準的幼兒給予特別指導，把幼兒學習的困難和缺點先指出來，再予以輔導，使學習有進步，幼兒興趣因而提高。

（六）同時學習原則

美國教育學家克伯屈（W. H. Kilpatrick）認為幼兒在一項活動中，不論教師有意無意，幼兒都在學習，且同時進行下列三種學習：

1. 主學習（primary learning）：指幼兒對教師直接尋求教學結果所進行的學習，此項教學依據教師教學目的而定，或為認知的，或為情感的，或為運動技能的。
2. 副學習（assciate learning）：指與主學習相關的知識技能的學習，任何教學活動中，幼兒常會有活動以外的問題來問教師，此類問題皆屬副學習的範圍。
3. 附學習（concomitant learning）：指學習時間接所習得的情緒反應，包括幼兒態度、想像、欣賞能力在內。此類學習不明顯，但極為重要，一切知能學習固然重要，但一定要以情感作基礎，否則將不能保證幼兒行為有正常的發展。幼兒情緒大多在再潛移默化中附帶學習的結果。

幼兒對刺激所引起的反應是多方面的，在同一時間內所學習的事物也是多方面的，教師應利用教學情境，指導幼兒由主學習而產生副學習和附學習，獲得多方面的知識、技能、理想、態度等，並測知其學習效果，培養其學習興趣和良好的學習態度，這對幼兒以後的發展影響至大，此時教師的指導至關重要。

（七）寬容原則

幼兒學習過程有如起伏不定的波浪，有時有負面行為，有時有正面行為，教師宜站在輔導者的立場，採取寬容的態度，並接納幼兒的

行為。學校教育如果管理嚴格，禁止或責罰過多，幼兒容易自我退縮或討厭學校。若教師採取寬容、接納、不責罵的態度，幼兒便會活活潑潑、自由自在的活動，幼稚園便會成為孩子的樂園。

教師表示寬容度最具體的方法，首先是「眼神」與「微笑」，其次是「語氣」，因為否定語氣不如肯定語氣有效，不要對孩子說帶有斥責、壓迫、失望或輕視等語氣的話，否則，教師與幼兒的關係就像繩結那樣，愈拉愈緊愈難解。請記住這句話：「要使孩子變壞的簡單方法，就是不停的罵他」。

（八）預見原則

氣象變化可以預測，許多疾病在發作前也會出現前驅症狀。同樣的，在教育上也應把握兒童行為的前驅症狀，教師應時時細心觀察幼兒行為的前因後果關係，以便在問題行為發作造成困擾之前，便可預見而化解它。

預見原則包括對幼兒行為的生理面，如排泄、腹痛、發燒等之前驅症狀預見，及心理面如生氣、爭吵、打鬥等行為之前驅症狀預見，若能及時發覺，隨時介入其間，跟他們說說笑笑，整一整衣服，引開其注意力，當可化解問題，防患於未然。不過，猶如天氣預報或醫生診病，往往會有令人失望的時候，預見原則並非百分之百有效，端視教師的專業素養、教學經驗及對幼兒親近了解的程度如何而定了。

（九）共存原則

即教師要經常與幼兒在一起，教師與幼兒的人際關係，並不限於上課時間，休息時間、遊戲時間或下課、放學後的時間，更能增進良好關係。從事幼兒工作的教師，必須與孩子一起說話、一起玩耍、一起歡笑，必須成為幼兒遊戲的伙伴，且「共存」並非站在一旁而已，要站在兒童立場，與兒童打成一片。

　　教師要特別關心沉默、孤獨、不安的幼兒，這些孩子也有想親近教師、被教師認同的願望，只是不知或不敢如何表達，教師若能對他們微笑，向他們說話，跟他們玩耍，他們便會自然活動起來。教師只要時與幼兒常相左右，便會給幼兒安全感，如果更進一步對他們微笑、說話與遊戲，孩子的心中便會產生共鳴。

（十）體感原則

　　情感可經由人體、皮膚的接觸來傳導並增強，此在幼教工作中非常重要。例如為孩子擦鼻涕、梳頭髮、剪指甲、擦屁股、摸摸手等經由身體動作接觸，幼兒對教師會產生親情般的感情，教師對孩子也會多一份親子般的感情。

　　教師若在每天幼兒來園時，先握一握每個孩子的手，有冰冷的手、溫暖的手、粗糙的手等。這種血脈相通的體感，可激發人際溫暖，增進師生情感。要孩子聽話或禁止孩子做某件事情時，不妨用自己的雙手握住孩子的雙手，慢慢地告訴他，效果會更好。所以體感教育是一種有效的教育（朱敬先，1992：240-247）。

　　設計幼稚園教學活動時應把握那些重點或要領呢？學者建議如下：

1. 應從整個兒童生活與學習的環境觀點來設計。不論兒童來自何種家庭，繼續不斷的經驗就是所有計畫的基礎，對兒童先予觀察而後循序漸進的引導，以達到目標的最高點。

2. 以幼兒的健康、快樂、反應和安全的生活為設計的價值取向。教師期望幼兒有完全的反應，並在其學習上有適當的進步；一個重要的目標是協助幼兒去愛護學校、喜愛學習、喜愛教師和同學；此外，教師宜發展自信心——無論要做什麼，告訴自己一定要能夠做得到。

3. 提供幼兒情緒上的成長，且能接受一個幼兒從一個受保護，個別化的家庭轉移到群體的經驗。教師每一份努力是要在一個新

的環境中給予一種安全感——這個目標某些時候必須視幼兒的需要而定。

4. 力求幼兒動靜活動的平衡。在不超越一個大時段限制內，幼兒有自由去選擇那些較為喜歡的活動，在邏輯順序上，教師的進度表需使常例及學習經驗維持平衡。極端的長時期靜坐和體力運用都要避免。

5. 提供幼兒自我指導（self–direction）和獨立的機會，並能經由經驗來選擇。每一個小孩子在自我了解中得到收穫。

6. 對個人、群體與學習環境的維護，要建立及維持一個尺度。協助幼兒學習遵守各種規則的時候，教師應鼓勵其自律。

7. 應能向幼兒的智力挑戰，幼兒被鼓勵去思考、推理、記憶、實驗和歸納。在實驗情緒中學習比口授更具效果。

8. 提供幼兒自我表達的媒介。在每一個教學活動中，創造性是被重視、被培養和承認的；藝術、文學和音樂是每天活動的部分。

9. 鼓勵幼兒有口頭的表達。為了學習詞彙和句子的結構，幼兒要有說話的機會，只是保持安靜不一定有價值。

10. 提供機會讓幼兒社會行為有所發展。幼兒在這面的學習是透過分享、回饋，以及個人與團體中相互影響的經驗中獲得的，協助幼兒去選擇朋友和被選擇，如果有需要，亦允許有時間獨處。

11. 鼓勵幼兒學習關心和保護自己的身體。飲食、休息、排泄等的日常例行工作都被定下來。安全的教育應優先考慮，保護幼兒和教導幼兒保護自己是同樣重要的。

12. 在每日課外活動時，應提供幼兒全身運動的機會。當惡劣的天氣阻礙戶外活動時，必須有足夠的設備才能使較大的活動在室內舉行。

13. 教學活動應是包含著行動的，與傳統的班級比較通常都較吵鬧，有時須向主管解釋允許吵鬧、活動、談話的理由，以免

　　教學計畫受到不必要的刪減，同時必須使用地毯等吸音材料來減少噪音。

14. 應使幼兒感覺有趣的。教學的主題和教材是經過選擇與設計的，在大部分的情況之下，幼兒的需要和興趣是學習經驗選擇的依據。

15. 直接或間接輔導家長對幼兒的成長與發展有所貢獻。透過個別或整體的協助以達到這個原則。教師需要協助時必須向適當的單位提出，以獲取支援（林朝鳳，1986：388-390）。

　　除了以上所說十五點之外，近年來受到人文心理學的衝擊，幼稚教育發展的最新趨勢，著重在「完整幼兒」（whole child）的培育，亦即強調幼兒整個人格的發展。所謂完整的幼稚教育，係指幼兒整個自我觀念的建立，促進自我生物的、認知的、感情的與社會的成熟（biologically，cognitively，affectively and socially maturing）。這種自我具有兩種特徵，一是動態而持續變化（dynamic and continuously changing），不時的接納、應付未來的新態度、觀念與方法；一是相對的靜態（relatively static），提供個人在變遷社會中的穩定性和安全感。易言之，在於培養幼兒知、情、意的和諧發展，力求個性與群性並顧，主智性與社會性兼備，情性與理性的和諧（同上：390-391）。

　　由上可知，教學因素錯綜複雜，不易全面掌握，惟基於教育專業立場，教育工作者當應盱衡各種因素條件，採取「開放的教學系統」。至於上述幼兒教學的十大原則，兼具學術與實用價值，足資參考。要言之，原則為方法的綱領，各種教學計畫與方法的靈活運用，有賴於原則的瞭解與掌握，加以融會貫通。

五、母語融入教學活動示例

（一）西風的話（課程網）

- 認識四季天氣的特色和在飲食服裝上的不同。
- 了解秋天時大自然的景象變化。
- 了解人與動物相關秋天的活動。
- 享受適合秋天的遊戲、活動。

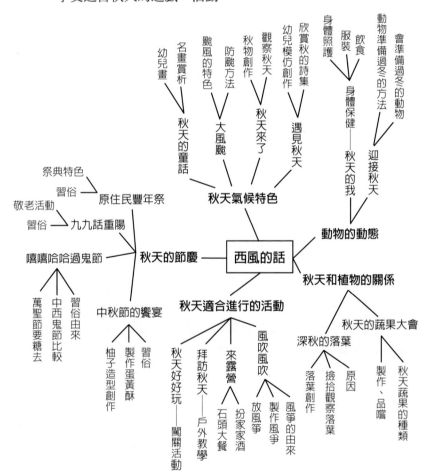

（二）活動名稱：遇見秋天
　　領　　域：語文、社會、美感

活動目標：

● 認識秋天的相關事物與景象。

● 學習用母語表達對秋天的感受。

● 啟發幼兒的創造力。

教學資源：

● 樹木的四季圖片、將繪本：秋天裡發生什麼事（圖文）製做成 PPT、秋的詩集詩歌海報【附件一】、書面紙、筆、秋的詩集學習單【附件二】。

引起動機：

● 帶領幼兒欣賞樹木的四季圖，請幼兒分享從圖中看到的各種事物，並表達自己最喜愛的季節及其原因。

活動過程：

1. 老師拿出事先準備的的詩歌海報～秋的詩集，播放柔和的音樂，並用輕柔的聲音以母語吟誦詩歌的內容讓幼兒聆聽。

2. 先請幼兒想一想「秋天裡會發生什麼事」？讓幼兒從生活經驗中尋找答案，並試著表達出來，老師則協助將幼兒的想法記錄在書面紙上。

3. 之後放映「秋天裡發生什麼事」的 PPT，請幼兒仔細觀察影片中與秋天相關的事物，再分享自己所看到的內容，且比較一下有哪些內容是看簡報前大家所不知道的。（這個部分可由老師協助統整與說明。）

4. 老師拿出「秋的詩集學習單」，向幼兒分享內容，之後鼓勵全班幼兒嘗試童詩的創作。請幾位自願的幼兒先到臺前套用學習

單中的句型做練習，如：秋天來了，他帶**涼涼的風**來了，你發現到了嗎？我發現秋天在**涼涼的風**裡。改編成秋天來了，他帶**香香的花**來了，你發現到了嗎？我發現秋天在**花園的小花裡**。……。

5. 待自由表達後，發給每人一張學習單，請幼兒將想法用畫筆畫下來，而老師則協助在空白處做文字記錄。（能力較好的幼兒可請他自行書寫）

6. 最後老師在將全班幼兒所創作的學習單集結成冊，變成一本班級的「秋的詩集小書」，將小書放置語文區，讓有興趣的幼兒能自行翻閱。

注意事項：

● 老師不妨將秋的詩集學習單放置語文區，讓幼兒自由創作，再放入秋的詩集小書中，以豐富小書的創作內容呵！

● 可將創作的母語詩集朗誦錄音，放於語文區供幼兒操作學習。

評量：

● 能發表 4 項以上與秋天相關的事物與景象。

● 能具體的描述對秋天的感覺。

● 能發揮創作力完成學習單的創作。

【附件一】秋的詩集（自編）

　　秋天來了，他帶涼涼的風來了，你發現到了嗎？秋天在在涼涼的風裡。

　　秋天來了，他帶淡淡的花香來了，你發現到了嗎？秋天在花香味裡。

　　秋天來了，他帶不相同的顏色來了，你發現到了嗎？秋天在掉落下來的樹葉裡。

　　秋天來了，他帶滿地的樹葉來了，你發現到了嗎？秋天在用腳踏著落葉ㄅㄚ　ㄗ　ㄅㄚ　ㄗ的聲音裡。

【附件二】秋的詩集母語學習單

日期：_____年_____月_____日

秋天的發現者姓名：

童詩創作

秋天來了，

他帶_____來了，

你發現到了嗎？

我發現秋天在_____（請在空白處填寫上幼兒模仿的詩句）

（請幼兒畫下自己的發現）

（三）活動名稱：深秋的落葉
領　　域：語文、美感、身體動作

活動目標：

● 學習各種顏色的母語說法。

● 利用落葉進行遊戲。

● 利用落葉進行創作活動。

教學資源：

● 葉子鳥（信誼）、圖畫紙、廣告顏料、黏著劑、水彩筆、工作服、報紙、A5 白報紙（5-10 張釘成一本）、色鉛筆。

引起動機：

● 講述「葉子鳥」的故事～

　(1) 老師講述繪本。

　(2) 請幼兒觀察書中圖案。

　(3) 發表書中圖案示如何形成的。

　(4) 作者用落葉組合成哪些圖案

活動過程：

1. 到校園觀察秋天的各種景象（如葉子變黃）

2. 老師以母語帶領幼兒念兒歌秋風吹～
　　秋風吹，秋風吹，樹葉仔四界飛，
　　紅色的、黃色的滿天飛。（自編）

3. 請幼兒一邊念兒歌一邊撿拾落葉。

4. 將葉子集中進行落葉的遊戲：用腳踩落葉、請幼兒撿拾落葉將落葉集中從天空灑下形成落葉雨。

5. 討論秋天落葉多的原因。（植物準備過冬、秋風吹……）。

6. 討論落葉可進行的遊戲。（除了剛才玩的之外還可以做哪些活動）

7. 請幼兒當個小小畫家，但是不用畫筆畫而是要用落葉來組合成圖畫。

8. 【葉子圖】分組活動：

   (1) 葉子變變變：利用撿來的落葉在圖畫紙上拼出一幅美麗的圖案，再依序用黏著劑固定。

   (2) 彩色蓋印畫：請幼兒先在圖畫紙上畫出許多樹幹，再把各種顏色的廣告顏料塗在樹葉有葉脈的那一邊，把秋天的顏色蓋印在畫圖紙上形成一棵色彩繽紛的秋天之樹。

   (3) 描繪秋天：將白報紙蓋在有葉脈那一邊的樹葉上，斜拿色鉛筆拓印樹葉圖形。一頁拓印一種樹葉。

9. 請幼兒自行選組進行創作。

10. 作品欣賞與經驗分享。（老師藉機加入顏色名稱的母語教學）

注意事項：

1. 進行秋天的顏色分組活動記得在桌上鋪上報紙便於清理善後、讓幼兒穿上工作服避免顏料沾上衣服。

2. 提醒幼兒勿將太多顏料混在一起以免顏色變黑。

3. 彩色蓋印畫及描繪秋天所使用的落葉最好是葉脈分明的葉子，完成的圖案才會明顯完整。

延伸活動：

將圖畫紙及白報紙改成活頁紙，再將上述教學資源材料放置在工作區，讓幼兒在學習區活動時自由選擇進行，完成後將這些作品一一放入活頁檔案夾裡，最後設計一個封面讓幼兒畫上插圖，並請老師寫上書名，就完成一本屬於自己的落葉小書了。

評量：

● 能用母語說出兩種以上顏色的名稱。

● 能參與落葉遊戲。

● 能利用落葉進行創作活動。

（四）活動名稱：秋天的蔬果大會
　　　　領　　域：語文、認知、身體動作

活動目標：

- 認識秋日蔬果的種類。
- 學習秋日蔬果的母語名稱。
- 學習使用蔬果製作蔬果汁或沙拉。

教學資源：

秋天到兒歌圖片共四張

　　準備秋天相關的蔬果如：茄子、馬鈴薯、大白菜、高麗菜、葡萄、木瓜、香瓜、柿子、柚子、南瓜等；沙拉醬、沙拉盤、果汁機、大的冷水壺、濾網、盤子、刨刀、切蛋糕的塑膠刀、湯匙或挖圓器等，秋天的水果記錄單【附件】、。

引起動機：

- 帶領幼兒以母語念兒歌「秋天到」（自編），請幼兒說出兒歌內容：

　　秋天到！日頭金金滿天照。

　　秋天到！松鼠四周找物藏。

　　秋天到！果子樹丫彎落腰。

　　做事人，滿心歡喜笑微微！

- 展示太陽高空照、松鼠找食物、果樹結實纍纍、農夫露出笑容的四張圖片，以母語唸出兒歌其中一句，請幼兒尋找出正確的圖片。
- 隨著兒歌進行肢體律動的活動。

活動過程：

1. 請幼兒想想為什麼兒歌歌詞中的做事人（農夫）會微微笑呢？
   讓幼兒自由表達想法後，再告訴幼兒是因為他們忙著採收成熟
   的果實，所以很快樂。

2. 請幼兒畫下自己所知到的秋天的果實，分享時老師將全班幼兒
   所畫下的秋天果實名稱，記錄下來。（從中老師可之幼兒是否
   真正知道每個季節的果實有哪些）

3. 老師展示所準備的秋天蔬果並詢問幼兒是否知道這些蔬果的
   國語及母語名稱，詢問幼兒是否有吃過或看過？味道如何？哪
   些是需煮過才能吃的？哪些是可以生吃的？並依可以生吃、需
   煮熟將蔬果一一分類。

4. 告知幼兒今天教室將進行今天「蔬果大餐」的活動，老師先將
   全班幼兒分成果汁組及沙拉組兩組，輪流進行烹飪活動，並為
   每一組幼兒說明製作的步驟及工作分配，如：
   (1) 蔬果汁組：洗水果、切水果、榨汁者、打果汁者、倒果汁者。
   (2) 沙拉組：洗蔬果、切蔬果、挖水果者、裝盤者。

5. 進行活動前先向幼兒說明安全注意事項，如：
   (1) 幼兒若要進行廚房等工作要有大人陪伴在測切勿自己獨自
   進行。
   (2) 幼兒平日不可自己拿刀切東西，因不好操控易切到手，因
   此老師準備切蛋糕的塑膠刀讓小朋友切。
   (3) 打果汁時水果放入後，手不可以摸裡面的刀，手離開後蓋
   上蓋子才可按開關打汁。
   (4) 挖圓器只可挖較軟的蔬果如：木瓜、香瓜等。以免手受傷。

6. 秋日蔬果大會～
   (1) 將小朋友所打好的各式果汁（如：木瓜汁、南瓜牛奶、葡萄
   汁）、沙拉（水果沙拉、蔬菜沙拉）一一排列，分享成品外觀。
   (2) 請各組幼兒討論後為自己的成品命名（可鼓勵用母語命
   名。如：南瓜牛奶命名為真正香）。

(3) 請幼兒將各式果汁分別倒入杯中陳列。

(4) 幼兒依序自行取用沙拉、果汁享用秋日蔬果大餐。

(5) 享用完畢後進行收拾整理工作。

(6) 紀錄蔬果汁或沙拉的材料及製作步驟。（附件一）

7. 以唸兒歌「秋天到」做為結尾，並感謝農夫、感謝老師、感謝同學和自己認真付出才有蔬果大餐可享用。

注意事項：

1. 有些需煮過才能食用的秋日蔬菜，可事先商洽學校安排在活動當日的點心或午餐中，讓幼兒享用。

2. 秋天的水果大會記錄單材料名稱，可根據實際準備的材料做變更減少項目，或在名稱中加註圖片，以協助孩子辨認。

評量：

● 能說出 4 種以上秋天的蔬果種類。

● 能用母語說出 2 種以上秋天的蔬果名稱。

● 能完成各式蔬果汁或沙拉的製作。

【附件】秋天的水果記錄單

活動名稱：秋天的蔬果大會日期：＿＿＿＿年＿＿＿＿月＿＿＿＿日				
小廚師～＿＿＿＿＿＿＿＿				
我是□蔬果汁組（請打 ✓）				
□沙拉組				
我今天用到的材料是：				
名　　稱	高麗菜	檸檬	葡萄	木瓜	香瓜
請打 ✓				
名　　稱	柿子	柚子	蘋果	南瓜	沙拉醬
請打 ✓				
請畫下製作步驟：				

（五）活動名稱：中秋節的饗宴
　　　領　　域：認知、美感、社會、身體動作

活動目標：

● 認識中秋節的習俗。

● 學習製作蛋黃酥的方法。

● 利用柚子進行造型創作活動。

教學資源：

● 中秋節的相關故事如嫦娥奔月、吳剛伐桂、月餅裡的祕密等、柚子、各式月餅、母語兒歌「中秋暝」（詞：廖崇仁）。

● 製作蛋黃酥的材料：（6 個的份量）

　A. 水油皮：中筋麵粉 60 公克、水 30 公克、酥油 20 公克、糖 10 公克、鹽少許。

　B. 油酥：低筋麵粉 40 公克、酥油 20 公克。

　C. 內餡：生鹹鴨蛋黃 6 個、豆沙 120 公克。

　D. 準備的工具：鋼盆、小盆子、桿麵棍、保鮮膜、盤子、烤箱、碗、烤肉刷等。

● 製作柚子造型：

　　　柚子（事先請幼兒一人準備一顆到園）、毛根、蓪草、樹指土、牙籤、毛線、白膠、動動眼。

引起動機：

● 展示幼兒帶來的柚子。

● 切一顆柚子將柚子皮剝下形成一個帽子，請願意試戴的幼兒帶著展示。

● 讓幼兒分享柚子並分享吃後的感覺。

活動過程：

1. 請幼兒想一想什麼節日會吃到柚子？除了柚子，還會吃什麼呢？老師展示不同口味的月餅，切成丁讓幼兒品嘗。

2. 老師口述中秋節的相關故事，如嫦娥奔月、吳剛伐桂、月餅裡的祕密等。

3. 之後討論與中秋節的相關習俗，如全家團圓、賞月、吃月餅和柚子等，讓幼兒分享自己最喜歡哪一個習俗？為什麼？

4. 以母語兒歌中秋暝～「月娘光映映，賞月門口埕，文旦食不厭，月餅來相請，烘肉上時行。」做習俗討論的最後統整。

5. 告知幼兒即將進行與中秋節有關的活動，將幼兒分成兩組，一組進行蛋黃酥製作，另一組進行柚子造型創作。

   (1) 製作蛋黃酥

      a. 老師事先將材料比例分配好，幼兒負責揉麵團、包餡料、上蛋黃液和灑芝麻的工作，其餘工作由大人完成。

      b. 開始製作

◆將材料 B 放入小盆子揉勻，即成為油酥。

◆製作水油皮，把糖、鹽溶於水中，之後加入低筋麵粉，然後將所有材料揉成一團，放著醒 10 分鐘。

◆將油酥及油皮各切六等份，備用。

◆鹹蛋黃置於烤盤上，放入 180℃的烤箱中，烤 8-10 分鐘。

◆豆沙均分成六等份。烤過的蛋黃取出後，將豆沙攤平再將鹹蛋黃包在裡面，做成內餡備用。

◆各取一份水油皮及油酥，將水油皮包裹油酥。將包好的水油酥皮平桿開成長橢圓形，對折之後再捲起。將捲起的蛋黃酥皮橫壓再桿一次，使之成為圓薄片。

◆包入豆沙蛋黃內餡，蛋黃酥皮必須把整個內餡包裹住，收口不可有洞。

◆放入 180℃烤箱烤十分鐘。完全變白色後，將烤盤取出，並刷上一層蛋黃液，再送入烤箱。約十分鐘後取出再刷上一層蛋黃液、並撒上芝麻粒。再送入烤箱，烤 5 分鐘後，香酥可口的蛋黃酥就完成了。

6. 可愛柚子頭造型組：

(1) 老師介紹各種材料，並示範材料使用方法，如用毛根、樹脂土做五官，以白膠固定在柚子上，牙籤、毛根可直接插在柚子上當成頭髮，再黏上動動眼睛。

(2) 請幼兒先想一想自己想創作什麼造型的柚子頭？決定好之後自由選取材料。

(3) 開始創作獨特的柚子頭嘍！

7. 之後兩組交換組員，盡可能讓每位幼兒都參與到兩種活動。分享時間，邀請自願幼兒到臺前分享製作蛋黃酥或柚子頭時所發生的趣事或遇到問題，解決問題的過程。

注意事項：

● 此活動需要較多的時間，為了讓幼兒皆能親身體驗，可規劃兩天的時間進行，另此活動也需要較多的人力，老師不妨事先請辦公室行政人員或是義工媽媽於當日來教室幫忙。

● 製作蛋黃酥需要較多大人的協助，老師於活動進行前請事先規劃好的製作流程及人員的分配，需要操作到烤箱的部分，基於安全的考量，請都由大人負責處理。

延伸活動：

● 可安排角落時間進行有關中秋節的戲劇活動。

評量：

● 能說出中秋節的相關習俗。

● 能參與製作蛋黃酥的活動。

● 能利用材料創作出可愛柚子頭的造型。

（六）活動名稱：九九話重陽
　　　　領　　域：認知、社會、情緒

活動目標：

● 認識重陽節慶的性質與意義。

● 嘗試以母語和長輩互動。

● 學習愛與關懷、敬老的精神。

教學資源：

● 16 開彩色書面紙、畫筆、老師打好的通知單、茱萸、菊花、重陽糕、風箏等、收集重陽節的資訊【附件一】。

引起動機：

● 將茱萸、菊花插在花瓶，重陽糕、風箏布置於在教室。

● 詢問幼兒是否曾看過這些東西？在什麼地方見過。

● 老師今天要介紹一個與這些物品相關的節日。

活動過程：

1. 播放敬老尊賢說重陽—節慶淵源與活動影片【請上網站 http：//edu.ocac.gov.tw/culture/chinese/festival/15/index15_c.html】

2. 討論影片中重陽節所提到的活動。

3. 介紹重陽節的習俗【如附件】。

4. 討論重陽敬老的意義。【向幼兒說明敬老是對老人過去辛勞的一種精神回報。沒有老人過去的貢獻我們就沒有現在的美好生活，對於他們大家需常懷感恩之心。】

5. 分享在家中對長輩表示敬意的方法。如：用餐前先請長輩就坐，長輩開動大家再一起用、會端水果給長輩吃⋯⋯等。

6. 敬老活動：

(1) 老師拿出事先製作的邀請通知單，告訴幼兒我們將舉辦感恩敬老活動邀請家中長輩到園參加。【附件二】

(2) 以母語練習說邀請的話「阿公、阿嬤為了感謝您的辛勞，我們舉辦感恩活動邀請您參加，請您要來看我們表演哦！」再請幼兒將通知單拿回家中邀請長輩出席敬老活動。

(3) 討論對老人表達敬意的方法。(如：朗誦秋的詩集、表演學過的母語兒歌、律動、送卡片、敬茶，老師再依幼兒討論的內容製作成節目單)

(4) 請每位幼兒將 16 開書面紙對摺，請幼兒畫上想對家中長輩表達的畫。

(5) 全班幼兒加強練習秋的詩集、律動及兒歌。

(6) 分配奉茶的人、端重陽糕的人。

(7) 當日按節目表朗誦秋的詩集、表演母語兒歌、律動致贈感謝卡片。泡菊花茶向老人奉茶、重陽糕。

(8) 與每位長輩握手或抱抱致意，以母語和長輩說說貼心的話。

7. 畫下敬老活動感想與大家一起分享。

注意事項：

● 向幼兒說明敬老的態度及老人的狀況，讓幼兒瞭解以免造成幼兒害怕或產生不尊重的態度。

● 幼兒因與其他的老人不認識，握手或抱抱致意的活動以鼓勵幼兒為原則勿勉強。

延伸活動：

● 愛的禮物券～給幼兒卡片說明這是「愛的禮物券」，服務的對象是家中長輩，幼兒可將禮物券送給想要服務的對象，家中拿到禮物券的人可要求一項服務。如：捶背、奉茶。幼兒必須依指示完成，完成後請被服務對象簽名，再將愛的禮物券交回給老師即完成任務。

評量：

● 能說出重陽節的相關習俗活動。

● 能用母語表演兒歌

● 能以簡單的母語和長輩進行互動。

● 能參與敬老活動。

【附件一】重陽節的習俗

　　農曆九月初九為重陽節，中國俗以「九」為陽數，因為此節之月、日皆為九，所以稱「重陽」。由於「九」和「久」同音，在中國話中有長久長壽之意，故內政部於民國五十五年起，明定重陽節為「老人節」，以及重陽節開始之後的一週為「敬老週」，以感謝老人過去的辛勞，宏揚中國傳統之敬老尊長的美德。故今日的重陽節，敬老的意義遠大於原有的避禍傳說了。重陽節有登高、飲菊花酒，配掛茱萸等習俗，相傳是由東漢時桓景和費長房故事而來，據說這些習俗有消災避厄之功效。以下習俗較常見。

　　一、祭祀祖先：漳州籍的移民，在重陽節，供牲醴祭祀祖先。

　　二、飲菊花酒：喝菊花酒，菊酒與九九諧音，喝菊酒可以延年益壽，活得更「久」。

　　三、賞菊花：菊花在重陽節時正是盛開的時候，所以重陽賞菊便成為文人雅士的重要活動，並且藉賞菊作詩也是常有的事

　　四、登山（高）：登高郊遊，此俗自漢代開始一直到現在，在漢代時除登高郊遊之外，並增加野宴。發展到後來，大家乘登高之便，並兼掃先人的墳墓，增加了重陽在慎終追遠的孝親精神。

　　五、佩茱萸：茱萸是中藥材有去疾殺蟲的作用，民間視為「辟邪翁」。

　　六、賽風箏：九月是秋天，天高氣爽，過去青少年在這天爭放風箏，俗語說：「九月九，風吹（風箏）滿天哮。」就是重陽滿天飛的景象。

七、拜訪老人：中國社會是一個敬老尊賢的社會，敬老是對老人
　　過去辛勞的一種精神回報。，在這日許多縣市政府會舉辦敬
　　老活動，以宏揚敬老的美德。

【附件二】

敬愛的長輩您好：

　　一年一度的重陽節即將到來，為了培養孩子們感恩敬老的良好情
操、學習表達對長輩的敬意及方法。我們特別精心規劃一場感恩敬老
的活動，讓孩子實際體驗表達感恩敬老的活動，邀請您共襄盛舉！與
孩子們一起度過一個特別難忘的重陽節。

時間：　　年　　月　　日　　點　　分～　　點　　分

地點：

表演節目：

1.朗誦秋的詩集　　2.＿＿＿＿＿＿＿＿　　3.＿＿＿＿＿＿＿＿

感恩活動：

1.鞠躬　2.奉茶　3.愛的感恩畫（感恩卡片）　4.愛的抱抱　5.愛的貼
心話

（七）活動名稱：風吹風吹（俗語）
　　　領　　域：認知、語文、身體動作

活動目標：

● 認識風箏的由來。

● 運用風力放風箏。

教學資源：

● 各種造型風箏、風箏的故事【附件一】、戶外教學通知單【附件二】。

引起動機：

● 老師展示各種造型的風箏，讓幼兒欣賞其不同的特色，並詢問幼兒是否曾到戶外放過風箏？和誰一起去？是否成功的讓風箏飛到天空？放風箏是什麼樣的感覺？

● 之後向幼兒解說重陽賽風箏活動及「九月九，風吹（風箏的臺語）滿天哮。」的意義。

活動過程：

1. 老師介紹風箏的由來（附件一）

2. 詢問幼兒是否曾玩過風箏，討論風箏的玩法，之後老師統整大家的意見介紹各種風箏的玩法。

3. 帶幼兒到戶外去吧！（若校園夠大可直接在校園中進行，若場地不足請找鄰近公園或寬敞的地方進行見附件～戶外教學通知單）

4. 讓幼兒先做暖身運動，加強關節動作，慢跑熱身一下以減少運動傷害，再進行放風箏活動。

5. 放風箏

　(1) 事先請幼兒從家中攜帶風箏來園（或由學校統一準備）

(2) 老師先說明放風箏的技巧～在空曠的地方進行、順著風
向、慢慢放線，風大時不必跑，無風時須助跑……

(3) 到戶外尋找一個空地，讓幼兒自由放風箏體驗放風箏的感
覺，欣賞風箏在空中飛舞的景象。

(4) 老師觀察哪位幼兒放的最成功，請他示範說明放風箏的
方法。

(5) 進行放風箏比賽，看誰放的最高、飛得最久。

(6) 請幼兒分享放風箏的感覺。

6. 請幼兒畫下放風箏的過程。

延伸活動：

● 可引導幼兒嘗試動手設計、製作自己喜歡的風箏，或在家中一
起親子創作風箏再帶來園分享。

評量：

● 能簡單說出風箏的由來。

● 能利用風力放風箏。

【附件一】風箏的由來

　　從前有一個叫魯班的人，他看見鳥兒在空中飛，就學著做出一隻
木頭鳥，讓木頭鳥在空中飛。後來到了漢朝，有人利用細長的竹枝編
成一個竹架，再糊上鳥型的紙張，並綁上細線，讓它飛上天空，這就
是「紙鳶ㄩㄢ」。有人在紙鳶上頭裝竹笛，當紙鳶在空中飛時，就會
發出和箏一樣的聲音，所以後來又叫它風箏」。現在的風箏造型、種
類十分多樣，放風箏成了大人、小孩都喜歡的休閒活動呢！

【附件二】戶外教學通知單

親愛的家長您好：

配合本次的主題，讓孩子體驗「風吹風吹」的活動，老師特別安排到戶外進行放風箏的活動，期待孩子能實際地體驗到放風箏的樂趣，並感受秋高氣爽的氣息。

時間：　　月　　日　星期　　，AM

地點：

注意事項：

1. 為了幼兒的安全及辨識方便，當天請讓幼兒穿著運動服、戴帽子、穿運動鞋來園。
2. 請為幼兒準備一個風箏，以便進行活動。
3. 請在 9：00 以前來園，以便準時出發。
4. 當日請幫孩子準備一份小點心及水壺。

＊為了讓幼兒在更安全的保護環境中學習，我們竭誠歡迎義工家長參與協助，若您願意參與請與老師聯絡。

謝謝您的配合及幫忙

老師○○○敬上

✂--

戶外參觀通知單　回條

我是＿＿＿＿＿＿＿班＿＿＿＿＿＿

□願意參加活動

□不願意參加活動

＊請於＿＿＿月＿＿＿日交回，謝謝合作！！

家長簽名：＿＿＿＿＿＿＿＿

（八）活動名稱：大風颱
　　　領　　域：認知、社會、身體動作

活動目標：

● 認識颱風對生活的影響。
● 學習預防颱風災害的方法。
● 增進肢體動作創造能力。

教學資源：

兒歌「大風颱」的海報、事先錄影關於颱風的新聞報導

引起動機：

● 播放一段關於颱風的報導。
● 老師帶領幼兒念唱兒歌「大風颱」（愛智）：
　　　　大風颱，真厲害，吹過去閣吹過來，吹一下看板落落來，
　貓仔驚甲覕起來。

活動過程：

1. 老師念一段最近關於颱風的新聞報導，再進行討論與發表：
　(1) 請幼兒敘述颱風來時的各種情景。及可能出現的災害。（風
　　　很大、樹會被吹倒、下大雨、土石流……）
　(2) 請幼兒發表颱風來了的心情。
2. 請幼兒分享自己所認識的防颱方法。老師將幼兒發表的方式一
　一記錄下來，並與幼兒討論哪些方法是正確的。
3. 老師說明正確防颱方法。
　(1) 颱風來時不要外出，避免發生危險。
　(2) 記得要把屋外的衣服、盆栽等易掉落的物品，收進屋子裡。
　(3) 隨時留意氣象報告，了解颱風狀況。
　(4) 關好門窗，避免風雨吹進屋子裡。

(5) 颱風來前，可以事先準備食物和水。

4. 兒歌教念：大風颱

 (1) 念兒歌～大風颱，真厲害，吹過去閣吹過來，吹一下看板落落來，貓仔驚甲躡起來。

 (2) 幼兒念熟後，告訴幼兒我們要用動作將「大風颱」這首兒歌表達出來，

 (3) 老師念「大風颱，真厲害」，請全班幼兒一起創作動作，老師觀察幼兒的肢體動作，請幾位動作特別的幼兒到臺前做出動作，讓全班幼兒進行票選。

 (4) 選定動作後再念下一段「吹過去閣吹過來」請幼兒創作動作，直到整首兒歌動作創作完畢。（共四句、票選出四位幼兒的動作）

 (5) 老師統整幼兒票選出的兒歌動作，全班一起念兒歌，請被票選到的幼兒帶領全班一起念兒歌並做出動作。

延伸活動：

小小記者親子作業：

1. 請幼兒蒐集最近颱風的剪報及資訊，張貼於「颱風來了」公佈欄中。

2. 請幼兒回家當記者，訪問家中其他成員防颱的方法，並畫下來（附件）

評量：

● 能說出 3 種以上颱風對生活的影響。

● 能進行討論活動分享防颱方法。

● 能參與兒歌動作創造活動。

【附件】小小防颱記者記錄表

小小防颱記者記錄表

◎我是防颱記者：_____

◎這是在_____年_____月_____日所採訪的資料

我採訪的人是：	我採訪的人是：
提供的防颱方法是：	提供的防颱方法是：
我採訪的人是：	我採訪的人是：
提供的防颱方法是：	提供的防颱方法是：

※請大人協助文字記錄，謝謝！

（九）活動名稱：秋天好好玩
領　　域：社會、情緒、身體動作

活動目標：

● 認識關於秋天的遊戲。

● 學習將自己的經驗傳承給他人。

● 學習接待禮儀。

教學資源：

闖關卡、過關印章、A：頭套材料、厚卡紙（每人的份量是一張寬 5 公分長 40 公分的長條厚卡紙、各種顏色的落葉）、釘書機、膠帶、橡皮筋。B：松果、牙籤、毛根、動動眼、黏著劑。C：各種秋天的果實、數字卡、盤子。D：落葉、毛根（事先將 3 條連結在一起）、數字卡。E：樹葉、圖畫紙、黏著劑。F：色鉛筆、白報紙、樹葉。G：杯子、菊花茶、茉莉花茶、桂花茶。H：班上唸過的關於秋天的童詩、母語兒歌、幼兒創作的童詩、童詩名稱卡。

引起動機：

● 與幼生回顧「西風的話」所進行過的活動，分享自己最喜歡的活動及原因。

● 這麼好玩的活動想要與其他班級一起分享，所以我們要設立許多活動站由小朋友來指導，告訴其他班級小朋友關於秋天好玩的活動。

活動過程：

1. 與幼生討論想要設立的闖關活動。

2. 與幼生共同討論並將教室或活動室規劃成以下幾個活動站。

3. 與幼生討論共設幾個站，老師將站名及所需的工作人員列成表格（附件一），請幼兒自由選擇想要負責的活動站。

4. 分配班級幼兒擔任的工作（每站站主，有的負責解說、有的負責指導如何做、有的負責蓋過關章）。

5. 討論邀請卡及海報需有的內容（活動名稱、時間、內容、地點，可由老師統一打字幼兒張貼、能力較好幼兒可進行仿寫），製作邀請卡及海報（插圖由幼兒繪畫）。

6. 到各班（或在全校共同時間）進行宣傳，邀請其他班級幼兒體驗各種關於秋天的活動。

7. 帶領幼兒共同討論「秋天好好玩成果展」要如何規劃？成果展上要展示哪些曾經完成的作品？如何佈置？以及要規劃哪些和秋天有關的挑戰活動呢？請幼兒討論、發表意見，老師協助記錄下來，如：

(1) 靜態展覽區～秋天之歌

　　a. 將教室桌子排成一列、椅子排成一列，蓋上桌布就形成一高一低的展示臺。

　　b. 將之前所創作關於秋天的各種作品，將各種作品分類排放在展示臺上。（如：活動 1、2 模仿創作的作品；活動 7 可愛柚子頭；活動 8 恐怖的面具；活動 12、14 的作品……，每個幼兒可選 3-4 個自己想展出的作品）

　　c. 製作作品標示卡、上面註明作品名稱創作者姓名。

(2) 動態遊戲區～和秋天一起玩

　　a. 落葉頭套：

　　　說明：將事先預備的長卡紙兩端穿過橡皮筋再反摺，兩端分別用釘書機釘釘緊，再將釘書機的針用膠帶黏貼住（以免針刮傷幼兒的皮膚），使其成為一個圓形，讓橡皮筋成為調整頭套大小的鬆緊帶。再將落葉黏在做好的圓形頭套上就完成了動物頭套。

　　　挑戰：會將頭套形成一個圓形並固定，貼上落葉（不管幾片）戴在頭上即完成。

b. 松果玩偶：

　　說明：利用牙籤或毛根將小松果串連並用黏著劑固
　　　　　定，形成一個小玩偶的樣子在黏上動動眼。

　　挑戰：能利用牙籤或毛根成功串連，貼上動動眼並未作
　　　　　品命名即完成過關。

c. 果實大餐：（可請關主教闖關者用母語進行數數）

　　說明：抽出數字卡，唸出字卡中的數字放入相同數量的
　　　　　果實。

　　挑戰：找出相同數量的果實即過關，錯誤者就重新操作
　　　　　一次，直至正確為止。

d. 落葉項鍊（可請關主教闖關者用母語進行數數）

　　說明：抽出數字卡，用三條相連的毛根穿過與數字卡相
　　　　　同數量的落葉，再將毛根兩端旋轉緊密。

　　挑戰：穿過與抽出數字卡相同數量的落葉，形成一條項
　　　　　鍊帶在脖子上就過關。

e. 葉子變變變：

　　說明：利用撿來的落葉在圖畫紙上拼出一幅美麗的圖
　　　　　案，再依序用黏著劑固定。

　　挑戰：能用樹葉拼出圖案並用黏著劑固定即完成過關。

f. 描繪秋天

　　說明：將白報紙蓋在有葉脈那一邊的樹葉上，斜拿色鉛
　　　　　筆拓印樹葉圖形。

　　挑戰：能拓印出一片葉形即完成過關。

g. 秋天的滋味

　　教學資源：

　　說明：關主介紹三種茶，依闖關者指定在杯中倒入指定
　　　　　的茶，闖關者喝完茶將茶杯洗乾淨即過關。

　　挑戰：能依照正確名稱在杯中到入指定的茶並喝完，將
　　　　　杯子洗乾淨即過關。

　　　　h. 秋詩篇篇

　　　　　　說明：請闖關者抽出童詩、母語兒歌名稱，跟著關主念
　　　　　　　　　出童詩或母語兒歌。

　　　　　　挑戰：能跟隨完整唸出童詩或母語兒歌即過關。

8. 邀請各班參與闖關活動，要參加的班級請事先預約以準備各站
　　材料及安排時間以免各班撞期。

9. 發給闖關班級闖關卡（附件二），說明完成 6 站以上就算完成
　　過關。

10. 等所有小朋友闖關完畢後謝謝大家光臨。

11. 負責各站的小朋友分享自己工作的情形。

12. 進行時是否遇到困難？（如：材料不夠、闖關者不排隊、負
　　　責擔任工作的小朋友脫離崗位……）自己如何解決？不會解
　　　決的問題提出共同討論。

13. 改善遭遇到的問題，幼兒各就各位迎接下一班的闖關活動。

14. 記錄自己在活動中的心得（附件三）～覺得最好玩的、遇到
　　　的困難……等。

注意事項：

● 各個關卡最好都是班上進行過的活動，幼兒擔任關主才會熟悉
　各個指導步驟。

● 每關關主，有的負責解說、有的負責指導如何做、有的負責
　蓋過關章，依幼兒的能力分配工作，每關最好都有能力較佳
　的幼兒。

● 此活動可連續進行幾天分別邀請不同班級參加，每進行完一次
　就可和幼兒進行檢討及經驗分享，以座位下一次的改進依據。

● 共 9 關，除秋天之歌展覽區一定要參觀外，闖關者再闖完 6 關
　即可。兩關做為調節人數過多避免卡關之用。

評量：

● 能依照自己擔任的工作完成關主的工作。

● 能有禮貌的招待闖關者。

● 能愉快的參與各項活動。

【附件一】各站工作分配表

站名	A 落葉頭套	B 松果玩偶	C 果實大餐	D 落葉項鍊	E 葉子變變變	F 描繪秋天	G 秋天的滋味	H 秋詩篇篇	I 秋天之歌展覽區
負責人姓名									

【附件二】闖關卡

站名	A 落葉頭套	B 松果玩偶	C 果實大餐	D 落葉項鍊	E 葉子變變變	F 描繪秋天	G 秋天的滋味	H 秋詩篇篇	I 秋天之歌展覽區
過關蓋章									

【附件三】活動心得記錄表

活動名稱：秋天好好玩	日期：　年　月　日
記錄人：	

我擔任的站名是請圈起來

A	B	C	D	E	F	G	H	I
落葉頭套	松果玩偶	果實大餐	落葉項鍊	葉子變變變	描繪秋天	秋天的滋味	秋詩篇篇	秋天之歌展覽區

我遇到的困難是～（請畫下來）
我覺得最好玩的事情：（請畫下來）

六、結語

　　綜合上述，影響幼兒教學活動的因素很多，教師本身的學經背景、素質能力，教師所選用的方法技術，課程與教材內容，社會環境與行政制度，教學目標與教育目的，以及學習者的特性和條件，無一不影響教學成效的高低。這些因素，有的是較固定而不易改變，有的是較不固定而可加以改變。基於教育立場，教學者宜在事前分析這些因素，瞭解其對教學可能帶來的影響作用，而在設計教學計畫中及教學活動時，儘可能地掌握、發揮這些因素的正向作用，並能消弱、排除其負面影響，以提昇教學效果。

　　本文同時提供了幼兒母語融入教學活動之教學設計示例──「西風的話」，包括課程主題網及「遇見秋天」、「深秋的落葉」、「秋天的蔬果大會」、「中秋節的饗宴」、「九九話重陽」、「風吹風吹」、「大風颱」、「秋天好好玩」等九個活動之教學設計。這些教案均經細心規劃與設

計，呈現出完整性、周密性與邏輯性，善加參考運用，相信在教學實務上必能得心應手。

參考資料：

朱敬先（1992）。《幼兒教育》，臺北：五南。

林朝鳳（1986）。《幼兒教育原理》，高雄：復文。

張霄亭等（1997）。《教學原理》，臺北：空中大學。

張翠娥（1998）。《幼兒教材教法》，臺北：心理。

郭為藩、高強華（1988）。《教育學新論》，臺北：正中。

黃政傑（1990）。〈課程〉，收於黃光雄主編：《教育概論》，臺北：師大書苑。

閱讀、說、演

——探討幼兒園兒童劇場學習母語的可行性

黃美滿

（樹德科技大學幼兒保育系講師）

　　本文試圖對於母語的學習方式上，探討運用戲劇作為推展母語的可行性。場域設定在幼兒園；對象是正值語言發展重要階段的幼兒期，藉由幼兒園教師演出教學劇場，作為學習母語的可行性。

　　關於母語保存的重要性，已有不少學者強調母語的學習，涉及文化的認同和文化的保存，教育部雖從 1996 將母語納入中小學的正式課程，但是，母語的教學面臨缺乏完整配套方法，缺乏合適的教材的問題（張成秋，2003），乃至針對教育政策不足或矛盾的批評（張學謙，2003），使得推展母語學習陷於困境（陳麗桂，2004）。根據研究指出；母語的流失和從小失去學習的機會有很大的關係，因此，幼兒園提供母語學習的機會是可以期許的。

　　母語的學習重在於有心人和有資源（林麗黎，2006），由教師利用戲劇的形式，在園內為幼兒演出兒童劇場，在臺灣幼教界並不陌生，如果結合母語學習的理念，注入以戲劇學習語言的方法，相信，幼兒園的兒童劇場是將成為母語學習的一個理想情境。本文以下將從

本國幼兒園兒童劇場的發展、戲劇的本質、戲劇與教育的關係，作為探討透過幼兒園兒童劇場學習母語的可行性。

一、臺灣幼兒園兒童劇場發展

在幼兒園內設立一個劇場在臺灣，在我們的經驗中主要開起始於1983 年所創立的「成長兒童學園」。在成長兒童學園安排兒童劇場的構想是：

> 當初設立時是屬於孩子們課程的一部份，它宜具備有教學功能，但絕不是指刻板說教的教學，而是只要透過戲劇如此活潑的媒體，來達成教育目標（倪鳴香、陳筠安，1988）

當時每週五在園內由教師為孩子演出劇場，我們稱這個劇場為「教學劇場」，成長兒童學園的兒童劇場原創的意義，並非參照英美戲劇教育而形成的，換言之，並不是在英美劇教育的影響之下所致，但是從教育性劇場（educational theatre）發展的時空脈絡觀照下，它的存在及帶來的影響不容忽視，包括其後兒童劇場的發展。（黃美滿、倪鳴香，2004）

當時這個劇場是事先規劃一整學期，安排每週的負責人（柯秋桂、黃美滿，2003），負責人的工作如同編劇和導演，需要選擇故事；並將故事寫成分場大綱。另外每次劇場需要有負責控場的老師；即掌握劇場的開始和結束，控場的形式可以兒歌帶動唱、演小魔術、律動或介紹今天的劇情等等不拘形式，目的是讓陸續就座的觀眾接下來專心看戲。除此之外，演出前包括佈：置場景、安排觀眾座位、討論劇情、準備服裝道具等等。演出中包括：入場、控場、演出，以及謝幕。演出後包括：退場，以及教學延伸活動。這個劇場是採取演員即興演出的方式，大家在演出前三天作又拿到分場大綱，就各自進行打理行

頭，偶爾利用時間彼此交換想法，以這種方式非正式的「演練」，在演出的現場，就各自發揮創意，以及尋求默契。

　　其後，觀察到幼兒園的兒童劇場依不同園所的條件，在臺灣以不同的面貌進行。高雄經一幼稚園於 1991 年在園內成立的「兒童戲劇成長團」，為了「讓老師可以更有想像力、更解放、更活潑、快樂，且希望戲劇成為教師傾聽孩子的橋樑」（侯天麗，1995）。臺北佳美幼稚園由初期的教師週末劇場，而最後發展以戲劇為主導的整體角落教學法特色，園長劉玉燕表示他們所持的基本理念是「教室有如劇場，老師與小孩共同創造情境，相互學習，並分享學習過程」（1995），加上臺北輔仁大學附設幼兒中心教師也在園內運作綠豆街劇場，以及臺南新樓幼稚園張秀卿園長推動兒童劇場的初衷，她表述當年在成長兒童劇場經驗所帶給她的教育啟示：

> 「在當時，那平淡的日子裡，劇場的上演猶如一場盛宴般讓我期待，其實大部分時候我只演一個小小角色，有時只分配到維持秩序的觀眾，但我仍是好享受那一段美好時光，這些看劇與感動讓我在心中暗下結論：讓戲劇陪伴孩子走過童年是多麼美好的一件事，我很確定「快樂的童年戲劇是不能缺席的！」（張秀卿，2002 手稿）

　　於是從三一幼稚園、小種子幼兒學園到現今的新樓幼稚園，張園長以其行政策略，推動了兒童劇場，並且產生出教師、家長、幼兒三組演出的輪替陣容（黃美滿、倪鳴香，2004）。

　　劇場是一種情境營造教學的氣氛，是教師自我成長，以及從而了解幼兒的環境。如果將劇場演出和母語學習的理念結合，將使劇場的語言擴及母語的學習，也發揮透過戲劇學習語言其來有自的功能。

二、戲劇與教育結合

　　戲劇和教育的結合在二十世紀初萌芽，受到盧梭與杜威的影響，「作中學」和遊戲的重要性，使戲劇開始在教室裡出現，並且有別於專業表演的形式。

　　關於戲劇教育至今已有不少的研究，而相關於戲劇教育的學術領域應該包含：教育哲學、心理學、社會文化（社會人類學）、社會心理學，加上戲劇原理（Theatrical Disciplines）等方面。而其範圍屬於教育性戲劇（Educational Drama）和教育性劇場（Educational Theatre）可包括：教育戲劇（Drama in Education）、教育劇場（Theatre in Education）、青少年劇場（Youth Theatre）、兒童劇場（Children's Theatre）、戲劇治療（Drama Thearapy）、社區劇場（Community Theatre）、成長劇場（Theatre for Development）、健康教育劇場（Theatre in Health Education）等。戲劇教育這樣多樣性的發展，實在是因為早有學者指出戲劇融入教育的功能不容忽視。

　　為甚麼戲劇後來在教育領域受到重視呢？這得由戲劇的起源和本質談起，並了解在教育領域戲劇扮演的角色，從而了解透過戲劇學習母語的關係。

1. 戲劇的本質

　　甚麼是戲劇？關於戲劇起源的說法見諸於藝術起源的論述，歸納有如下的幾種說法（葉長海，1980，pp.11-28）：

　　（一）對行動的摹仿：亞里斯多德在《詩學》中提到，人從小就有摹仿的天性，例如：史詩和悲劇、喜劇和酒神頌等，皆源於此天性。這裡所指的摹仿可不是指抄襲，而是再現和創造的意思，不僅反映現實世界個別表現的現象，而且揭示事物的內在本質和規律。（二）遊戲衝動說：席勒受康德的影響，在《美育書簡》明確的提出藝術起源於遊戲的理論，他認為人的身上有兩種相反的力量，一種是感性衝動，一種是形式衝動，前者是感性的本質，而後者是理性的本質，這

兩種衝動的結合稱為「遊戲衝動」。（三）交感巫術：交感巫術說，也就是儀式（ritual）的說法，是最常使用的藝術起源理論。儀式中出現的扮演故事或神話中的角色，再加上歌、舞、面具、服裝、道具等各種元素的運用，由此戲劇已經具備成為一門獨立藝術的雛形了。

綜觀上述的說法，戲劇的輪廓包含如下：

（一）戲劇是一種社群活動，反應人與人之間、人與社會，以及文化流傳的或想像的事物。

（二）戲劇是透過聲音、姿勢、語言，敘述者在一群人（觀眾）面前敘述（扮演）一個故事。敘述者後來被稱為「演員」，而這個敘述故事的地方被稱為「劇場」。

（三）戲劇是一種令人獲得快樂的娛樂、一種儀式。後來，戲劇的發展不再只是儀式的功能，而逐漸成為一門獨立藝術。

（四）戲劇是一種理性原則之下，充滿主動精神的藝術活動。（陳中梅，2001）

在我們的生活經驗中，不乏屬於表演性質的活動，戲劇似乎與許多活動結合一起，例如：節日的慶祝活動（國慶日、萬聖節等）、政治的選舉活動，運動大會的表演等等。這些表演性質的活動都運用了一些相同的元素：時間，空間，參與者（觀眾／表演者）、事件、服裝（化妝／制服／戲服／面具）、聲音（語言／音樂）、動作（手勢／默劇／舞蹈），這些元素被自然的搭配組合，戲劇是這麼容易與不同目的的活動結合，或許這是戲劇可以留存的原因（Brockett，1999）。

2. 兒童發展與戲劇的關係

探討戲劇起源的說法中，認為戲劇是「對行動摹仿」和「遊戲衝動說」；一種出於人的本能的外在表現，這樣的觀點，在兒童遊戲的發展理論上可以找到一個共同的脈絡，那就是學齡前幼兒的自發性的扮演遊戲。

　　扮演遊戲的行為大概出現在 2 歲到 8 歲,我們可以觀察到這個階段的兒童自發性的扮演的內容,包括:家庭角色,家庭活動,日常生活經驗等等。有些時候是以替代性的物品作為道具,例如:筷子既當注射針筒又當眉筆,有些時候根本是以默劇的比手劃腳,例如關門、開門、喝水、吃東西等等的動作來表示。這些自發性的扮演遊戲透露什麼呢?根據研究中指出,扮演遊戲中的「假裝」(make believe)是很重要的發展能力,這種具有想像、裝扮的遊戲型態正好出現在 Jean Piaget(1962)認知發展理論的第二個發展階段:2-7 歲的具體運思前期(preoperational stage),其中被認為重要的是,扮演遊戲中以物品(例如筷子)來代替某些東西(例如注射筒)的符號替代觀點(symbolic)對兒童的抽象思考非常重要,並且認為這樣的遊戲可以促進兒童的創造力、變通力和情緒的調節。當然,隨著扮演遊戲的內容,角色對白、故事情節等語言的內涵也隨之發展。

　　心理學家 Ruth E Hartley 說明戲劇扮演遊戲對於學齡前孩童的功能,也說明了戲劇教育對個體的影響,包含下列幾項:(郭靜晃譯,2000,p200-201)

1. 由單純模仿大人而對成人的世界更加了解(simple imitation of adults)。
2. 強化對於真實世界中角色的認識(intensificaiton of a real-life role)。
3. 反映家庭關係和生活經驗的功能(reflecting home relationships and life experiences)
4. 表露孩童的需要(express urgent needs)。
5. 是被禁止的情感衝動之宣洩出口(outlet for forbidden impulses)。
6. 角色對調(reversal of roles)中學習到更多其他人的觀點。

　　顯然的,扮演遊戲在兒童觀點取替(perspective taking)的能力發展上有重要的影響,透過扮演角色而設身處地的同理他人,從他人

的觀點來看事情，這包含了他人看到甚麼（視覺觀點取替）、他人的想法（認知觀點取替）和感覺（情緒觀點取替或同理），這些能力在社會和道德發展上扮演著重要的角色。

這些研究讓我們重視扮演遊戲的影響，角色扮演和觀點取替這樣的概念和功能在戲劇教育的本質很重要，不只限於學齡前兒童自發性的扮演遊戲，在表演藝術領域、輔導領域，以及社會技巧學習方面，也被廣泛的運用。由於這些相關研究的發現也呼應了戲劇教育的起源，並演變為對教育思潮的影響，把戲劇融入課程的開始。

此外，由兒童發展的觀點來看「扮演」，以及由人類學來看戲劇的起源，扮演、戲劇可以說是個體和自我的內在互動的一種形式，以及關心個體和外在環境（人、社會）關係的發展。所以，戲劇在教育領域中被視為一種學習，戲劇可以是一種學習的媒介，也就是透過角色扮演學習生活世界某一主題（learning through drama），同時戲劇也已是一門專業教育中的藝術課程（learning about drama），戲劇的這兩種內涵在教育體系裡皆可以實行成立。

3. 戲劇教育的功能

戲劇教育是運用戲劇性遊戲作為學習，可不單指是舞臺表演訓練，而是兩者互為一體兩面，隨著年齡有階段性的差別。戲劇教育至少提供四個方面的學習（Richard Courtney1989，pp.13-14）

1. 內在本質的學習：增進自我了解、思考型態、專注力、創造力、自我概念、解決問題的能力、積極進取心、毅力。
2. 外在學習：增進非戲劇學科領與域的學習，例如：語言、歷史、文學等等。
3. 美學的素養：增進情意。
4. 藝術技巧的學習：對於年長的學生有助於提供他們學習劇場藝術。

由上所述，關於內在本質的學習，顯然呼應了心理學者認為戲劇扮演遊戲的功能。另外，屬於外在學習、美學素養、藝術技巧學習的部份，則是透過戲劇藝術的本質達到藝術教育的功能。

4. 戲劇和語言學習

以戲劇呈現一個故事，包括角色扮演、敘說故事、語言和非語言（langue and non-verbal language）的呈現。角色的扮演需要「假設」你是某人在某一種情況，敘說故事則要透過想像；以及創造故事內容的羅輯性，加上使用語言和非語言的部份對於語言學習的意涵；包括了日常用語、正式語言、對白的使用、直接面對觀眾，在扮演角色時跟自我的對話（Woolland，1993），不論對於表演者或觀眾而言，這過程中其實提供了豐富的語言學習經驗。

三、「閱讀」幼兒園兒童劇場——母語學習的情境

透過戲劇學習語言，最早之前，有拉丁語言學校以演劇的方式使學生學習拉丁語言，這倒是和現在外語學校的劇展有異曲同工之趣。在上述這一波戲劇教育發展的趨勢中，大抵談的是教師以戲劇引導學生學習，強調過程以兒童為中心的參與情形，這和本文要談的幼兒園教師演出兒童劇場看來似乎不同，其實有其互通之處，因為，兩者都以戲劇作為課程進行的方式。

1. 演出劇場開展教師學習母語的情境

當教師在兒童劇場扮演一個角色時，是以一種虛構的層次，進入所謂的教育的或美感的層次，也就是說在劇場上，教師不只是演員也兼有教育者的身份，關於這部份，參照成長兒童學園設立兒童劇場的初衷；劇場屬於課程的一部份，以一種活潑的方式來達到教育目的。換句話說，當教師在劇場中演戲時，同時有兩個戲在發生，一個是演

給幼兒的戲，一個教師演給自己的戲，這兩種不同的目的和結構的演戲同時在發生。戲劇扮演在教師和幼兒之間，是一種夥伴關係；教師如同表演者，同時呈現一個有趣的內在結構，讓幼兒期待下一個會發生什麼？老師會以一種結構將小孩引導進入戲劇的規則，教師會尋求任何引導的規則，敏銳深入虛構的結構到劇場的形式，教師在扮演時，是一個非常特別的方式，他如同劇作家和導演，製造緊湊的戲劇張力，以便觀眾的觀賞，所以教師會獲得這樣的參與經驗。（Jackson，1993）

　　由於這個劇場是採取半結構的即興的方式演出，內容和形式可以多樣化，因此當內容以母語為主時，身為觀眾的幼兒和身為表演者的教師，皆進入了一個母語的環境，學習「聽」、「說」，以及可以延伸開來的「閱讀」的課程設計（黃美滿，2002）。

2. 觀賞劇場建構幼兒學習母語的社會文化

　　幼兒園的兒童劇場透過戲劇提供的訊息，如同維高斯基（Vygotsky）所謂的社會文化（socio cultural）影響人的學習，劇場形成建構這個社會文化的設置（activity setting）（黃美滿、倪明香,2004），將母語的學習置入這個劇場設置裡，提供了實際發展水準（the level of actual development）和潛在發展水準（the level of potential development）之間的可能發展區（zone of proximal development）。也就是在劇場中，幼兒透過觀賞以母語演出的劇，開展學習母語的認知。

四、「閱讀」劇場，學習母語

　　「劇場」是一個地方；有一群人；在看一群人說一個故事。說故事者被稱為演員，觀看者被稱為觀眾，這個演戲、說故事的地方就是劇場。幼兒園的劇場以學園為劇場的空間，演員是教師，觀看者不只

有幼兒，尚且有其他教師；甚至家長，這是一個觀眾彼此關係緊密的劇場。也因此對於母語的學習，可以在教室、劇場、教師、演員之間交錯形成一個學習的場域。母語在劇場的呈現，伴隨著場的元素：主題、語言對白、音效、視覺等，呈現一種不同以往的學習母語的經驗；「閱讀」過程，使得在劇場中不只是看一個故事而已，劇場提供多元的符碼，讓幼兒去接觸母語。參照學者道格拉斯提出的第二語言教學兒童的心智發展論點：幼兒的心智發展（intellectual development），也掌握了幼兒的專注力（attention span），以透過感官的輸入（sensory input）、情義的因素（affective factors），提供真實有意義的語言（authentic，meaningful language）（余光雄譯，2002），幼兒在觀看教師演出兒童劇場時，透過劇場提供的元素，尤其臺上是能使用幼兒語言來傳遞訊息的教師，努力從幼兒的觀點來呈現（侯天麗，1995），不僅能在幼兒心智發展的考量之下；抓住幼兒的專注力，也因為劇場提供的語言（language）和非語言（non-verbal language）的動作表情，而能深入理解語言的涵義，以及實現藝術教育重視的情意功能和創造力的培養。換句話說，劇場提供多元閱讀，以及學習母語的可能性。

兒童劇場的設立需要一些條件，正如母語的學習也需要一些安排。除了教師自身的能力、教材的問題之外，行政的配合和支援是必要的，同時，需要考慮一些因素：

1. 行政的領導與支援

行政的支援和帶動是必要的條件，了解幾所運作兒童劇場的園所，都發現兒童劇場是園所的一種政策，使教師們開始展開運用戲劇的歷程。除了自動自發的興趣之外，在政策的推展之下，鼓動教師必須克服限制，在劇場中成長。

2. 兒童劇場融入園所的教學目標

如果兒童劇場只被視為一種大型活動；一種成果式的展演，將無法說服園所或教師去長期經營，相對的，發揮劇場教育功能的兒童劇

場一定會受到支持與肯定。幼兒園的兒童劇場不只是為了展演，這個劇場採用即興表演的方式非常可行，使教師將有機會享受扮家家酒的樂趣和來自幼兒專注觀賞的成就。

3. 善用資源以利推行

根據筆者的了解，在幼兒園母語的推行大抵在於教師的能力，而不是教師的意願，受限於教師本身的語言能力，建議或許教師可以運用一些語言資源包括家長或相關教材，劇場當然可以雙語進行；甚至多語進行形塑語言的符碼。

幼兒園兒童劇場學習母語的可行性，在於我們肯定了幼兒園教學劇場的功能，並且置入母語的材料，讓劇場結合母語提供豐富的「閱讀」元素，同時讓幼兒在一種想像的、樂趣的虛構情境，產生學習。由於劇場是虛構的且充滿想像的符號，學習將能開展更多元的可能性，期待更多母語兒童劇場的實現，展現出學習母語的魅力。

參考資料：

余光雄譯，道格拉斯・布朗（H. Douglas Brown）著（2002）。《第二語教學最高指導原則》。臺北市：臺灣培生教育出版集團。

林麗黎（2006）。《臺灣母語教學融入幼稚園課程領域之現況研究》。高雄師範大學臺灣文化及語言研究所碩士論文。

柯秋桂、黃美滿（2003）。〈建造一個環繞孩子的劇場〉，收錄於柯秋桂編著《好戲開鑼：兒童劇場在成長》。臺北：成長基金會。頁35-76。

侯天麗（1995）〈一道彩虹──讓戲劇回歸教學〉，《成長幼教季刊》六卷一期。頁16-18。

倪鳴香、陳筠安（1988）。〈兒童劇場在「成長」〉，《兒童文學研究叢刊》第四輯。頁 28-33。

黃美滿（2002）。〈劇場是閱讀的延伸——談兒童文學搬演上舞臺〉，《中華民國兒童文學協會會訊》，第 5 期。頁 4-5。

張成秋彙整（2003）。〈鄉土語言教學面面觀〉，《國教世紀》第 205 期。頁 107-111。

張秀卿編（2001）。〈小種子兒童劇場〉，《小種子的故事》。臺南：小種子幼兒學園出版。頁 63-71。

張秀卿（2002）。〈兒童劇場開鑼了〉，未出版。

張學謙（2003）。〈母語讀寫與母語的保存〉。《臺東師院語文學刊》第 13 期，頁 106-128。

葉長海著（1980）。《戲劇發生與生態》。臺北市：駱駝出版社。

黃美滿、倪鳴香（2004）。〈幼兒園、教學劇場與教師專業成長——以臺南「新樓幼稚園」為例〉。臺灣藝術發展協會主辦「戲劇、劇場與教育」國際研討會論文，1-17 頁（臺北）。

陳中梅譯注（2001）。亞里斯多德（Aristoteles）著。《詩學》。臺北市：臺灣商務。

陳麗桂（2004）。〈母語教學的特質與困境〉，《國文天地》第 19 卷第 9 期。頁 4-6。

郭靜晃譯（2000）。Fergus P. Hughes 原著。《兒童遊戲——兒童發展觀的詮釋》。臺北：洪葉文化。

劉玉燕、王文梅（1995）。〈以戲劇為主導的整體角落教學法〉，《成長幼教季刊》第 6 卷第 1 期。頁 4-12。

Brockett, Oscar G. (1999). History of the Theatre. 8th ed. Boston: Allyn and Bacon.

Courtney, Richard (1989).Play, Drama & Thought: The Intellectual Background to Dramatic Education. CA: Simon & Pierre.

Jackson, Tony Ed. (1993). Learning through Theatre: New Perspectives on Theatre in Education. NY: Routledge.

Woolland, Brian (1993).The Teaching of Drama in the Primary School. NY: Longan.

幼兒母語教案與教學演示（A）：
豆油宗親大會

鍾鳳嬌

（高雄市立前金幼稚園園長）

高雄市立前金幼稚園教學活動設計
主 題 設 計 理 念
在鄉土語言的教學分享中，三個班級六位教學者，深感由於本身對於母語教學在說的部分有些困擾，因此希望藉由「豆油找親戚」之繪本與 CD 中趣味性的對話，引導幼兒從聆聽臺語故事及兒歌開始學習正確的臺語發音，並利用故事中人物延伸一系列的學習活動，透過認知、情意、技能並重的趣味闖關活動檢視幼兒所學，進而協助幼兒將所習得的語彙，適當的運用於日常生活中。
主 題 網
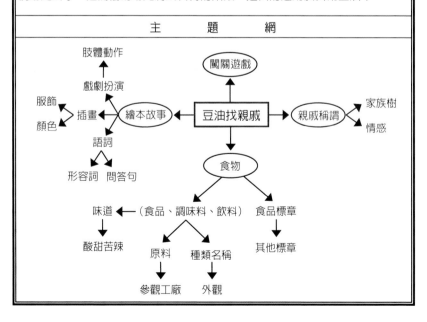

教學演示環境設計

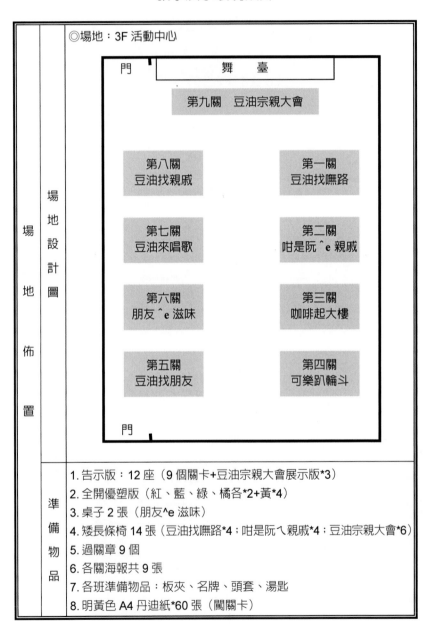

場地佈置	場地設計圖	◎場地：3F 活動中心
		舞　臺
		第九關　豆油宗親大會
		第八關 豆油找親戚 ／ 第一關 豆油找嘸路
		第七關 豆油來唱歌 ／ 第二關 咁是阮ˆe 親戚
		第六關 朋友ˆe 滋味 ／ 第三關 咖啡起大樓
		第五關 豆油找朋友 ／ 第四關 可樂趴輪斗
	準備物品	1.告示版：12 座（9 個關卡+豆油宗親大會展示版*3） 2.全開優塑版（紅、藍、綠、橘各*2+黃*4） 3.桌子 2 張（朋友^e 滋味） 4.矮長條椅 14 張（豆油找嘸路*4；咁是阮ㄟ親戚*4；豆油宗親大會*6） 5.過關章 9 個 6.各關海報共 9 張 7.各班準備物品：板夾、名牌、頭套、湯匙 8.明黃色 A4 丹迪紙*60 張（闖關卡）

高雄市立前金幼稚園教學活動設計			
主題名稱	豆油找親戚	活動名稱	豆油宗親大會
活動類別	大團體	適用年齡	4歲（中班 14.15.16）
相關領域	認知、動作、語言、美勞、音樂、社會情緒	活動時間	【第一階段】 關卡介紹 09：20~09：23 闖關活動 09：23~09：43 綜合活動 09：43~09：50 【第二階段】 延伸活動 10：10~10：50
教學目標	【認知】 1. 認識調味料及飲料特性。 2. 了解味道名稱及差異。 【情意】 學習良好的生活習慣。 【技能】 1. 增進比較、數數、配對等數概念的能力。 2. 增進設計、創造及解決問題的能力。 3. 增進語言發表能力。 4. 促進動作技能發展。	教學評量	依各個關卡的過關標準進行檢核。

教學資源	如　　附　　件		
關卡／活動名稱	活動目標	遊戲規則	資　　源
一、豆油找嘸路	1. 增進手眼協調的能力。 2. 訓練邏輯思考能力。	1. 向關主領取迷宮圖及彩色筆。 2. 在迷宮圖上由「入口」處延著路線尋找「出口」。 3. 走到「出口」處，即可過關。	1. A4 迷宮圖 90 張。 2. 12 色彩色筆 2 盒。
二、咁是阮^e 親戚	1. 知道 1~20 的序列。 2. 認識連繪出的圖案。	1. 找關主領取學習單及彩色筆。 2. 由 1 的黑點依序連至 20。 3. 正確連出茶壺形狀，即可過關。	1. A4 數字 1~20 圖形連連看 90 張。 2. 12 色彩色筆 2 盒。
三、咖啡起大樓	1. 增進手眼協調的能力。 2. 培養挫折容忍力。	1. 向關主領取一籃咖啡罐，每籃有六瓶。 2. 將咖啡罐疊在一起，每人有三次機會，將六瓶咖啡罐由下往上疊高。 3. 6 瓶咖啡疊成柱狀後，手放開不會倒，即可過關。	1. 48 個伯朗咖啡空罐。 2. 8 個密籃。
四、Cola 趴輪斗	1. 增進身體動作的協調性	1. 模擬保齡球遊戲規則。將 6 個可樂瓶依保齡球瓶位置排妥。 2. 於起始線將球往前滾出。 3. 每人有 2 次機會，能擊倒至三支球瓶，即過關。	1. 600c.c 可樂空瓶 24 個。 2. 4 顆塑膠保齡球。 3. 紅色絕緣膠帶 3 捲。
五、豆油找朋友	1. 促進動作計畫能力 2. 增進身體動作協調性	1. 向關主領取 3 個套環。 2. 於起始點擲出套環，套入目標物後說出物品名稱即過關。 3. 若 3 次機會皆未套中目標，幼兒需說出：「歹勢，我報嘸著。」	【定位圖】 ＊　＊　＊ 　＊　＊ 　　＊ ───── 起始線 1. 罐裝調味料、飲料（烏醋、咖啡、可樂、葡萄枝、仙草蜜）各 3 瓶。 2. 18 個套圈。 3. 黃色絕緣膠帶 1 捲。

六、朋友^e 滋味	1. 能區辨並說出味覺的形容詞。	1. 每天自備 1 支湯匙。 2. 由幼兒任選其中一種飲品或調味料,再由關主用滴管將其滴入湯匙中。 3. 幼兒品嚐後,嘗試說出物品的味道及其形容詞,例如:酸-giuh-giuh,即過關。	1. 罐裝調味料、飲料（烏醋、咖啡、可樂、葡萄枝、仙草蜜、普洱茶）各 1 瓶。 2. 塑膠滴管 12 支。 3. 雞精玻璃空瓶 12 個。
七、豆油來唱歌	1. 認識調味料、飲料的名稱。 2. 培養自我表達的信心	1. 任意翻開圖卡。 2. 利用『鳳梨、西瓜』的旋律,將圖卡上的調味品帶入旋律,並唱出即可過關。	1. 自製調味料、飲料（烏醋、咖啡、可樂、葡萄枝、仙草蜜、普洱茶、豆油、豆油膏）圖文卡 2 副。 2. 兒歌大字報 2 張【如附件一】。
八、豆油找親戚	1. 提升語言運用的能力。 2. 增進日常生活的禮貌用語。	1. 依指定的句型與關主進行角色對話。 2. 完整唸完即可過關。	1. 「豆油找親戚」對話大字報 1 張【如附件二】。
九、豆油宗親大會	1. 增進小肌肉的靈活度。 2. 發揮創造力及想像力。	1. 向關主領取材料(黑色板型紙+粉臘筆) 2. 在黑色板型紙上設計彩繪。 3. 挑選喜愛的標籤紙貼於瓶身。 4. 將成品張貼於『豆油宗親大會』佈告欄上即可過關。	1. 全開黑色壁報紙 6 張。 2. 16 色粉臘筆 18 盒。 3. 雙面膠 3 捲。 4. A4 備膠粉色標籤紙 6 張。
綜合活動		1. 場地收拾與善後。(由關主協助) 2. 集合幼生進行「豆油宗親大會」的看板欣賞。 3. 豆油宗親大會──派對活動:齊跳「豆油的歌」』	1. 如【附件三】。
延伸活動		1. 播放闖關活動照,與幼生進行回顧分享。 2. 指導幼生完成回饋分享學習單。 3. 場地收拾與善後。	1. 五樓視聽室。 2. 闖關活動照。 3. 單槍頭影機。 4. 筆記型電腦。 5. 回饋分享學習單如。 6. 各班幼生攜帶寶貝盒。
備　註			
參考資料	繪本「豆油找親戚」。		

附件一

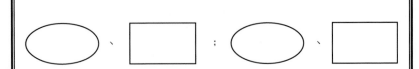

在冰箱，在冰箱、要喫甲自己去拿，

要喫甲自己去拿，免害羞，免害羞。

附件二

豆油找親戚

豆油（幼生）：「你好，我烏烏，你嘛烏烏，請問，你
　　　　　　　敢是我^e 親戚？」

烏醋（關主）回答：「嗯！咱看起來蓋成，毋閣我啉起
　　　　　　　來酸-giuh-giuh，啊你咧？」

豆油（幼生）：「啊，失禮！若按呢你不是阮^e 親戚，
　　　　　　　bye-bey」

附件三

幼兒母語教案與教學演示（B）：
消失的香香國

潘雅惠

（高雄市立前金幼稚園教保主任）

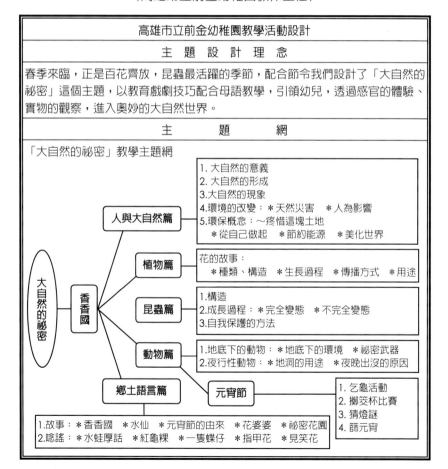

教室環境設計

區域／角落		情境佈置
教室佈置	娃娃家	● 花、昆蟲頭套 ● 佈置花店工作、櫃檯、招牌及擺設、玩具紙鈔、收銀機 ● 蜂蜜、花茶、薰衣草茶、菊花茶、茶杯，學習沖泡、沖泡杯
	語文角	● 有關花的圖畫書、圖鑑、畫冊、音樂錄音帶或 CD ● 有關蜜蜂、昆蟲、蝴蝶的圖畫書 ● 插花圖書 ● 提供大自然動、植物有關的兒歌、海報
	科學& 觀察角	● 花朵吸水變色實驗：白色的花、容器、剪刀、水、顏料 ● 比較蜂蜜的濃度：蜂蜜、水、茶杯 ● 蔬菜種子、花盆、泥土、澆水壺、鏟子、蔬菜成長紀錄 ● 鮮花、花朵構造圖 ● 各種五穀種子 ● 牽牛花、檸檬汁、肥皂水、透明容器、紙、實驗花汁變色 ● 各種鮮花、花瓶、觀察花朵綻放、凋謝過程
	美勞角	● 各式紙、材料、花朵，提供自由畫花朵之想像畫 ● 色紙、皺紋紙、細鐵絲、棉線做紙花 ● 黏土、牙籤、西卡紙做蜜蜂、蝴蝶 ● 印泥、花瓣蓋印畫 ● 鮮花、棉紙、圖畫紙→花汁染色 ● 花瓣、膠水→花瓣拼貼畫 ● 廣告紙、雜誌紙、色紙→撕貼畫

高雄市立前金幼稚園教學活動設計			
主題名稱	大自然的秘密	活動名稱	消失的香香國
活動類別	教育戲劇＆母語教學	適用年齡	5 足歲
相關領域	語文、遊戲	活動時間	30-40 分
教學目標	一、培養愛護大自然的概念。 二、增進觀察能力。 三、增進身體動作的反應力。 四、啟發以母語表達的興趣。	教學評量	一、至少說出一項解決方法 二、會保持安靜，不推擠 三、會依指令闖關。 四、會清楚用臺語回答圖卡名稱 五、會正確整的唱完香香國之歌。
教學資源	皇冠、披風、書面紙、鬍鬚、水管、書面紙、籤筒、呼拉圈、蝴蝶拼圖、昆蟲拼圖、花拼圖			

活動目標	教學活動內容與過程	資源	時間	評量
能專注聆聽參與討論。	一、引起動機： 　故事前言旁白：如附件 二、老師入戲～ 　1.老師扮演國王，正煩惱著花草逐漸枯萎的問題，與幼生討論希望尋求解決方法。 　2.老師扮演士兵，送來一封巫師的警告信。 　3.老師扮演大臣，徵求幼生扮演人民的意願，一同前往尋找巫師。	附件一 皇冠 披風 書面紙 鬍鬚 水管		至少說出一項解決方法
活動時能遵守團體秩序。	三、闖關活動 　前往巫師處要先以匍匐前進方式，爬過夜婆（蝙蝠）洞，再兵分兩路探險不同的路線。			會保持安靜，不推擠

能遵守闖關規則。	1.【路線一】～我來唸歌呼你聽 　「關卡一」:依照抽籤指示唸出臺語童謠。 　「關卡二」:依照抽籤指示唸出臺語童謠。 2.【路線二】～ 　「關卡一」:跳過地上的呼拉圈。 　「關卡二」:拼圖拼完之後用臺語回答拼圖圖案的名稱。 3.【到達目的地】～巫師家門口	書面紙 籤筒 童謠: 附件二三 呼拉圈 蝴蝶拼圖 昆蟲拼圖 花拼圖		會依指令闖關。
能用臺語回答問題。	四、綜合活動 　1.巫師智慧大考驗 　　a.臺語我最行!～ 　　　用臺語回答巫師手中有關大自然的圖卡名稱。 　　b.一二三木頭人～ 　　　戲劇技巧即興表演－依巫師的指令做出相關的動作。 　2.魔咒解除 　　跟隨巫師念咒語,解除魔咒。	附件四		會清楚用臺語回答圖卡名稱。
能唱出香香國之歌。	3.勝利的歌聲 　　大家齊唱香香國之歌。	附件五		會正確完整的唱完相香國之歌。
參考資料	紅龜粿、指甲花、兒童愛演戲			

附件一

　　故事大綱～

　　很久以前，有一個地方叫香香國，因為這個國家種滿各種美麗的花草，國王最大的嗜好就是蒐集全國境內美麗的花草，所以只要聽到哪裡有美麗的花草，他就會派人把它們搶回皇宮自己觀賞，使得人們抱怨連連，奇怪的是皇宮裡的花花草草竟然陸續枯萎……，究竟國王要如何解決這到難題呢？

附件二 & 附件三

童謠～

水蛙厚話（臺語）

水蛙水蛙，見面厚話，
講阮大姊，講恁小妹，
講東講西，講天講地，
愈講愈花，愈講愈多。

金魚（臺語）

金魚　金魚，翹嘴唇，
穿一領絲仔裙，
歸工目睭金金，
不知是咧睏，
還是咧看船？

螞蟻徙位（臺語）

螞蟻巢，
欲徙位，
出門帶棕簑，
棕簑無地借，
舉一枝芋仔葉，
雨來澆淋著。

指甲花（臺語）

番鴨　番鴨
挽指甲花擦指甲
擦腳盤，擦腳縫
歸隻腳，紅紅紅。

一隻蝶仔（臺語）

一隻蝶仔，
兩隻蜂，
三隻蒼蠅，
四隻蚊，
相招欲香港，
飛五工，
煞飛去臺中港。

露螺（臺語）

露螺　露螺，
無腳會爬，
無手會林茶，
有眠床，
無棉被，
有厝無土地，
一間厝背咧贛贛旋。

蟬（臺語）

一隻蟬，
大舌大舌，
一二三四
算會離，
卡算攏是「一一一……」。

見笑草（臺語）

見笑草，驚歹勢，
摸一下，
葉仔就合作伙，
頭殼就晶晶晶。

金龜（臺語）

金龜　金龜，
身軀若龜，
未企會踞，
飛去樹仔頂，
食飽就盹痀。

附件四

解除魔咒～你哉我哉，天哉地哉，大家愣東哉

附件五

香香國之歌

國家圖書館出版品預行編目

幼兒母語教學理論與實務 / 黃文樹編. -- 一版
. -- 臺北市：秀威資訊科技, 2008. 05
面； 公分. -- (社會科學類；AF0081)

ISBN 978-986-221-016-1 (平裝)

1. 幼兒教育 2. 母語教學 3. 文集

523.207 97007777

 社會科學類 AF0081

幼兒母語教學理論與實務

作　　者 / 黃文樹
發 行 人 / 宋政坤
執行編輯 / 林世玲
圖文排版 / 鄭維心
封面設計 / 莊芯媚
數位轉譯 / 徐真玉　沈裕閔
圖書銷售 / 林怡君
法律顧問 / 毛國樑　律師
出版印製 / 秀威資訊科技股份有限公司
　　　　　 臺北市內湖區瑞光路 583 巷 25 號 1 樓
　　　　　 電話：02-2657-9211　　　　傳真：02-2657-9106
　　　　　 E-mail：service@showwe.com.tw
經 銷 商 / 紅螞蟻圖書有限公司
　　　　　 臺北市內湖區舊宗路二段 121 巷 28、32 號 4 樓
　　　　　 電話：02-2795-3656　　　　傳真：02-2795-4100
　　　　　 http://www.e-redant.com

2008 年 5 月 BOD 一版
定價：380 元

讀　者　回　函　卡

感謝您購買本書，為提升服務品質，煩請填寫以下問卷，收到您的寶貴意見後，我們會仔細收藏記錄並回贈紀念品，謝謝！

1.您購買的書名：_____

2.您從何得知本書的消息？

　　□網路書店　□部落格　□資料庫搜尋　□書訊　□電子報　□書店

　　□平面媒體　□ 朋友推薦　□網站推薦　□其他_____

3.您對本書的評價：(請填代號　1.非常滿意 2.滿意 3.尚可 4.再改進)

　　封面設計____　版面編排____　內容____　文/譯筆____　價格____

4.讀完書後您覺得：

　　□很有收獲　□有收獲　□收獲不多　□沒收獲

5.您會推薦本書給朋友嗎？

　　□會　□不會，為什麼？_____

6.其他寶貴的意見：_____

_____

_____

_____

讀者基本資料

姓名：_____　年齡：_____　性別：□女 □男

聯絡電話：_____　E-mail：_____

地址：_____

學歷：□高中(含)以下　　□高中　　□專科學校　　□大學

　　　□研究所(含)以上 □其他_____

職業：□製造業 □金融業 □資訊業 □軍警 □傳播業 □自由業

　　　□服務業 □公務員 □教職　□學生 □其他_____

To：114

台北市內湖區瑞光路 583 巷 25 號 1 樓

秀威資訊科技股份有限公司　　　收

寄件人姓名：

寄件人地址：□□□

(請沿線對摺寄回,謝謝!)

秀威與 BOD

BOD（Books On Demand）是數位出版的大趨勢，秀威資訊率先運用 POD 數位印刷設備來生產書籍，並提供作者全程數位出版服務，致使書籍產銷零庫存，知識傳承不絕版，目前已開闢以下書系：

一、BOD 學術著作—專業論述的閱讀延伸
二、BOD 個人著作—分享生命的心路歷程
三、BOD 旅遊著作—個人深度旅遊文學創作
四、BOD 大陸學者—大陸專業學者學術出版
五、POD 獨家經銷—數位產製的代發行書籍

BOD 秀威網路書店：www.showwe.com.tw
政府出版品網路書店：www.govbooks.com.tw

永不絕版的故事・自己寫・永不休止的音符・自己唱